GEORG MECK
BETTINA WEIGUNY

DER ELITEN-REPORT

Rowohlt · Berlin

1. Auflage Mai 2018
Copyright © 2018 by Rowohlt · Berlin Verlag GmbH, Berlin
Alle Rechte vorbehalten
Satz aus der Droid Serif
Gesamtherstellung CPI books GmbH, Leck, Germany
ISBN 978 3 7371 0034 2

INHALT

WARUM WIR UNS UM DIE ELITE KÜMMERN MÜSSEN

Elite» ist ein ziemlich schmutziger Begriff, obwohl er doch eigentlich so positiv gemeint war. Das Adjektiv «elitär» wird sogar als Schimpfwort gebraucht, und das obendrein ziemlich beliebig. Der Begriff ist, und das ist sein Vorzug, so unscharf, dass «die Elite» jederzeit zum Feindbild taugt, ohne dass die Zürnenden sich genau festlegen müssen: Wer genau wird da jetzt beschimpft? Die Regierenden oder die Reichen, die Prominenten, die Oligarchen, die besonders Schlauen? Oder jemand ganz anderes?

Als wir angefangen haben, dieses Buch zu schreiben, war zunächst genau diese Frage zu klären: Wer zählt eigentlich zur Elite? Ist Elite identisch mit Oberschicht? Die Antwort darauf ist gar nicht so einfach. Über die Elite, so viel wurde bei der Recherche schnell klar, weiß der Statistiker so gut wie nichts. Zumindest nichts Stichhaltiges, was von Zahlen und Fakten gedeckt wäre. Hartz-IV-Bezieher sind in allen Facetten ihres Lebens und ihrer Bedürfnisse erfasst, das muss so sein, schließlich erhalten sie das Geld der Allgemeinheit. Am anderen Ende der Skala, ganz oben in der Gesellschaft, wird es dünn. Die Wissenschaft weiß wenig über Millionäre oder Milliardäre, nicht mal deren Zahl ist in den Statistiken vermerkt.

In diese Lücke springen die Autoren gerne, denn wir beide haben seit zwei Jahrzehnten als Journalisten mit Leuten zu tun, die – im weiteren Sinn – zur Elite zu zählen sind: Kanzler und Minister, arrivierte Konzernchefs und ambitionierte Macher von morgen. Sie haben wir für dieses Buch beobachtet, haben uns mit vielen unterhalten (für die Gesprächsbereitschaft an dieser Stelle herzlichen Dank!). Wir sind den Mächtigen zu ihren Treffen gefolgt, haben ihren Zirkeln und Netzwerken zwischen Silicon Valley und Davos nachgespürt und sie dort getroffen, wo sie sich sonst so herumtreiben.

Wir haben zugehört, wie Staats- und Konzernführer auf offener Bühne von der Verbesserung der Welt reden, und uns darüber geärgert, dass sie im Stillen meist anderes im Schilde führen. Im Zweifel suchen sie den eigenen Vorteil, den nächsten Deal. Wir sind eingetaucht in diese verborgene Welt der Eliten, haben nachgeforscht, welchen Einfluss diese Leute ausüben, und mit ihnen darüber debattiert, wie sehr sie dem realen Leben entrückt sind, manchmal auch, wie bedrückend sie das trotz des Glamours bisweilen empfinden. Und hinter allem steht die Frage: Versammelt die Elite wirklich die Auslese, oder schotten sich da ruchlose Machtmenschen ab vom Rest der Gesellschaft?

Frankfurt am Main, März 2018
Bettina Weiguny & Georg Meck

1

DIE ELITE UND DER NEUE POPULISMUS

WER TRAUT SCHON MANAGERN UND POLITIKERN?

Der Widerpart zur Elite ist der Populist, und der hat Oberwasser, egal wohin man blickt: Trump in Amerika, Orbán in Ungarn, Erdogan in der Türkei, Le Pen in Frankreich. Dazu der Brexit in Großbritannien und die AfD im deutschen Bundestag: alles Triumphe von antielitären, antipluralistischen Bewegungen. Diese Siege des Populismus sind die Antwort auf ein Versagen der Eliten, so viel steht fest, ohne dass damit schon geklärt wäre, worin genau dieses Versagen besteht.

Populismus, so die These des Princeton-Politologen Jan-Werner Müller, folgt einer ganz bestimmten Politikvorstellung: «Einem moralisch reinen, homogenen Volk stehen unmoralische, korrupte und parasitäre Eliten gegenüber.» Dabei nehmen die Populisten für sich in Anspruch, sie und nur sie seien die legitimen Vertreter des Volkswillens: «Wir und nur wir repräsentieren das Volk», wie Müller schreibt. Als der amerikanische Außenminister Rex Tillerson seinem Amtskollegen Sigmar

Gabriel die Motive der Trump-Wählerschaft erklärte, sprach er von den «Can-you-hear-me-now-voters», den Hört-ihr-mir-jetzt-zu-Wählern. Diese Wähler versammeln sich, überträgt man Tillersons Analyse auf Deutschland, in der AfD und bei Pegida. Doch diese Bewegungen mit der Wut von Abgehängten zu erklären greift zu kurz: Wie käme es sonst zu den vielen Stimmen für die Rechtspopulisten im prosperierenden Süden Deutschlands, in Bayern und Baden-Württemberg? Regionen, in denen es praktisch keine Arbeitslosigkeit gibt, voller Profiteure der Globalisierung.

Wenn der Aufschwung von Populisten eine Verachtung für die Eliten voraussetzt, müssen diese eine Angriffsfläche bieten. Nur welche? Reicht dafür der Neid auf das viele Geld? Auf die Macht? Der Hass auf die Eliten muss tiefere Gründe haben. Wir wollen wissen, wie es dazu kam, und wenden uns an die Demoskopen, die von Berufs wegen das Ohr an Bauch und Verstand des Volkes legen.

Elite ist, wie gesagt, kein sympathischer Begriff. Davon zu sprechen war «bis vor kurzem in Deutschland verpönt», diagnostizierte das Institut für Demoskopie in Allensbach zur Jahrtausendwende und attestierte eine starke Abneigung des Volkes gegen die «Elite». 1992 fand eine satte Mehrheit von 62 Prozent der Befragten das Wort unsympathisch, und die Fan-Basis für die Oberschicht hat sich seither nicht vergrößert. Den Herrschenden in Politik und Wirtschaft sei nicht zu trauen, hören die Demoskopen ein ums andere Mal, wenn sie Volkes Stimme zu dem Thema einfangen.

Einzig der «PISA-Schock», der die Unzulänglichkeiten des deutschen Schulsystems offenbarte, hat ein paar festgefügte Meinungen vorübergehend verändert. Plötzlich dachte die Bevölkerung positiv über Elite nach, allerdings begrenzt auf das Thema Bildung: «Besonders begabte Schüler sollte man in Eliteklassen oder Eliteschulen fördern.» Das sagten 1999 53 Prozent der Westdeutschen, in Ostdeutschland sogar 55 Prozent. Quer durch die Parteien formierten sich Mehrheiten für eine Eliteförderung. Problematisch sahen das vor allem SPD-Wähler, da stand es 1999 nur knapp 45 zu 41 für die Eliteförderung.

Das schlechte Ansehen verbindet Manager und Politiker, es ist beiden Gruppen zur Gewohnheit geworden: «Elite im Dauerfeuer der Kritik», überschrieb Renate Köcher, Chefin des Allensbach-Instituts, schon vor zehn Jahren eine Studie; also vor der Finanzkrise, die das Vertrauen in die Elite noch weiter erschüttert hat. Köcher verwies damals auf den langfristigen Trend: Anfang der neunziger Jahre hatten lediglich 23 Prozent der Bevölkerung den Eindruck, dass das Ansehen von Unternehmern gelitten habe, 2008 dachte so die Mehrheit, und «viele nehmen in der Gesellschaft sogar Symptome von Feindseligkeit wahr».

Die große Distanz der Bevölkerung zu den Führungseliten aus Wirtschaft wie Politik ist beunruhigend. So lesen wir seither regelmäßig. Im Zweifel soll der Staat eingreifen und die Dinge regeln. Mit Gesetzen reglementieren, die Managergehälter begrenzen.

Den Akteuren an der Spitze wird in hohem Maße unterstellt, dass ihnen das Verständnis für die Sorgen des gewöhnlichen Volkes abgeht. Harte Arbeit, Mut, Kompetenz und Selbstlosigkeit verbinden die Leute mit der politischen Klasse noch weniger als mit den wirtschaftlichen Führungsspitzen. Und wenn Politiker öffentlich Manager angreifen, dann verbucht das Volk dies als Versuch der eigenen Profilierung, oder noch schlimmer: Vertuschung der eigenen Fehler.

Im Zweifel kommen Manager noch besser weg als Politiker. Einem Vorstandsvorsitzenden trauen laut «Edelman Trust Barometer», einer jährlich veröffentlichten Umfrage unter 38 000 Personen in achtundzwanzig Ländern, wenigstens 37 Prozent der Menschen, Aussagen von Regierungsvertretern halten nur

29 Prozent für glaubwürdig. Integer sind beide Gruppen nicht, glaubt man Volkes Stimme. Wobei seit jeher gilt: Manager im Allgemeinen sind Schweine, aber nicht mein Chef, der ist in Ordnung – dies ist der tröstliche Punkt in den Umfragen, die das erodierende Vertrauen in die gesellschaftlichen Institutionen messen. Im Jahr 2017, Donald Trump war schon im Amt, haben 57 Prozent der Amerikaner ihre tiefe Skepsis gegenüber der Elite zu Protokoll gegeben, in Deutschland waren es 62 Prozent, in Italien und Frankreich sogar jeweils 72 Prozent.

Allen Ländern gemein ist: Das Misstrauen gegenüber der Elite hat sich spürbar verschärft. «Die Eliten interessieren sich nicht mehr für uns», «Die Eliten haben keine Berührung mit uns normalen Menschen», «Die Eliten sind reicher, als sie es verdient hätten», solche Sätze treffen auf eine breite Zustimmung. «Wir haben – auch in Deutschland – eine tiefgehende, langlebige, breit verankerte Vertrauenskrise», sagt Susanne Marell, Deutschland-Chefin der Agentur Edelmann. Kritikpunkte waren und sind die hohen Gehälter (diese fanden schon vor zehn Jahren 85 Prozent der Leute zu hoch), außerdem wird generell ein Verfall von Anstand und Moral diagnostiziert. Gier, Rücksichtslosigkeit, Egoismus wird der Elite in diesem Zusammenhang nachgesagt.

KEINE CHANCE FÜR DIE JUGEND?

Der Volkssport Eliten-Bashing erfreut sich wachsender Beliebtheit, und das bis weit in die obere Mittelschicht hinein. Bis hin zu Typen wie Klaus, selbst ein Kandidat für die Elite, ein «High Potential», wie Talente seines Kalibers in der Sprache der Personalberater heißen: Klaus, der im wirklichen Leben anders heißt, ist Anfang dreißig, hat Prädikatsexamen, Doktortitel – und einen gewaltigen Brass auf die Eliten, weil er glaubt, dass es ungerecht zugeht in der Welt, weil er fürchtet, dass ihm, aller Begabung und allem Ehrgeiz zum Trotz, die Felle davonschwimmen. Deswegen geht er neuerdings auch so ungern zu Familienfesten, wo der Vater spätestens beim Rotwein losledert: «Wann kauft ihr endlich ein Haus? Kinder brauchen einen Garten – und Julia längst ein Geschwisterchen.» Je später der Abend, desto schärfer die Geschosse: Eigenheim, Hochzeit, ein fester Job, nichts davon kann Klaus vorweisen. «Ich stehe da wie ein Versager», sagt der Jurist. Dabei hat er alles Verlangte mit Bravour erledigt: toller Abschluss, feste Freundin, eine süße Tochter. Im Moment lernt er fürs zweite Staatsexamen. Im Prinzip stimmt alles. Nur im Vergleich zum Vater wirkt es glanzlos. Der war mit Anfang dreißig sein eigener Herr, hatte das eigene Unternehmen in der Elektrobranche hochgezogen. Tag und Nacht habe er gerackert damals, erzählt er nur zu gerne, «auch am Wochenende». Als Lohn standen eine Frau, drei Kinder und ein Haus samt Pool zu Buche, vom Geld auf der hohen Kante ganz zu schweigen. Sohn Klaus dagegen, der «Herr Doktor», wie ihn sein Vater nennt, könnte sich nicht mal die Vierzimmerwohnung in Wiesbaden leisten, in der die Kleinfamilie lebt. Die Miete zahlt Papa. Hier läuft etwas schief, findet Klaus. Und so denken viele seiner Altersgenossen. Sie rackern sich ab, kommen leidlich voran. Und trotzdem: Etwas fehlt. Status, Sicherheit, was die Eltern eben vorgelebt haben und nun von den Kindern einfordern.

Dabei hätte gerade diese Generation keinen Grund zur Klage oder gar zum Hass auf Eltern und Elite. Keine Generation vor ihr startete besser ins Leben: Ein Studium ist für die Kinder der Mittelschicht, des Bildungsbürgertums, selbstverständlich. Und wer studiert, hat nur ein geringes Risiko, arbeitslos zu werden, das zeigen alle Studien, darf vielmehr ein ordentliches Einkommen erwarten. «Die Gehälter sind über die letzten drei Jahrzehnte deutlich gestiegen. Gerade die Aussichten für qualifizierte Berufsanfänger sind hervorragend und sie bleiben es auch», sagen die Vergütungsexperten der Unternehmensberatung Kienbaum. Wirtschaftswissenschaftler mit Universitätsstudium erwartet heute beim Berufseinstieg ein Gehalt, das um die Hälfte höher ist als vor zwanzig Jahren; bei Fachhochschülern ist der Anstieg noch größer. Juristen, Ingenieure, Informatiker und Naturwissenschaftler waren nie so gefragt wie heute. Der Taxi fahrende Dr. phil. sei als Massenphänomen «empirischer Unsinn», hat schon im Jahr 2007 Harald Schomburg festgestellt, der Projektleiter am Kasseler Internationalen Zentrum für Hochschulforschung (Incher), das 35 000 Hochschulabsolventen aus achtundvierzig Hochschulen zu ihren Erfahrungen befragt hatte. Auch die «Generation Praktikum» war mehr Medienphänomen denn Realität. Uni-Absolventen brauchen in der Regel nur drei Monate, um eine Stelle zu finden; in den Geistes- und Sozialwissenschaften dauert es auch mal länger, aber das war früher nicht anders. Wenn jemand Angst haben muss vor der Arbeitslosigkeit, dann sind es Ungelernte und Hauptschüler. Deren Erwerbslosigkeit ist gestiegen in den vergangenen Jahrzehnten, während die der Akademiker auf geringem Niveau verharrt. Da beginnt die Wut der bildungsfernen Schichten auf die «Eliten», zu denen sie auch Klaus und all jene zählen, die studiert haben, denen es bessergeht. Nur woher kommt die Wut von Klaus und seinesgleichen?

Der Großteil der Dreißig- bis Vierzigjährigen kennt materielle Not kaum, schließlich sind sie die Kinder der reichsten Generation, die es in Deutschland je gegeben hat; Milliarden an Vermögen wollen vererbt werden. Das Bruttoinlandsprodukt, immer noch bestes Maß für den Wohlstand, hat sich seit 1980 fast vervierfacht und liegt heute bei 3,1 Billionen Euro. Bereinigt um die Inflation, bleibt eine Verdreifachung.

Trotzdem ist Klaus wütend. Der Soziologe Heinz Bude verweist auf eine scheinbar paradoxe Gesetzmäßigkeit in Bildungskarrieren: Die Dreißig- bis Vierzigjährigen sind Kinder einer Aufsteigergeneration. Und Kinder von Aufsteigern schaffen es oft nur schwer, die eigenen Eltern nochmals zu übertreffen. Das tut weh, Eltern wie Kinder empfinden dies als Versagen. Eine Schmach, die es um jeden Preis zu vermeiden gilt.

«Die Akademiker starten reich in das Berufsleben. Das ist ein vergiftetes Geschenk», sagt der an der Hochschule St. Gallen lehrende Philosoph Dieter Thomä. Wer finanziell abgesichert durchs Studium gleitet, wem die Eltern das Auto, die Wohnung, die Praktika in aller Welt bezuschussen, der wird enttäuscht, wenn er nach dem Examen merkt, wie wenig vom eigenen Lohn übrig bleibt. Die Kinder dieser Generation sind – anders als die eigenen Eltern – im Wohlstand aufgewachsen, behütet, ohne Zwänge und Tabus. Sie suchen nicht die Revolution, wollen nichts zerstören, nicht die Gesellschaft, erst recht nicht die Umwelt oder das Klima. Die Schlachten ihrer Eltern sind Geschichte, sie sind Meister der persönlichen Nabelschau: «Wo stehe ich, wo will ich hin, passt der Job, der Partner wirklich zu mir?» Diese privaten Fragen trieben sie weit mehr um als die Sorge um das große Ganze, behauptet der Soziologe Martin Doehlemann, der den «Dreißigjährigen» ein ganzes Buch gewidmet hat. Kann es sein, dass die High Potentials heute zu viel auf einmal wollen? Ihre Eltern haben sich keine Weltreise gegönnt nach dem Abitur. Sie haben nicht über Sabbaticals nachgedacht und hatten in ihrer Kindheit keinen Apple-Laptop im Zimmer, als Student kein iPhone in der Tasche. Berufsanfänger gönnen sich heute eine Putzfrau und Urlaub mehrmals im Jahr. Sie leisten sich teure Hobbys, diversen Hightech-Schnickschnack und gehen jede Woche im Restaurant essen.

Die Eltern haben damals lieber fürs Eigenheim gespart. Das schmucke Häuschen im Grünen oder den Stilaltbau hätten die Jungen trotzdem gern – nur keinesfalls dort, wo ihre Eltern einst gebaut haben: in der Provinz. Dort könnten sie sich die Immobilie leisten, die Preise sinken seit Jahren. Die Jungakademiker aber zieht es zu ihresgleichen, in die Ballungsgebiete mit Erholungswert; das erklärt die Spitzenmieten in Städten wie München. Dort sind die Preise exorbitant gestiegen, ebenso wie in Universitätsstädten. Ein Haus kann sich dort nur leisten, wer reich erbt oder ein Spitzengehalt bezieht.

Die Dreißigjährigen wissen vor allem eines, hat Dieter Thomä festgestellt: «Mehr wäre besser.» Um keinen Preis dürfen sie zurückfallen. Sonst ist Schluss, dann kommt Hartz IV – auch wenn diese Furcht ziemlich unbegründet ist. Entgegen allen Unkenrufen rutscht die Mittelschicht nicht ab. Allein die vage Gefahr des Abstiegs jedoch nährt die Angst, jene Lebensqualität einzubüßen, an die ihre Kinder von klein auf gewöhnt waren: Haus hier, Ferienwohnung dort.

«Da ist einiges durcheinandergeraten», folgert Thomä. «Die Jungen kennen ihre Werte nicht mehr. Sie rennen und rennen, haben aber kein Ziel vor Augen.» Die Pfeiler von gestern – Familie, Religion, all das – sind brüchig geworden, die Jungen sind frei, sie haben die Wahl unter vielen unterschiedlichen, gleichberechtigten Lebensmodellen. Sie müssen nur wählen. Ihre Eltern können ihnen dabei wenig helfen. Bildung hieß deren Zauberwort, der gesellschaftliche Aufbruch füllte Schulen und Hörsäle. Heute warnt der Soziologieprofessor Bude jedoch: «Blindes Sammeln von Zeugnissen und Qualifikationen hilft gar nichts.»

Was fehlt, so Bude, ist Orientierung. Deshalb deuten die Jungen alles, was sie lesen, gegen sich, und dies schürt ihren Hass auf «die da oben»: auf die Superreichen und Topmanager, die angeblich alles zusammenraffen, was sie in die Hände kriegen, und auf die Politiker, die in ganz Europa die Banken retten, die dafür Staatsschulden anhäufen und zudem Hunderttausende Flüchtlinge aufnehmen – aus diesen Zutaten entsteht das Gemisch, das Dr. jur. Klaus in seiner Wut auf die Elite treibt. Wer genau damit gemeint ist, das ist im Folgenden zu klären.

2

WER ODER WAS IST ÜBERHAUPT ELITE?

DAS ELITE-PARADOXON

Die Kanzlerin ist Elite, klar. Der Bischof auch (sofern nichts Strafrechtliches gegen ihn vorliegt, man weiß ja nie). Der Präsident der Europäischen Zentralbank gehört ebenso dazu wie der Theaterintendant oder der Siemens-Vorstand. Und damit auch Janina Kugel? Als Siemens-Personalvorstand ist sie, Jahrgang 1970 und diplomierte Volkswirtin, zuständig für 372 000 Mitarbeiter in aller Welt, und sie ist der Star des Konzerns: schlau, charmant, mehrsprachig. Ihr Gehalt ist siebenstellig. Kugel hat Macht und Einfluss, Geld und Reputation. Natürlich ist so jemand Elite. «Selbstverständlich», müsste sie also auf unsere Frage antworten, ob sie sich als Mitglied der Elite fühlt. Sie aber zögert, in ihrem Kopf arbeitet es. Auf keinen Fall will sie arrogant erscheinen, aber auch nicht zu schüchtern, folglich drückt sie sich um ein klares Ja oder Nein, liefert dafür eine erste allgemeine Definition von Elite: «Menschen, die Dinge wirklich bewegen können – und die daraus eine gesellschaftliche Verantwortung ableiten», antwortet sie in ihrem

Büro und muss dann auch schon weg. Schnell noch mal das Gesicht pudern, dann raus auf die Bühne in der schnieken neuen Siemens-Zentrale: Der Konzern ehrt Erfinder und Tüftler. Wie immer erledigt Kugel das mit der ihr eigenen mehrsprachigen Lässigkeit. Und wir lernen in diesem ersten Treffen, dass es gefährlich ist, über Elite zu reden.

Der Begriff ist toxisch, bestätigt ein Marketing-Mann in Frankfurt am Main, der nächsten Station auf unserer Reise. «Jeder will dazugehören», sagt der Werbeexperte, «keiner aber als Elite angesprochen werden.» Das muss Gründe haben. Und die sind, wie so oft, in der Vergangenheit zu finden. Seit den Nazis ist das Wort «Elite» verbrannt. Diesen Satz werden wir im Laufe der Recherche noch häufig zu hören bekommen. Bitten wir Angehörige der Elite um ein Gespräch über die «Macher in Politik und Wirtschaft», sind sie gerne dabei. Soll es aber um die Elite gehen, reagieren sie mit Skepsis.

«Sind Sie Elite, Frau Achleitner?», wollen wir auch von Ann-Kristin Achleitner wissen. Die BWL-Professorin ist eine der mächtigsten Frauen in der deutschen Wirtschaft, Aufsichtsrätin in diversen Konzernen, noch dazu verheiratet mit Paul Achleitner, dem Oberkontrolleur der Deutschen Bank. Ex-Außenminister Joschka Fischer ist der Patenonkel ihres Sohnes, die Villa in München-Bogenhausen kündet von geschmackvollem Wohlstand: Wer, wenn nicht die Achleitners sind Elite in Deutschland? Trotzdem zögert auch sie. Sie würde den Begriff nicht verwenden, sagt sie schließlich, weil er so konnotiert sei, weil er schon rein sprachlich Assoziationen wecke.

Es führt also kein Weg daran vorbei: Wir müssen an die Quelle, müssen nachschauen, woher das Wort kommt – von dem französischen Verb «élire» nämlich, was «auswählen» bedeutet. Eliten sind also eine Auswahl, eine Auslese: die Besten der Besten. In Frankreich fand der Begriff seit dem 17. Jahrhundert Verwendung, das aufstrebende Bürgertum Frankreichs war es, das sich im 18. Jahrhundert mit der Bezeichnung «Elite» abzugrenzen suchte gegen Adel und Klerus. Nicht die Geburt sollte länger den Ausschlag über den Stand geben, vielmehr individuelle Leistung den Weg an die gesellschaftliche Spitze ebnen. Im 18. Jahrhundert schwappte der Begriff dann nach Deutschland herüber. Laut Brockhaus bezeichnet «Elite» eine Gruppe von Menschen, die sich durch eine «besondere Leistungsfähigkeit und Leistungsbereitschaft» auszeichnet. Ähnlich formuliert es Meyers Lexikon: Die Elite sticht demnach durch einen «besonderen Wert der Leistung» hervor. Das lässt Raum für Deutungen, etwa auf welchem Feld die Leistung zu erbringen und wie genau sie zu messen ist. «Manuel Neuer ist Elite, ich nicht», antwortet Adidas-Chef Kasper Rorsted. «Ich bin nur ein Manager und Familienvater, der versucht, sein Bestes zu geben.»

In der politischen Sprache Deutschlands taucht der Begriff relativ spät auf, obwohl ihn die einschlägigen Lexika bereits geführt haben, erklärt der Historiker Morten Reitmayer. Nur stand Elite dort – abgesehen von gelegentlich notierten Praktiken der Pflanzenzucht – bis zum Zweiten Weltkrieg lediglich für besondere militärische Einheiten, die sogenannten «Elitetruppen». Sprach man über politisch, wirtschaftlich oder kulturell privilegierte Gruppen, so dominierten Bezeichnungen wie «Adel», «Bürgertum» oder «die Gebildeten».

Gerade die konservative Elite wollte sich lange ausdrücklich nicht so nennen. Noch in der Weimarer Republik haben diese Kreise den Elite-Begriff entschieden abgelehnt, so Reitmayer, «weil damit meritokratische und individuell-kompetitive Sozialmodelle verbunden» waren: die Grundpfeiler einer bürgerlich-liberalen Gesellschaft. Edgar Julius Jung, einer der damaligen Vordenker der Neuen Rechten, begründete diese Ablehnung in einem Aufsatz mit dem Titel «Adel oder Elite» beispielsweise so: Elite sei ein bürgerlicher Begriff. «Die Elite muss leisten, um anerkannt zu sein» – aus heutiger Sicht eine durchaus sympathische Definition.

Doch könnte man im Gegenzug fragen: Reicht es, etwas zu leisten und seine Aufgabe vorbildlich zu erfüllen, um zur Elite zu gehören?

Um es klar zu sagen: Janina Kugel ist Elite. Daniela Katzenberger ist es nicht, auch wenn sie in den Fußgängerzonen der Republik die bekanntere der beiden Frauen sein dürfte. Prominenz und Elite dürfen nicht gleichgesetzt werden, auch wenn der Personenkreis, auf den beides zutrifft, sich überschneidet. Damit ist nichts gesagt über die Qualität der Leistung von Frau Katzenberger oder ähnlicher Phänomene im Unterhaltungsgeschäft: Die Fähigkeit, sich selbst zu inszenieren, kann durchaus als Leistung gelten (die auch Angehörigen der Elite hilft). Sie genügt nur nicht als Eintrittsticket: Eliten können, müssen aber nicht prominent sein. Sie brauchen Macht und Entscheidungsbefugnis, und damit scheidet manches Boulevard-Sternchen aus, wobei zuzugeben ist: Ganz trennscharf ist diese Unterscheidung nicht. Wie viele Millionen Follower muss ein x-beliebiges Twittersternchen haben, damit es als Influencer qua des damit verbundenen, stilbildenden Einflusses zur Elite gezählt werden darf?

KANN MAN «ELITE» DEFINIEREN?

Eliten gibt es viele, in vielerlei Verbindung. Hinter «Elite-Partner» verbirgt sich eine Online-Partnerbörse mit dem impliziten Versprechen, dass dort besser geküsst und geliebt wird: «Elite» als Marketingtrick, um das paarungswillige Publikum zu verführen. Nicht viel anders verhält es sich mit Eliteschulen, Eliteakademien, Eliteinternaten. Wer sich hier einschreibt, wähnt sich als Teil einer Auslese. Nur wovon genau?

Was genau verstehen wir unter Elite? Ist es die begabte, aber arme Schülerin mit Einser-Zeugnis auf dem öffentlichen Gymnasium, oder ist es der reichere, dafür geistig weniger rege Nachbarjunge, dem sie Nachhilfe gibt, der aber eine private Schule besucht, die sich als Eliteinstitution gebärdet und jeden zum Abitur schleppt? Würde der Intelligenzquotient entscheiden, wäre das Urteil eindeutig. Aber gibt der wirklich den Ausschlag? Eher nicht, würde man meinen. Zumindest nicht allein.

Machen wir uns auf die Suche nach einer aktuellen, umfassenden Definition, so merken wir schnell: Diese eine, von allen anerkannte Umschreibung, die gibt es nicht. Was es gibt, sind unterschiedliche Konzepte, Annäherungen – und eine Gewissheit: Wer ungefragt von sich behauptet, er gehöre zur Elite, gehört mit hoher Wahrscheinlichkeit nicht dazu.

Wenn wir, wie es naheliegt, mit der begrifflichen Suche bei den Soziologen beginnen, dann landen wir als Erstes in Darmstadt, bei Michael Hartmann, einem emeritierten Soziologieprofessor und ungebrochen gläubigen Marxisten, der den Beruf des «Eliteforschers» erst erfunden hat. Mitglieder der Elite sind laut seiner Definition «Personen, die qua Amt oder Eigentum in der Lage sind, gesellschaftliche Entwicklungen maßgeblich zu beeinflussen». Ähnlich formuliert es die Professorin Jutta Allmendinger, Präsidentin des Wissenschaftszentrums Berlin: Als Elite versteht sie «Inhaber von Führungsfunktionen in zentralen gesellschaftlichen Bereichen. Diese Personen haben einen formalen Einfluss auf gesamtgesellschaftliche Entscheidungen und Entwicklungen.» Ihre Forscher haben in der Republik durchgezählt und kommen auf exakt 956 Menschen, die absolute Spitzenpositionen in Politik, Wirtschaft, Gesellschaft bekleiden.

So eng wollen wir unsere Definition im Weiteren nicht fassen, die grobe Linie aber steht: Elite bedeutet Führung, Macht, meistens auch Geld. Sportler, Musiker und Showstars fallen somit heraus, selbst wenn sie ungeheuer vermögend sind und/oder über Millionen von Fans Einfluss ausüben – im strengen Sinn gehören sie nicht zur Elite, dazu fehlt es ihnen am «Amt», an der «formalen Macht». Im Folgenden orientieren wir uns an dem «deskriptiven, empirischen Elitebegriff» der Soziologen, wie ihn insbesondere Julian Nida-Rümelin geprägt hat. Danach lässt sich Elite folgendermaßen umschreiben: In fast allen Kulturen und Gesellschaften gibt es kleine Gruppen, denen es gelingt, sich in zentralen Macht- und Einflusspositionen zu etablieren, was oft mit Besitz verbunden ist. Diesen Menschen gelingt es, ihr Vermögen zu stabilisieren und möglicherweise an weitere Generationen zu vererben. «Das ist für eine demokratische Gesellschaft kein sehr sympathischer Elitebegriff», urteilt Nida-Rümelin, «aber es ist ein völlig legitimer, ein empirischer Elitebegriff, mit dem man forschen und zu dem man sehr viel untersuchen kann.» So also wollen wir es im Folgenden halten.

WIE DIE NAZIS DAS WORT «ELITE» IN VERRUF BRACHTEN

Wir haben bereits gesehen, wie unterschiedlich die Deutschen mit ihrer «Elite» umgehen, verglichen mit Franzosen und Briten. In Frankreich ist die Tradition der institutionalisierten Elitenausbildung ungebrochen. Die «Grandes Écoles» geben den Ausschlag, wer Zugang erhält zur Macht in Verwaltung, Wirtschaft und Politik: So wächst ein normiertes Führungspersonal heran, das zwischen den Bereichen hin und her wechselt.

Auch in Großbritannien sind die Klassen viel schärfer getrennt: Wichtig ist, auf welcher Schule oder Universität die Ausbildung absolviert wurde. Eton, Oxford, Cambridge, die

London School of Economics – das sind die klingenden Namen, die führenden Elite-Zulieferer im britischen Königreich.

In Deutschland haben die Nationalsozialisten den Begriff verseucht, indem sie ihn für sich vereinnahmt haben: Die Vorstellung, dass eine kleine Elite über die Masse herrschen müsse, untermauerte ihre Führerideologie. Das Wort «Elite» wurde rassistisch besetzt: Im Dritten Reich entschied die arische Abstammung über den Werdegang. Seither gilt «Elite» als antidemokratisch und «elitär» als Schimpfwort.

Wer dazugehörte und der Auslese für würdig befunden wurde, wurde in Eliteschulen getrimmt. Gleichzeitig vernichteten die Nationalsozialisten Teile der Elite systematisch, im Film- und Showbetrieb etwa, und nicht nur dort muss man diesen Verlust bis heute betrauern. «Die urbane Intelligenz wurde bereits im Herbst 1933 zu einem großen Teil aus Deutschland vertrieben», schreibt der Historiker Heinrich A. Winkler.

Schauen wir uns also die Eliteeinrichtungen des Dritten Reichs näher an, die «Napolas», kurz für«Nationalpolitische Lehranstalten». Dort haben die Nazis die Jugend für ihren nationalen Sozialismus gedrillt, haben sie vorbereitet für den Eroberungs- und Vernichtungskrieg. «In meinen Ordensburgen wird eine Jugend heranwachsen, vor der die Welt erschrecken wird. Eine gewalttätige, unerschrockene, grausame Jugend will ich. So kann ich das Neue schaffen», ordnete Adolf Hitler an, im Wahn, eine «Herrscherelite» zu schaffen für sein Drittes Reich, für SS und Wehrmacht, «Herrenmenschen» im Nazi-Jargon, Unterdrücker und potenzielle Massenmörder.

Die Kaderschmieden der Nazis, zwischenzeitlich mehr als vierzig Internatseliteschulen, standen in der Tradition der preußischen Kadettenanstalt. Kadavergehorsam und Pflichterfüllung bis zum Letzten propagierten sie als Ideale. Wer dorthin wollte, wurde in einem strengen, mehrstufigen Verfahren ausgewählt. Gute Noten waren Pflicht, dazu körperliche Leistung, selbstverständlich auch ein «Arier-Zeugnis» sowie ein bestimmter Charakter: Stolz und selbstbewusst sollte der Nazi-Führungsnachwuchs heranwachsen. Die Jugendlichen wurden an der Schule hartem Drill unterzogen: Frühsport, paramilitärische Übungen (Schießen, Handgranatenwerfen) und Mutproben, Schindereien bis zur physischen Erschöpfung, dem «Totpunkt», an dem jener neue Mensch zum Vorschein kommen sollte, der den Nazis vorschwebte: «Zäh wie Leder, hart wie Kruppstahl und schnell wie Windhunde.» Gegen Ende des Krieges gehörten viele der Napola-Zöglinge zum letzten Aufgebot Hitlers, von ihm verheizt im «Endkampf» um Berlin. Nach 1945 gelangten von den Überlebenden tatsächlich einige in einflussreiche Positionen, allen voran der spätere Chef der Deutschen Bank Alfred Herrhausen, Jahrgang 1930, ausgebildet an der Napola Feldafing am Starnberger See. «Ich habe aus diesen Jahren keinen Schaden, sondern eine Menge an preußischen Tugenden mitgenommen, die mir im Leben weitergeholfen haben», wird der Bankier zitiert, der nach seinem gewaltsamen Tod zum moralischen Unternehmensführer aus einer besseren Zeit verklärt wurde.

Weitere Napola-Schüler waren der Fabrikant Heinz Dürr, später AEG- und Bahn-Chef, der Maler Horst Janssen, der spätere Chefredakteur der «Frankfurter Rundschau», Werner Holzer, und der Herausgeber der Wochenzeitung «Die Zeit», Theo Sommer: «Wir wurden zur Wehrhaftigkeit erzogen, wir wurden zur Lauterkeit erzogen, zu Rechtschaffenheit – und wir hatten ein Ideal», wird Sommer zitiert.

DAS COMEBACK DER ELITE ALS
EXZELLENZUNIVERSITÄT

Seit der Nazizeit also tun die Deutschen sich schwer mit dem Elitebegriff, auch wenn es um die «Elitehochschulen» geht, mit denen andere Länder wie Amerika, Großbritannien, Frankreich sich brüsten – und um deren Ruhm und Ehre viele Deutsche sie beneiden.

Auch dem Land der Dichter und Denker stände eine Aushängeuniversität gut zu Gesicht. Eine, die auf der ganzen Welt berühmt ist, die man nur erwähnen muss, um Eindruck zu schinden. «Wow, Sie waren in Stanford!» – «Oh, Sie haben in Harvard studiert.» Oder in Paris, an der berühmten École Nationale d'Administration, kurz ENA. Ja, so eine «Grande École», das wäre was. Ein deutsches Oxford, ein deutsches MIT. Oder wenigstens ein deutsches Fontainebleau, aber nicht einmal das kann Deutschland bislang vorweisen, auch wenn die eine oder andere Business-School sich auf dem Weg dorthin wähnt.

Nun nennen die Begehrenswerten sich nicht nur «Elitehochschulen», es sind meist – zumindest in Amerika – auch noch private Einrichtungen, die ihren Studenten und deren zahlungskräftigen Eltern offen das Gefühl vermitteln: Wer es hierher geschafft hat, ist etwas Besonderes. Der gehört zu den Besten der Besten. Der zählt zur Elite, der erhält die beste Förderung, und das kostet eben.

In Deutschland aber sind die meisten Hochschulen in staatlicher Hand und kosten so gut wie nichts. Was also ist zu tun, wenn trotzdem ein Harvard entstehen soll? Welcher Politiker will einen Teil der Wähler mit einer Bildungsoffensive für die verhasste Elite verprellen? Wer will eine Eliteschule schaffen?

Erstaunlicherweise war es gerade die SPD, die es gewagt hat, den Deutschen mit Elitenförderung zu kommen. Im Januar 2004 trat der damalige Generalsekretär Olaf Scholz, später dann Bürgermeister in Hamburg, vor die Presse und verkündete, die Sozialdemokraten würden in Deutschland gerne «Eliteuniversitäten wie Harvard» errichten.

Seine Parteikollegin Edelgard Bulmahn, damals Bildungsministerin, machte sich fortan daran, den Wettbewerb unter den Universitäten anzuheizen. Zwei Milliarden Euro Fördermittel lobte sie dafür aus. Alle Hochschulen konnten sich um die öffentlichen Gelder bewerben. Im ersten Durchgang qualifizierten sich drei Hochschulen – die Ludwig-Maximilians-Universität München und die Technische Universität München sowie in Karlsruhe das Institut für Technologie (KIT).

Nur hießen die Gewinner nicht «Eliteuniversität», sondern «Exzellenzuniversität». Die Sozialdemokraten hatten das böse E-Wort damit klammheimlich aus dem Verkehr gezogen. Vorausgegangen waren heftige innerparteiliche Kämpfe um den umstrittenen Begriff. Elite sei von Grund auf «unsozialdemokratisch», hatte etwa der Landesverband Nordrhein-Westfalen geschimpft. Die SPD stehe ganz im Gegenteil für «Chancengleichheit», für «die soziale Öffnung aller Hochschulen». Elitenförderung sei das Gegenteil.

Also musste das Vorhaben umgetauft werden. Aus «Elitenförderung» wurde die «Exzellenzinitiative» mit all seinen ungelenken Wortschöpfungen bis hin zum «Exzellenzcluster». Nur geholfen hat die neue Verpackung wenig. Ein Wolf im Schafsfell bleibt ein Wolf. Exzellenz draufschreiben, aber Elite meinen, den Trick haben die Elitengegner natürlich sofort durchschaut. Die kämpfen seither gegen die Reform an. Der Vorwurf: Die Hochschulen seien nun geteilt in «Elite» und «Nicht-Elite». Und natürlich bevorzugen Studenten und Professoren sowie Förderer und Drittmittelgeber die Eliteeinrichtungen. Deshalb benachteilige die Förderung einzelner Universitäten all jene Schulen, die das Siegel nicht erhalten. Die «Frankfurter Rundschau» schrieb dazu: «Im Schatten der Sieger steht nun eine

Gruppe von Verlierern, denen nach und nach die Argumente für ihre Existenz ausgehen könnten.» Das alles führe zu einem «Zweiklassensystem» in der Bildung. Und dieser Vorwurf ist ein sicheres Totschlagargument in Deutschland! Auf der einen Seite steht die elitäre Spitzenforschung, auf der anderen eine mittelmäßige Massenausbildung. Oder um den Wiener Philosophen Konrad Paul Liessmann zu zitieren: «Während die traditionellen Universitäten zu mehr oder weniger berufsqualifizierenden Ausbildungsgängen mit knappen Ressourcen heruntergewirtschaftet worden sind, rettet sich die halbierte humanistische Universitätsidee in die aus dem neoliberalen Geist des Wettbewerbs geborene Elitekonzeption.»

So weit wird es allerdings, wie wir heute wissen, nicht kommen. Schon in der zweiten Runde der Exzellenzinitiative ist die Große Koalition dazu übergegangen, das Geld eher gießkannenartig über Dutzende von Projekten und Clustern zu verteilen. Ab 2018 sollen pro Jahr 500 Millionen Euro bereitstehen, für etwa fünfzig verschiedene Universitäten, Forschungsverbünde oder Einzelprojekte. Da kann die Elitekonkurrenz aus Amerika nur milde lächeln.

«500 Millionen Euro – das entspricht dem jährlichen Budget einer unserer sieben Fakultäten», mokierte sich 2016 der damalige Stanford-Rektor John Hennessy. «Wenn Sie in Deutschland wirklich Exzellenz fördern wollen, müssen Sie sich verabschieden von der Vorstellung, dass alle Universitäten in etwa gleich gut sind und ähnlich viel Geld bekommen sollten. Sie müssen akzeptieren, dass die Gruppe der wirklich großartigen Weltuniversitäten begrenzt ist und auch bleiben wird.» Adieu, Stanford. Adieu, Harvard.

_____

3

ELITE AUF DEM GIPFEL

DER HOMO DAVOSIENSIS

Der Gipfel ruft: Jedes Jahr, Mitte Januar, reisen die Großen und Wichtigen aus Politik und Wirtschaft nach Davos, dem Graubündener Skiort, 1560 Meter hoch gelegen und beileibe keine Schönheit. Kluge, Reiche, auch Schöne treffen sich hier. Wirtschaftsführer und Wissenschaftler, garniert mit Ministern und Regierungschefs im Dutzender-Pack, aufgelockert und abgeschmeckt mit etwas Künstlervolk, den Bonos und Paulo Coelhos dieser Welt.

Wer hier erwartet wird, hat es geschafft, er ist Teil der globalen Elite, für die ein eigener Gattungsbegriff gefunden wurde: der «Davos-Mensch». Und egal, wie die Welt sich dreht, diese Gattung Mensch hält sich wacker. Wer genau ihn erschaffen hat, ist strittig, der liebe Gott war's jedenfalls nicht. Der Name stammt entweder von dem Ökonomen Paul Krugman, Amerikaner und Nobelpreisträger, oder dem Politologen Samuel Huntington, so viel ist klar.

Rudelweise fällt der Davos-Mensch in die Schweizer Berge

ein, aus allen Teilen der Welt. Zweieinhalbtausend Exemplare sind es insgesamt, wie anhand der Erkennungsmarken, um den Hals baumelnde Namensschildchen aus Plastik, leicht nachzuzählen ist. Drei Dutzend Staats- und Regierungschefs hängen die sich für gewöhnlich um, etliche Nobelpreisträger und noch viel mehr Milliardäre, mehr als eintausend Konzernchefs marschieren vermummt während dieser Tage durch die Straßen des Ortes (man mag es kalt), altes Geld trifft junge Disrupter. «Disruption» hält sich übrigens seit mehreren Saisons als Modewort auf dem Weltwirtschaftsforum (WEF), das inzwischen selbst zur Marke geworden ist. Der Gründer des Ganzen, Wirtschaftsprofessor Klaus Schwab, 1938 in Ravensburg geboren, taxiert den Markenwert auf «zwischen einer und zwei Milliarden Euro». Nur hat er selbst nichts davon: Das WEF ist als Stiftung organisiert, Schwab als Präsident darf nicht mehr verdienen als der höchstbezahlte Staatsdiener in der Schweiz. Das ist der Präsident der Notenbank, so wollen es die Gesetze der Eidgenossen. Hungern muss der Zeremonienmeister der Weltelite natürlich trotzdem nicht.

Die von ihm alljährlich zusammengetrommelte Gattung ist es, die den Fortschritt und Wohlstand auf dem Planeten am Laufen hält oder den Globus zugrunde richtet, je nach Ideologie. Geboren wurde die Spezies einst aus dem anthropologischen Bedürfnis, einen Begriff zu finden für die «wurzellosen Kosmopoliten» (Paul Krugman), die den Takt in der Weltwirtschaft angeben, jene Menschen also, «welche die Revolutionäre als Erstes an die Wand stellen würden», wie der Nobelpreisträger im Scherz gemeint hat. Lustiger klingt nur noch, wie Nordkorea die Spezies abgekanzelt hat: Davos sei die jährliche Zusammenkunft westlicher Plutokraten, die zur Belustigung einer verkommenen Oberschicht Zwerge und Narren durch die Manege treibe, so der O-Ton der nordkoreanischen Nachrichtenagentur. Wohl dem, der solche Gegner hat.

Generell gilt für den Davos-Menschen: Der Typ ist anpassungsfähig, was die Voraussetzung dafür ist, als Art zu überleben – und Auftrag an den Beobachter, seine Wandlungen zu erforschen.

Ganz wichtig: Davos-Mensch ist nicht gleich Davos-Mensch. Vor einem halben Jahrhundert, als er zum ersten Mal aufgefallen ist, sah er anders aus, er fühlte anders, er benahm sich anders. Zum natürlichen Feind erwuchs ihm damals der «Seattle-Mensch» als Prototyp des Globalisierungsgegners. Der legte mit Gewalt 1999 eine Welthandelskonferenz in Seattle lahm und mag seither in den Genen des Anti-TTIP-Aktivisten fortleben, dem Freihandelsgegner unserer Zeit. Vor Ort aber, im Stammgebiet des Davos-Menschen, ist der Seattle-Mensch verschwunden, ausgestorben. Die Protestler sind müde. Das Jahr 2016 markierte den Einschnitt, als zum ersten Mal in der WEF-Geschichte keine Gegendemonstration angemeldet wurde, keine einzige, nachdem der Protest in den Jahren zuvor schon zur routinierten Folklore verkommen war. Den Globalisierungsgegnern gehen die Gegner aus. Grenzen und Protektionismus fordern jetzt auch andere. Allen voran Amerikas Präsident Donald Trump, der 2018 zu seiner «America First»-Tour mit großem Gefolge in Davos eingeflogen ist, um sich vor der Elite zu präsentieren, gegen die er für gewöhnlich polemisiert. Der Davos-Mensch hat noch jeden Gegner zu sich auf die Bühne geholt.

Die Welt zu retten, das ist der offizielle Auftrag. Konkret heißt das, grün zu sein. Und das bedeutet in Davos zunächst einmal, dass sich die Limousinen an einem Stand Ökoplaketten abholen müssen, bevor sie sich im Stop-and-go-Tempo durch das Bergdorf schieben. Es bedeutet aber auch, dass Klimawandel, Nachhaltigkeit und sonstiges ökologisch korrektes Gedöns auf den Bühnen des Forums so lange munter durchbuchstabiert werden, bis selbst WWF und Greenpeace die Spucke wegbleibt.

Nein, die Feinde des Davos-Menschen sind nicht mehr die

Seattle-Menschen, es sind nicht die westlichen Mittelschichts-kinder, die McDonald's und Coca-Cola hassen und in gelegent-lichen antizivilisatorischen Wallungen die Fensterscheiben multinationaler Konzerne zertrümmern. Der wahre Gegner des Davos-Menschen geht auch nicht brav aufs Amt, um Demos anzumelden. Wenn, dann sind es die IS-Terroristen, die ihn be-drohen, die Gotteskrieger, die gegen alles kämpfen, was dem Da-vos-Menschen etwas bedeutet: Freiheit, Unternehmertum, eine offene, global vernetzte Gesellschaft. Dass die Terroristen dabei auf die Techniken des vorgeblichen Feindes zurückgreifen, stört sie nicht. Facebook, WhatsApp, Twitter nutzen alle gleicherma-ßen, in dieser Hinsicht hat sich die Welt wirklich globalisiert.

Die Angst vor Terroristen sitzt dem Davos-Menschen im Nacken. Der Islamische Staat landet in Umfragen zu den Ge-fahren, die Manager umtreiben, regelmäßig unter den Top Five. Deshalb hat die Schweiz die Sicherheitsvorkehrungen hochgefahren, in Davos wie auch an anderen neuralgischen Orten. Armee und Polizei prüfen die Autos, die sich dem Skiort nähern, in jüngerer Vergangenheit deutlich strenger. Vor dem Kongresszentrum werden Betonsperren aufgebaut, damit kein Selbstmordattentäter mit dem Auto hineinrasen kann. Auf den Dächern der Hotels postieren sich Scharfschützen. Im Himmel drehen Helikopter ihre Runden. Alles wirkt heute eine Spur martialischer als in früheren Jahren.

Hinter den Sicherheitskontrollen freilich nimmt der Zirkus alljährlich den gewohnten Lauf. Auf Podien diskutieren sie die industrielle Revolution und die Roboter der Zukunft (womög-lich bedenklich), das Auf und Ab der Börsen (halb so schlimm), das Ende des klassischen Bankings (kommt!) und den medizi-nischen Fortschritt (dank Digitalisierung auf einem guten Weg). Große Fragen werden behandelt, Krieg und Frieden etwa, schlagzeilenträchtige Konflikte sowieso: Brexit, Katalonien, all diese Sachen. Und in Person von Deutsche-Bank-Chef John

Cryan hat der Davos-Mensch schon mal das Ende des Bargelds ausgerufen.

Der Davos-Mensch selbst zahlt ohnehin mit Kreditkarte, am besten mit der goldenen. Die Preise für Hotels sind sagenhaft unverschämt, vermittelt werden die Zimmer von den Veranstaltern zentral, in bester planwirtschaftlicher Manier. Auch die Share-Economy reagiert sehr sensibel auf die Kräfte des Marktes: Knappes Angebot trifft auf übermäßig zahlungsbereite Kunden, das ergibt Mondpreise. Wer es partout darauf anlegt, günstiger wegzukommen, landet womöglich im Kinderzimmer einer Schweizer Familie, welche die Chance zur persönlichen Umverteilung beim Schopfe gepackt hat: Das Walt-Disney-Bettzeug wird der sparsame Konzernchef so schnell nicht vergessen. Dafür war das Bier im Kühlschrank gratis.

Der Davos-Mensch schluckt die Preise, leicht murrend, er kalkuliert schließlich anders. Der Trip in die Berge rechnet sich dank des geschäftsfördernden Speed-Datings für Manager in den Hotels in Laufnähe zum Konferenzzentrum. In zweckentfremdeten Einzelzimmern oder fensterlosen Abstellkammern knüpfen sie Kontakte, besprechen Karrieren. Immer unter vier Augen, alles im Halbstundentakt, dann ist der Nächste dran. Fünfunddreißig bis vierzig Termine an drei Tagen, so viel schafft der geübte Davos-Mensch. Das erfordert Disziplin («Kein Bullshit, kein Powerpoint») – und ist höchst effizient. Effizienz ist schließlich das, was diese Gattung liebt.

Streng genommen verteilt sich die Spezies auf zwei Lebensräume, gibt es Davos also in doppelter Ausführung: das offizielle Forum, wo viel von Ethik und Moral die Rede ist, und daneben das schöne Geschäft. Nur durch einen braunen Vorhang abgetrennt, beginnt direkt im Konferenzzentrum, in den sogenannten Partner-Lounges, die Networking-Zone, in den besseren Hotels sind ganze Flure für solche «private meetings» gebucht. Von morgens um sieben bis Mitternacht läuft die Maschinerie; vom Arbeitsfrühstück bis zu Dinner und «Night Cap» genannten Empfängen, zwischen denen der Davos-Mensch eifrig hin und her rauscht. An der Zahl der Einladungen zu exklusiven Events ist die Rangordnung innerhalb des Rudels abzulesen. Putzig zu sehen, wie Alphatiere dabei untereinander wetteifern, wenn etwa überehrgeizige Minister aus Berlin in die Alpen fliegen, um sich gegenseitig auszustechen. Wer bringt es auf mehr Gespräche mit noch Wichtigeren: Karl-Theodor zu Guttenberg (CSU) war darin ein Meister, Ursula von der Leyen (CDU) müht sich redlich, indem sie Topmanager zum Tee bittet.

Der geübte Davos-Mensch reagiert sensibel auf Verschiebungen im Machtgefüge. So nahm er 2018 sofort zur Kenntnis, dass Angela Merkels Rede spärlicher als sonst besucht war. Die Kanzlerin hatte stets vor vollem Haus gesprochen. Ist also Emmanuel Macron der neue starke Mann in Europa? Größeren Auftrieb als der junge Hoffnungsträger aus Paris verursachte nur Donald Trump mit seiner Rede, die dann allerdings, da war die Weltelite sich einig, merkwürdig blass blieb. Kaum verbale Ausraster (außer gegen die versammelte «fake news»-Presse), keinerlei Beleidigungen anderer Staatsmänner oder Völker. Stattdessen nur Eigenlob in einer Endlosschleife und ein Fazit, das geradezu versöhnlich anmutete: «America first does not mean America alone.»

Wer karrieretechnisch schon auf Schussfahrt ins Tal donnert, bekommt in Davos die unerfreuliche Bestätigung: Für solche Leute, angehende Verlierer, hat die Elite ein feines Gespür. «Meide Unglückliche und Glücklose», rät Management-Experte Robert Greene in seinem Klassiker «Power». «Glücklose ziehen das Unglück an, und sie werden es auch über Sie bringen», heißt das zehnte von seinen achtundvierzig Gesetzen der Macht. Welcher Topmanager mag sich mit einem angezählten Minister zeigen, der womöglich demnächst von der eigenen Partei gemeuchelt wird?

Falls ein Konzernchef diese Mechanismen nicht selbst durchschaut, so hat er seine wachsamen PR-Strategen, die zur Vorsicht raten, wem man die Hände schüttelt und wem besser nicht: «Das könnte unschöne Fotos mit einem Loser geben.» Vermutlich auch die Letzten, denn Karriereknick oder Pensionierung bedeuten das Ende der Einladung. Der Davos-Mensch steht auf dem Zenit seiner Macht. Er fühlt sich als Elite. Und so benimmt er sich auch, «manche mit mehr Recht, andere mit weniger», spottet ein deutscher Konzernlenker über Mittouristen, die arg dick auftragen.

Die Woche Davos ist wohlgemerkt ein anstrengender Sport, schon körperlich: Der Davos-Mensch braucht gute Kondition und wenig Schlaf. «Schlafen kann ich, wenn ich wieder zu Hause bin», hat Jürgen Großmann einst als Losung ausgegeben. Der Riese Großmann, Selfmade-Milliardär und ehedem Chef des Energiekonzerns RWE, ist mit seinem Vollbart und der dröhnenden Stimme schon äußerlich ein Davos-Urahn. Über viele Jahre war er ein zuverlässiger Gastgeber seines Hummer-Dinners, zu dem die deutschsprachige Ausprägung des Davos-Menschen sich zusammenrottete. Gereicht wurde der Hummer im Holzhüttenflair, die Decke war niedrig, sodass man ständig fürchtete, Großmann, dieser Koloss von Unternehmer, schlage sich gleich den Kopf an.

Großmann hat inzwischen Platz gemacht für den Alibaba-Chef Jack Ma, der nun zu der Zeit seine auserlesenen Gäste bewirtet. Die Schar ist deutlich internationaler als Großmanns Runde, sehr hochkarätig, mit Christine Lagarde an Mas Seite.

Insgesamt wird der Davos-Mensch jünger. Andere Typen tauchen auf, mit anderen Berufswegen: wagemutige Kerle, hochklassig ausgebildet, deren Ehrgeiz nicht auf einen Vorstandsposten in einem Großkonzern zielt. Diese Leute haben mit Anfang dreißig ein halbes Dutzend Firmen gegründet. Die eine oder andere davon ist zwar längst bankrott gegangen, die *eine* schlagende Idee aber, so berichten sie aufgekratzt, verkaufen sie gerade für eine Milliarde an einen der Giganten – nennen wir ihn Google oder Amazon.

Ausschweifungen gönnt sich der Davos-Mensch nur in Maßen. Achtsamkeit ist Trumpf, gegenüber dem eigenen Körper wie auch gegenüber der gesamten Schöpfung. Man achtet auf sich, auf eine gesunde Ernährung, auf Sport und Bewegung. Man ist schlank, durchtrainiert, versiert in Meditation. Der moderne Davos-Mensch beginnt seinen Gipfeltag mit einer halben Stunde davon, undenkbar für seine Vorfahren. Die Kurse des amerikanischen Meditationsgurus Jon Kabat-Zinn sind derart überbucht, dass schon eine halbe Ewigkeit vorher anrücken muss, wer mitmachen will. Wer später kommt, steht vor verschlossener Tür. Doch auch das hindert den Davos-Menschen nicht an der Einkehr ins Ich. «Dann meditieren wir einfach spontan hier zusammen», beschließen die Nachzügler, setzen sich im Schneidersitz auf den Boden, entledigen sich der Schuhe und schließen die Augen.

Später am Tag taucht der Davos-Mensch fast immer mit Smartphone am Ohr und Laptop auf den Knien auf. Das ist ziemlich neu. Noch bis vor kurzem war es in Davos ausdrücklich untersagt, elektronische Geräte zu nutzen, solange die Debatten liefen. Nebenher Mails zu checken galt als unhöflich. Mit dem Handy zu fotografieren, Inhalte nach draußen zu mailen war verboten. Jetzt aber werden Selfies geschossen, der Davos-Mensch twittert, was das Zeug hält. Elektronische Tafeln zeigen an, wessen Gezwitscher die höchste Aufmerksamkeit erregt. Bill Gates ist in diesem Wettbewerb nur schwer zu schlagen. Allenfalls von Sheryl Sandberg, der Topmanagerin von Facebook – ein neuer Star der Gattung, aber auch eine Ausnahme.

Außer Konkurrenz, auch in der Twitter-Hitliste, läuft @real DonaldTrump, der jedes Mal ein Selfie-Gewitter auslöste, wenn er irgendwo auftrat. Ein vor Macht strotzender Fremdling, der zum Dinner fünfzehn europäische Konzernchefs verspeiste, als die wie Schuljungen aufsagen durften, wie toll sie ihn finden und wie viele Milliarden sie deshalb in Amerika investieren.

Der Davos-Mensch ist, das muss man leider festhalten, in seiner überragenden Mehrheit männlich, auch wenn er liebend gerne weiblicher wäre. Diversity und Gleichberechtigung sind schon seit einigen Jahren Lieblingsthemen auf dem WEF. Sheryl Sandberg, Marissa Mayer (ehemals Yahoo) und Christine Lagarde (IWF) stürmen unermüdlich die Bühne und rufen ihre Artgenossinnen dazu auf, es ihnen gleichzutun. Sich reinzuhängen, sich ins Männerrudel zu drängen, Leittier zu werden. Der Davos-Mann nickt dazu brav, unterschreibt alle Studien, die nahelegen, dass Frauen die besseren Chefs – und natürlich Menschen – sind. Und doch stagniert der Anteil der Davos-Frauen bei knapp 20 Prozent. Der Gipfel ändert nichts daran, wie die Dinge nun mal sind: Die Mehrheit der CEOs ist männlich. Und damit auch die Mehrheit der Gipfelstürmer. Da helfen weder die Initiativen der Davos-Organisatoren noch die Aussicht auf Rabatt, der Konzernen gewährt wird, wenn sie mehr Frauen in ihren Delegationen mitschicken. Der Fortschritt bricht sich hier nur mühsam Bahn, allein das schlechte Gewissen der Männer wird von Mal zu Mal größer. Das Gattinnen-Programm, früher ein Highlight für die stolze Ehefrau, die ihren Alpha-Gatten in die Berge begleiten durfte, wurde umbenannt in ein genderneutrales «Outdoor-Programm» und zudem rigoros zusammengestrichen. Die Partnerinnen, meist gut ausgebildet und selbstbewusst, verbieten es sich heute, wie früher zu Kaffeefahrten und Shoppingtouren ins nahe gelegene St. Moritz geschickt zu werden. Lieber freuen sie sich an der intellektuellen Inspiration, die ihnen die mehr als dreihundert mit Koryphäen besetzten Panels bieten, und an einer mit dem Mann gemeinsam verbrachten Woche in den Bergen.

Dies erklärt, warum der Davos-Mensch auch in Paaren auftritt. Unter all den Wichtigen, die einen Manager von Welt umgeben, das hat Initiator Schwab schlau erkannt, ist seine Ehefrau keineswegs die Unwichtigste. Im Gegenteil! Wohl zu keinem anderen Anlass dieser Güte strömt so viel Begleitung wie zum Weltwirtschaftsforum. Nie rückt der familiäre Anhang der globalen Elite enger zusammen als jedes Jahr Mitte Januar in Davos.

Der Milliardär bringt seine treue Gefährtin mit, der Hagestolz seine jüngste Trophäe, distinguierte, reifere Damen schweben durch den Ort, getragen von einer Wolke der Wichtigkeit ihres Gatten. Etwa jeder Dritte fliegt mit Gattin ein. Viele indische Manager sind ohnehin gern in größeren Familienverbänden unterwegs, auch Amerikanerinnen vergnügen sich offenbar mit Vorliebe in den Alpen. Und für deutsche Topmanager bietet Davos eine der raren Gelegenheiten, Ehe und Dienst miteinander zu verknüpfen. Auf gewöhnlichen Geschäftsessen hat die Ehefrau so wenig zu suchen wie in Aufsichtsratssitzungen und Bilanzpressekonferenzen. Auf Geschäftsreisen nach China und anderswohin geht es mit dem persönlichen Stab samt Assistentin, nie aber mit der eigenen Frau.

Der Davos-Mensch zieht die meiste Zeit des Jahres einsam seine Kreise. Vom Urlaub abgesehen, verbringt er selten so viel Zeit mit seiner Gattin wie in dieser Woche im Schnee in Davos. «Ich kann mich nicht erinnern, wann ich zuletzt fünf Nächte am Stück mit meiner Frau in einem Bett geschlafen habe», gesteht ein führender Chemiemanager. Und endlich lernt die Gattin auch leibhaftig den Aufsichtsrat und den Konkurrenten des Mannes kennen, von denen zu Hause nur als «Lowbrainer», «Versager» und «Fiesling» die Rede ist.

Was also, wenn der tiefere Sinn des Gipfels einzig darin besteht, dass die Davos-Männer eine Woche lang der Gattin vorführen, wie toll und wichtig sie sind? Solche ketzerischen Gedanken sind durchaus zu vernehmen, die Lästermäuler unter den Davos-Veteranen behaupten dies allen Ernstes. «Unsinn», widerspricht die selbstbewusste Chef-Gattin: «Um zu sehen, wie toll mein Mann ist, muss ich nicht extra in die Schweiz fahren.» Der Davos-Mensch, der zu Hause mit den Kindern spielt, und der Konzernlenker, der im Büro die Mitarbeiter erzieht, gehörten zwei völlig unterschiedlichen Gattungen an. «Das sind verschiedene Rollen, verschiedene Männer», sagt die Vorstandsgattin.

Frauen ihrer Generation lassen sich nicht mehr mit dem Begleitprogramm abspeisen, sagt sie noch und marschiert, die Neuschneepiste ignorierend, rüber ins Kongresszentrum, einen Bau, der für Dutzende Millionen Franken erweitert und verschönert wurde, der aber immer noch aussieht wie ein in den Boden gerammtes Raumschiff: kein Tageslicht, schlechte Luft, die Räume überhitzt. Mehr als dreihundert Panels tagen hier, auch zu den abwegigsten Themen. «Volkshochschule für Wichtige», scherzt die Frau des Managers.

Klaus Schwab, der Direktor des WEF-Zirkus, ist heute vermutlich der wichtigste Konferenzveranstalter der Welt und nach eigenem Empfinden ein Wohltäter der Menschheit: Wer weiß, wie die deutsche Wiedervereinigung ohne Davos gelaufen wäre? Das Treffen zwischen Bundeskanzler Helmut Kohl und Hans Modrow, dem letzten DDR-Ministerpräsidenten, im Januar 1990 ist für Schwab ein historischer Moment, ebenso der Händedruck zwischen Nelson Mandela und Südafrikas Präsident Frederik Willem de Klerk zwei Jahre später. «Davos beeinflusst den Lauf der Welt», tönt der WEF-Präsident.

Für die Herren der Wirtschaft geht es – neben all den hehren Zielen in Sachen Weltverbesserung – in erster Linie darum, den eigenen Marktwert zu testen und Kontakte zu knüpfen. Kasper Rorsted etwa, damals gerade auf der Suche, hat hier den Chefposten beim Klebstoff- und Kosmetikhersteller Henkel ergattert. Eine Statistik über erfolgreich angebahnte Personalwechsel existiert nicht, etliche solcher Fälle aber gibt es, schwören die Veteranen. Die Sterne für Jobaspiranten stehen günstig.

Denn ständig kreuzen sich die Wege der WEF-Teilnehmer. Zu den Auftritten der Staatsführer sammelt man sich im großen Auditorium, danach schwirren die Manager wieder aus, um ihresgleichen zu treffen. Überhaupt, das lernt der Davos-Mensch rasch, sind Kontakte das Allerwichtigste im Leben. Die meiste Zeit verwendet er auf Networking, Davos ist eine einzige Jagdgesellschaft. «Erfolgreiche Menschen wollen mit anderen erfolgreichen Menschen gesehen werden. So läuft das Spiel», sagt Nassim N. Taleb, Autor des Bestsellers «Der schwarze Schwan», der den Unsinn von Wirtschaftsprognosen behandelt. «Immer denkst du, du bist am falschen Platz in Davos, ständig fürchtest du, etwas zu verpassen», berichtet AOL-Gründer Steve Case. «Das wahre Davos spielt sich im Verborgenen ab, irgendwo.»

Und wenn sich etwas nicht abspielt, dann hat das erst recht eine Bedeutung: Russlands Präsident Wladimir Putin etwa hat einmal handverlesene Konzernchefs kurzfristig zum Abendempfang eingeladen, worauf die alle hektisch ihre Terminpläne umgestellt haben. Wer am Ende nicht erschien, war der Gastgeber, Putin schwänzte die eigene Veranstaltung ohne weitere Erklärung. Da wissen die Manager wenigstens, woran sie sind: «Putin hat kein Gespür für westliche Unternehmer, er versteht die Weltwirtschaft nicht.» Trotzdem strömten die Wirtschaftsführer bei nächster Gelegenheit in Davos wieder zu ihm, nur damit Wladimir Putin sie abkanzeln konnte wie Schulbuben. Russland habe keine Hilfe aus dem Westen nötig, so die Ansage, und Belehrung erst recht nicht. Betretenes Schweigen unter den Konzernchefs. «Eigentlich hätten wir aufstehen müssen und gehen», gesteht ein Teilnehmer der Runde. Es ist nicht alles Sonnenschein auf dem Weltwirtschaftsforum.

Die Einheimischen, das gewöhnliche Volk, das sich lange widerborstig gegenüber dem alljährlichen Rummel verhalten hat, ist mittlerweile mit dem Davos-Menschen versöhnt, besser gesagt ruhiggestellt mit dem vielen Geld, das damit verdient wird: Ein Fünftel des Jahresumsatzes spielen die Hotels in den fünf Gipfel-Tagen ein. Läden und Kunstgalerien haben längst begriffen, dass in dieser Woche mehr zu verdienen ist, wenn sie ihre Waren in den Keller räumen und ihre Flächen an Firmen vermieten, die dort für eine Woche ihr Büro einrichten. Die Pause ist für die Davoser Geschäftsleute extrem lukrativ: Mit der Miete machen auch sie binnen fünf Tagen den Reibach des Jahres.

Die «schönste Woche des Jahres», jubelt der Inhaber des Cafés «Schneider», einer Institution, wo Bündner Torte und während der WEF-Tage indische Geschäftsideen serviert werden: «Nie haben wir so viele zufriedene Gäste», sagt der Wirt an der «Promenade», die sie hier Flaniermeile nennen. Dabei ist sie nicht mehr als eine schmale Straße durch ein Bergdorf, das den Ansprüchen des polyglotten Konsumenten nicht im Ansatz genügt. Der reine Witz, verglichen mit New York, London, Tokio. Schon die Frankfurter Goethestraße, die Düsseldorfer Kö oder die Maximilianstraße in München machen mehr her. Was das Einkaufen angeht, ist in Davos wenig zu holen. Schade eigentlich, denn die Milliardärsdichte ist in diesen Tagen nirgendwo höher auf der Welt.

WER DARF MIT IN DIE SCHWEIZER BERGE?

Keine Frage, Daniel Klier, ein Münchner Bub, darf sich mit Mitte dreißig zur globalen Wirtschaftselite zählen. Das hat er mit Brief und Siegel: Der Jungbanker Klier ist ein «Young Global Leader» (YGL), Mitglied im Club der hochbegabten Gestalter und Weltveränderer von morgen. Das Ticket dazu stellt das Weltwirtschaftsforum aus. Jedes Jahr wählt das WEF einhundert Turbotalente aus, alle unter vierzig Jahren, aus aller Herren Länder, die Einlass finden zum Gipfel der Elite.

Auffällig häufig beweisen die Talent-Scouts dabei eine glückliche Hand. Europas Jung-Staatsmänner waren allesamt Mitglied im Club, noch ehe sie an die Regierung kamen, ob sie nun Matteo Renzi, Emmanuel Macron oder Sebastian Kurz heißen. Die Reihe der Alumni zeugt von unverhältnismäßig vielen prominenten Karrieren, womöglich beschleunigt durch die Zugehörigkeit zu diesem elitären Club. Kontakte haben noch nie geschadet.

Wo aber wurde Daniel Klier entdeckt? Der Sohn eines Kellners und einer Universitätssekretärin hat es in jungen Jahren schon weit gebracht, genauer gesagt bis in die 42. Etage eines gläsernen Bankenturms mit Blick über die Londoner City. Hier residiert der Vorstand der Großbank HSBC. «Group Head of Strategy» durfte er sich nennen, als er zu den Young Global Leaders stieß, Strategiechef einer der wichtigsten Banken der Welt. An der Börse ist sie sechsmal so wertvoll wie die Deutsche Bank, das klingt nicht schlecht. «Ich bin vermutlich etwas jung für den Posten», kokettierte Klier damals. Ein Jahr später ist er auch noch Nachhaltigkeitschef der Bank.

Ein Zufall ist das alles nicht. Der junge Mann meinte es schon immer ernst mit der Karriere: Wirtschaftsstudium in St. Gallen und an der London School of Economics, Promotion in New York, Aufstieg als Unternehmensberater bei McKinsey, wo er schließlich Partner wurde. 2014 folgte der Schritt nach London, zu HSBC. Klier war zu dem Zeitpunkt gerade einmal zweiunddreißig Jahre alt. Seither arbeitet er direkt für den Vorstand des angloasiatischen Konzerns, pendelt zwischen London und Hongkong.

Zum 2016er-Jahrgang der Young Global Leaders stieß er mit zwei weiteren Deutschen: die Start-up-Unternehmerin Verena Pausder, zum Zeitpunkt der Nominierung siebenunddreißig, die in Berlin Spiele-Apps für Kinder entwickelt und nebenbei der FDP unter Christian Lindner auf die Sprünge geholfen hat, sowie Jens Spahn (CDU), sechsunddreißig, von seinem ehemaligen Dienstherrn Wolfgang Schäuble schon zum kommenden Reservekanzler geadelt. Zugleich ging die Ehrung an Emmanuel Macron, ein Jahr vor seiner Ernennung zum französischen Präsidenten, an Sebastian Kurz, damals österreichischer Außenminister, und an Englands berühmteste Menschenrechtsanwältin Amal Clooney, Ehefrau von George Clooney.

Für fünf Jahre haben die YGL-Frischlinge Zutritt zum Gipfel der Wichtigen und Mächtigen in Davos. Zwischendurch sind zusätzliche Treffen angesetzt, auf denen der Nachwuchs etwas Sinnvolles produzieren soll, eine Studie, ein Projekt, um irgendwie mitzubasteln an der Weltverbesserung.

Die achtundvierzigste Auflage hat das Weltwirtschaftsforum 2018 hinter sich gebracht: eine großartige Chance für die Neuankömmlinge, sich unter die erfahrenen Davos-Menschen zu mischen, wenn auch nicht ganz billig. Gehört zur Elite, wer sich die unverschämten Preise in Davos leisten kann? Kann man sich mit einem dicken Portemonnaie gar einkaufen? Natürlich nicht. Geld allein führt nicht zum Weltwirtschaftsforum.

Wenn der Begriff «Elite» aber «Auslese» bedeutet, dann passt er für Davos: Wer dorthin will, muss sich bereits gegen harte Konkurrenz durchgesetzt haben, muss sich nach oben gekämpft haben an die Spitze eines Unternehmens, einer Partei, in der Forschung. Gewiss, die Welt hält noch andere exklusive Zirkel bereit, die Baden-Badener Unternehmergespräche für die nationale Führungsreserve zum Beispiel, den Evian-Kreis für die deutsch-französische Verständigung, die Atlantik-Brücke für die Transatlantiker, die Similauner für die Bergsteiger, die Bilderberg-Konferenzen für die Freunde von Verschwörungstheorien. Dazu später mehr in diesem Buch.

Nichts jedoch reiche an den Club des Weltwirtschafts-forums heran, findet CDU-Politiker Jens Spahn, trotz seiner jungen Jahre ein gewiefter Techniker der Macht, der mit der hochkarätigen Talente-Truppe im Herbst 2016 zu einer ersten Studienreise aufgebrochen ist: Nach Tokio ging es, «gemein-sames Karaoke-Singen inklusive». Von einer «wahnsinnig spannenden Community» berichtet Spahn: «So etwas habe ich noch nirgendwo erlebt, in keinem anderen Netzwerk.»

Wie bereits beschrieben, hat der Begriff «Elite» in Deutsch-land einen zweifelhaften Klang, «elitär» wird in vielen Kreisen als Schimpfwort gebraucht. Jens Spahn sieht das anders. Er will das Wort «Elite» vielmehr positiv aufladen: «Menschen, die Verantwortung übernehmen über ihr erfolgreiches eige-nes Tun hinaus», so lautet seine Stegreifdefinition. Daniel Klier, der Londoner Banker, formuliert es noch einfacher: Elite, das sind für ihn Leute, «die von früh an mehr gemacht haben, als auf dem Stundenplan steht». So vage diese Umschreibung auch sein mag, es zahlt sich auf jeden Fall aus, möglichst früh da-bei zu sein in den Kreisen der Entscheider. Je jünger Freund-schaften geschlossen werden, desto informeller, herzlicher und womöglich tragfähiger sind sie. Wer einst mit dem jungen, noch unbekannten Mark Zuckerberg an einer Davoser Kaffee-bar stand und Kontakt knüpfte, hat zu ihm womöglich einen anderen Draht als der, der sich ihm heute über das Vorzim-mer nähert. Kontakte sind eine Währung, die zählt. Auch die Besten und Smartesten kommen nicht ohne sie aus. Und wer behauptet, dass persönliche Verbindungen nicht der Karriere nützen, der lügt. Das Davoser Netzwerk öffnet überall auf der Welt Türen, berichtet Jungbanker Daniel Klier: «Wenn ich nach Hongkong oder New York fliege, vereinbare ich, wenn irgend-wie möglich, ein Treffen mit anderen Young Global Leaders. Niemand erklärt mir besser als sie, wie Land und Leute ticken.»

In London organisiert er selbst alle sechs Wochen ein Frühstück, zu dem er alle Young Global Leaders aus der Region einlädt. Im Januar trifft man sich dann in den Schweizer Bergen, wo Geschäfte wie Karrieren ausgeheckt werden.

Schließlich sind die Köpfe das Entscheidende, und das hat sich herumgesprochen. Die Berater von McKinsey haben einst die Schlagzeile vom «War for Talents» geprägt, dem Krieg um die Talente – oder, etwas friedlicher ausgedrückt: dem Wettbewerb um die Besten, der über das Schicksal von Konzernen entscheidet. Im Jahr 1998 war angeblich erstmals von einem solchen Krieg die Rede. Auch damals schon ging die Elite in Davos dem Auftrag nach, die Welt zu verbessern. Nur hat diese sich zwischenzeitlich verändert: Vor zwanzig Jahren gab es weder Google noch Facebook, Amazon war ein Start-up unter vielen. Heute sind diese Konzerne die wertvollsten der Welt, ihre Vorturner sind Stars. Und viele von ihnen liefen bereits als Young Global Leaders durch den Davoser Schnee, als noch niemand ihre Namen kannte.

Sheryl Sandberg, Jahrgang 1969, eine der reichsten Frauen der Welt, ist ein solcher Stammgast in Davos und Idol vieler Nachwuchsmanagerinnen. Sie arbeitete 1998, als der Krieg um die Talente ausgerufen wurde, noch als Stabschefin im amerikanischen Finanzministerium. Erst im Jahr 2007 stieß sie zu Mark Zuckerberg. Facebook war damals nicht viel mehr als eine hoffnungsfrohe Klitsche.

Google-Gründer Sergey Brin, 1973 in Moskau geboren, noch so ein Milliardär und ebenfalls strahlender Held auf dem Weltwirtschaftsforum, hatte im September 1998 mit seinem Kumpel Larry Page erst den Prototyp für die Suchmaschine angeworfen. Mitte zwanzig waren die beiden damals, heute unterjochen sie die Welt – behaupten zumindest die Heerscharen von Google-Gegnern.

Aus Young Global Leaders werden sehr erwachsene Konzern- und Staatslenker, jung schon dort zu finden, wo über die großen Summen entschieden wird: Philipp Freise ist so ein Typ, YGL-Jahrgang 2009, geboren 1973 als Sohn eines Hamburger Hoteliers. Nach dem BWL-Studium und drei Jahren als McKinsey-Berater hat er seine eigene Kapitalbeteiligungsgesellschaft in Berlin gegründet, seit 2001 arbeitet er von London aus für Kohlberg Kravis Roberts & Co. (KKR), die Mutter aller Private-Equity-Firmen. Im Auftrag von KKR sucht Finanzinvestor Freise nach jungen Firmen, damit aus Milliarden noch mehr Milliarden werden. Der elitäre Zirkel der Young Global Leaders kommt auch seinem Unternehmen zugute.

«Das Programm ist das Studium generale für die moderne Führungskraft», sagt Freise. «Man wird dadurch nicht nur ein besserer Manager, sondern weitet den Horizont. Und natürlich sind die Kontakte extrem wertvoll.» Er hat durch den WEF-Jungstar-Club Leute wie den Wikipedia-Erfinder kennengelernt, die YouTube-Gründer oder eben Sheryl Sandberg, «noch ganz neu bei Facebook damals», wie er sagt, «eine sehr beeindruckende Frau». Wer mag da widersprechen? Wie aber schafft man es zu ihr an die YGL-Kaffeetheke?

Selbst bewerben kann man sich nicht um die Mitgliedschaft in der jungen Weltelite, die Auswahl übernimmt das Weltwirtschaftsforum, unterstützt von einschlägigen Beratungsgesellschaften, die ein waches Auge auf den globalen Führungsnachwuchs haben. Philipp Freise glaubt zu wissen, was ihn qualifiziert hat: ein großer Deal im Musikgeschäft. Sein Arbeitgeber KKR hatte sich mit dem Medienkonzern Bertelsmann zusammengetan, um dessen Musiktochter BMG gemeinsam ins digitale Zeitalter zu führen. Das hat geklappt, und Freise wurde in der Szene wahrgenommen.

Die Aspiranten für den Elite-Club müssen also auffallen: durch Leistung natürlich und durch Engagement, indem sie gesellschaftliche Verantwortung übernehmen. Im Fall von Richard-Wagner-Fan Freise, nebenberuflich Vorstand der Gesellschaft der Freunde von Bayreuth, geschieht dies auf dem Feld der klassischen Musik. Über deren Energie und Schönheit kann der Finanzprofi stundenlang reden.

Der Banker Klier wiederum treibt sich «ziemlich aktiv» in der Londoner Kunstszene herum, außerdem hilft er Jugendlichen an sozialen Brennpunkten, wenn sie mit dem Gesetz in Konflikt geraten: «Just for kids law» nennt sich die Organisation, die den Teenagern Rechtshilfe anbietet. Klier sitzt dort im Beirat. Woher er die Zeit dafür nimmt? «Die findet sich, wenn einen etwas begeistert. Außerdem habe ich keinen Fernseher, das spart viel Zeit.» Die braucht er neben dem Job auch für das Davos-Programm: ohne Einsatz kein Preis. Denn Seminare sind fester Bestandteil der Förderung, die die Young Global Leaders genießen. Ein zweiwöchiger Aufenthalt in Harvard ist beispielsweise verpflichtend. Sechzig Young Global Leaders hocken da aufeinander und nehmen von morgens um sieben bis nachts um zehn an einem Programm teil, das von den besten Harvard-Professoren geleitet wird: Wie entwickle ich mich als Führungskraft weiter? Was sind die Herausforderungen in der Welt um mich herum?

Alexander Geiser, Anfang vierzig, Managing-Partner der Kommunikationsberatung Hering Schuppener, Star der Szene und Einflüsterer der wichtigsten deutschen Konzernlenker, hat diese «wahnsinnig inspirierenden Debatten» miterlebt. 2014 wurde er zum Young Global Leader ernannt – halt eine Clubmitgliedschaft mehr, so dachte er anfangs. Heute schwärmt er von der «extrem globalen Truppe»: «Man redet offener, weniger staatstragend und weniger politisch korrekt.» Man kennt sich, man duzt sich, man hat schon mal ein Bier zusammen getrunken. «Da sitzt du beim Essen neben einem Senator aus Mexiko, dann sprichst du mit einer Chinesin, die sich als eine Milliarden-Investorin herausstellt, und am nächsten Tag diskutierst du mit einem Top-Unternehmer aus Nigeria.» So ähnlich muss er sich anfühlen, der Geist von Davos, den Klaus Schwab immer wieder beschwört. «Ein Gipfel ist dann gelungen», rät der Altmeister, «wenn du einen beruflich wertvollen Kontakt und eine neue Freundschaft mit nach Hause nimmst.»

4

WIE VERKOMMEN IST DIE
ELITE?

KRIMINELLE UND GANZ
GEWÖHNLICHE VERSAGER

Das Urteil ist oft schnell gefällt: «Die da oben» sind allesamt
unfähig, korrupt, nur auf den eigenen Vorteil aus. Verant-
wortungslos sowieso. Nur: Wie verkommen ist die Elite hierzulande tatsächlich? Im globalen Vergleich ist es geradezu
kläglich, was die herrschende Klasse in Deutschland an krimineller Energie und moralischer Verdorbenheit hervorbringt,
selbst Nachbarn wie Österreich oder Frankreich sind uns da
voraus, von Plutokraten in Afrika oder Lateinamerika ganz zu
schweigen.

Gewiss, wir haben Einzelfälle von koksenden Abgeordneten
oder Politikern mit ekligen Fotos auf dem Laptop. Dazu kommen Pleitiers wie die Schleckers, die aus der Insolvenzmasse
schnell noch Geld für den Urlaub abzwacken, damit sie weiter
Porsche fahren können, oder Blender wie Thomas Middelhoff,
der sich bis heute weigert anzuerkennen, dass er, mit Geld um
sich werfend, die Karstadt-Kaufhäuser in die Pleite führte. Im

Zweifel enden diese Karrieren im Gefängnis, Middelhoff hat sowieso alles verloren: Ehre, Familie, Villa an der Côte d'Azur. Gestürzte Stars wie er geben dankbare Feindbilder für den Elitenhass ab. Mit Oligarchen oder kriminellen Clans, die sich einen Staat unter den Nagel reißen wie in anderen Weltregionen üblich, kann Deutschland nicht aufwarten, Gott sei Dank. Die Welt hat jedenfalls Skandalöseres gesehen als Politiker, denen privat verflogene Bonusmeilen zum Verhängnis werden, oder Bundespräsidenten, die über Bobbycars stolpern, der Nachweis mafiöser Verstrickungen der deutschen Politik steht noch aus. Im Gegenteil: Die Moralisiererei im tagespolitischen Geschäft hält meist nicht Schritt mit der Tragweite der Verfehlungen.

Um keine Missverständnisse aufkommen zu lassen: Natürlich denken Politiker, wie alle Menschen, zuvörderst an sich und die eigene Karriere, arbeiten bisweilen mit schmutzigen Tricks (vor allem gegen die Parteifreund genannte direkte Konkurrenz), werden üppig versorgt mit Pensionen (was sich für den Staatsdienst generell zum Problem auswächst).

Auch ist es kein Fehler, von jeder Rede eines Regierenden sofort die obligatorische Portion Heuchelei abzuziehen, wenn sie ihr Tun verklären zum selbstlosen Dienst am Volk. Trotzdem bleibt es dabei: Was die schwereren Sünden betrifft, sind wir mit Langweilern gesegnet.

Am meisten kitzelt der Volkssport Steuerhinterziehung, der für Angehörige der oberen Zehntausend besonders geeignet ist, weil sie mit entsprechenden Summen operieren können. Rekordmeister in dieser Disziplin ist Uli Hoeneß, Präsident des FC Bayern München, nach verbüßter Haftstrafe in Landsberg am Lech wieder in Amt und Würden und weiter von den Fans verehrt. Seine Reue wegen der hinterzogenen Millionen war schnell verflogen. Nachdem er sich zunächst mit seiner Zockersucht herausgeredet hatte, beschwerte er sich bald über den «riesigen Prominentenmalus». Darüber verdrängte er, dass er selbst es war, der sich zur moralischen Instanz überhöht hat. Mit Hingabe wetterte der Mann, der sich später selbst der Zockersucht bezichtigen sollte, gegen ebensolche Zocker an den Börsen: «Man sollte Spekulanten, die die Preise hochtreiben, das Öl vor die Tür kippen, mit dem sie virtuell handeln. Vielleicht kommen sie dann zur Vernunft.»

Wenige Stunden vor der Steuerrazzia gegen ihn ereiferte er sich noch auf offener Bühne in der TU München über die Zocker, Spekulanten und Gierhälse in den Banken. Heuchelei und Doppelmoral sind nie schön anzusehen, oder anders formuliert: Bevor Elite sich zum Vorbild erklärt, sollte die Steuererklärung stimmen.

So gesehen war der Fall von Ex-Post-Chef Klaus Zumwinkel, der aus seiner Kölner Villa öffentlich abgeführt wurde als Steuersünder, harmloser als die Taten von Leuten wie Alice Schwarzer oder Theo Sommer, die stets mit schwerem Pathos für die gute Sache unterwegs waren. Als der Mitherausgeber der «Zeit» wegen Steuerhinterziehung in Höhe von immerhin 649 000 Euro zu einer Bewährungsstrafe von einem Jahr und sieben Monaten verurteilt wurde, führte er zur Entschuldigung an, er habe aus «Schusseligkeit oder Schlamperei» Nebeneinkünfte von geschätzt anderthalb Millionen übersehen.

MACHT, SEX UND GELD

Bedenklicher, da auf ein systemisches Versagen der Elite hindeutend, liegt der Casus Harvey Weinstein, das «Monster, das Hollywood erschaffen hat» («Financial Times»). Als «brutal und genialisch, selbstherrlich und großzügig» wird der letzte Tycoon der Filmindustrie beschrieben, ein Produzent mit zahllosen Oscar-Nominierungen. «Pulp Fiction», «Der englische

Patient», «Shakespeare in Love» sind nur drei seiner berühmten Filme, viele davon gedreht mit Frauen, die er in den vergangenen drei Jahrzehnten sexuell belästigt, vergewaltigt und hinterher systematisch bedroht und eingeschüchtert haben soll. Angesichts seiner Erfolge rangierte der Mann in Hollywood noch vor Steven Spielberg und nur kurz nach dem lieben Gott. Als die «New York Times» und das Magazin «New Yorker» die Geschichte im Oktober 2017 ausgegraben haben, sah Weinsteins eigene Firma «Weinstein Company» sich genötigt, ihn zu feuern. Er wurde in seinen Abschiedsworten damit zitiert, dass er eine Auszeit nehmen müsse, «um seinen Dämon in den Griff zu bekommen». Seine Ehefrau verließ ihn, Hillary Clinton äußerte sich «schockiert und entsetzt» über den Mann, der die Demokraten lange Jahre unterstützt hat. Die Obamas, deren älteste Tochter ein Praktikum bei ihm gemacht hatte, verurteilten ihn ebenso und forderten Rechenschaft.

Der Fall ist deswegen exemplarisch, weil er beweist: Es gibt eine große Nähe zwischen Macht, Sex, Geld und Erfolg. Zweitens: Machtmissbrauch bleibt häufig jahrelang unentdeckt, obwohl er passiert und alle wissen oder wenigstens ahnen, was passiert. Von einem «offenen Geheimnis» ist hinterher immer die Rede. Weinstein hatte ein ausgeklügeltes System aufgebaut aus Loyalität, Belohnung, Drohung und Scham bei den Opfern, das ihm seine Macht sicherte.

Warum aber ist das so? Warum ist er nicht viel früher aufgeflogen? Und noch schlimmer: Bestimmen womöglich viele Weinsteins, wenn auch nicht in so monsterhaften Ausmaßen, das Geschehen in Politik und Wirtschaft? Ist die Elite in weiten Teilen wirklich so verkommen? An den Gedanken muss sich gewöhnen, wer Jeffrey Pfeffer zuhört, einem Wirtschaftsprofessor an der Stanford-Universität in Kalifornien. «Warum die Arschlöcher gewinnen» hat er einen Aufsatz überschrieben, in dem er schildert, wie politische Anführer oder Unternehmenschefs bewundert werden, obwohl sie eine «höllisch giftige Arbeitsatmosphäre» erzeugen. Die Faszination für Schurken und Ekel währt demnach so lange, wie sie hinreichend reich und erfolgreich sind, urteilt er mit Blick auf Unternehmer wie Steve Jobs (Apple) oder Jeff Bezos (Amazon). Allesamt keine sonderlich sympathische Gesellen.

Egal, wie ekelhaft sie Mitarbeiter behandeln, wie unverschämt ihr Geschäftsgebaren ist oder wie schädlich für die Umwelt, wir bewundern sie nach dem Motto: «Wer so reich ist, muss ein toller Kerl sein.» 100 Milliarden Dollar Vermögen – so reich ist der Amazon-Gründer angesichts des Börsenwertes seines Konzerns – wollen erst mal verdient werden. Geld und Status gewinnen unsere Aufmerksamkeit und zwingen viele in eine Abhängigkeit auch von Bösewichten. Danach ist es für das Ansehen ziemlich irrelevant, was jemand für die Menschheit leistet: «Geld übertrumpft alles.» Denn Geld, so Pfeffer, wird als ein Signal von Kompetenz und Bedeutsamkeit verstanden, wir ziehen daraus Rückschlüsse auf positive Kräfte dieser Stars, was deren Macht zusätzlich vergrößert.

Diese Abhängigkeit von Geld und Erfolg wirkt auch in entgegengesetzter Richtung: Viele Frauen, die Weinstein schamlos benutzt hat, müssen den Typen irgendwie auch bewundert haben, wie nur Tage vor dem Skandal auf der Geburtstagsfeier zu «100 Jahre UFA» in den Babelsberger Filmstudios zu beobachten war: Hübsche junge Frauen wetteiferten darum, wer diesem hässlichen, schmierigen Filmproduzenten am nächsten kommen durfte. Auf seinem Schoß saßen jedenfalls nicht nur Opfer. Oder wie es die österreichische Star-Schauspielerin Nina Proll ketzerisch formuliert: «Das ist ein Deal zwischen den Beteiligten. Und dafür gibt es einen Namen: Prostitution.» So und nicht anders sei es zu nennen, wenn Frauen sich unterwerfen, jahrelang einvernehmlich Sex mit Weinstein hatten aus Angst vor Karrierenachteilen. Das angebliche Abhängigkeitsverhältnis lässt Nina Proll nicht gelten als Grund, warum Frauen sich auf das widerwärtige Spiel eingelassen haben: «Ist oder war Herr Weinstein der einzige Produzent in Hollywood? Da gibt es Hunderte, wenn nicht Tausende. Kein Mann ist so mächtig, dass er über Leben und Tod einer Karriere oder Existenz entscheiden kann.» Das kann man natürlich auch anders sehen, wie jene Frauen und Männer, die mit ihrer #metoo-Kampagne «patriarchalische Machtstrukturen» angreifen. Sicher ist: Der Fall Weinstein provozierte keinen Aufschrei gegen die Elite als solche, sondern gegen Männer und deren Macht. Die gute Nachricht: Auch Chefs, die glauben, sie könnten tun und lassen, was sie wollen, enden eines Tages böse.

WENN BANKER ZU RÄUBERN WERDEN

Nun aber endlich zu jener Gruppe der Elite, welche das Vertrauen in das Wirtschaftssystem untergraben hat und in der Finanzkrise unfreiwillig Pate stand für Proteste wie gegen das obere eine Prozent in Amerika. Wir sprechen natürlich von denjenigen Bankern, die es als Erstes geschafft haben, für sich den Kommunismus einzuführen, wie ein zynisches Sprichwort der Branche besagt: Die Eigentümer der Banken, also die Aktionäre, wurden enteignet, alles Geld ging an die Beschäftigten, konkret an die Investmentbanker, welche die Macht ergriffen haben und über Jahre, wenn nicht über Jahrzehnte die Unternehmen ausgeplündert haben. Als es dann eng wurde, in den Jahren 2008 und folgenden, musste der Steuerzahler die Banken retten und die Rechnung bezahlen.

So hatten die Väter der Marktwirtschaft nicht gewettet. Das Mittel für den Beutezug heißt Boni, das Vorgehen war bisweilen kriminell. Und der Hort des Bösen in Deutschland war die Deutsche Bank. Ausgerechnet. Wer auf Anhieb deren Skandale zusammenbringt, der zeige auf: Ob Manipulation mit Devisen und Libor-Zinssatz, zwielichtige Geschäfte in Russland, windige Tricks zum Nachteil der Kunden mit komplex konstruierten Papieren auf Basis von amerikanischen Schrottimmobilien – immer war die Deutsche Bank vorne mit dabei. Das hat den Konzern erst den guten Ruf gekostet, dann Unmengen Geld und sogar beinahe die Existenz, als die amerikanischen Strafverfolger die Daumenschrauben fester anzogen. Mit etlichen Milliarden kaufte die Bank sich zum Jahreswechsel 2016/17 frei, reihenweise wurden Topmanager gefeuert. Die meisten fielen weich.

Der Börsenwert ist darüber dermaßen geschrumpft, dass es für die ehemals stolze Deutsche Bank nicht mal mehr für die Rangliste der einhundert größten Banken der Welt reicht. Dabei ist es nicht lange her, da fabulierten die Vorstände davon, wie sie die Weltspitze erklimmen würden. In Wirklichkeit wurde wahr, was die Herren in den Frankfurter Doppeltürmen all die Jahre zuvor als Horrorszenario verkauft hatten, wenn mal wieder Unterstützung von Politik wie Öffentlichkeit eingefordert wurde: Ihr müsst uns helfen, sonst kaufen uns die Chinesen. Heute ist die Deutsche Bank, einst Kraftzentrum der deutschen Wirtschaft, in Händen von zweifelhaften Großaktionären wie dem undurchschaubaren chinesischen Investor HNA und den nicht minder übel beleumundeten Scheichs aus Katar, denen alles Mögliche nachgesagt wird bis hin zur Unterstützung des islamistischen Terrors.

Diese Investoren nutzten die Chancen des katastrophal niedrigen Kurses: Es war schon lange kein Vergnügen mehr, Aktionär der Deutschen Bank zu sein. Unter jedem Kopfkissen wäre das Geld besser verstaut gewesen: Die Teilhaber der Bank haben einen Großteil ihres Vermögens eingebüßt. So schnell werden sie es auch nicht zurückbekommen. Das Versagen der angeblichen Manager-Elite wirkt nach. Strittig ist nur, welche

Namen am meisten zu schimpfen sind: Ging die Misere mit Josef Ackermann, dem Schweizer, los? Schon früher? Oder erst mit seinem Nachfolger, dem Investmentbanker Anshu Jain? Egal, alles Lamentieren hilft nichts.

Falls die Opfer wissen wollen, wohin ihr Geld verschwunden ist, so empfehlen Zyniker einen Gang durch London: durch die Viertel mit den teuersten Villen. Sie sind «bezahlt mit der Beute aus Frankfurt», wie ein traditioneller Banker ätzt: «Die Investmentbanker haben ihre Vermögensbildung abgeschlossen, die Bank und ihre Aktionäre wurden ausgeraubt.» Was braucht es mehr als solche Manager, um den Hass auf die Elite zu begründen?

Den Vogel abgeschossen hat Colin Fan, ein angebliches Wundertalent, zeitweise oberster Investmentbanker in der Deutschen Bank, der als böser Bube in der Finanzkrise mittendrin war, und jetzt, da er rausgeworfen wurde, den Konzern auch noch auf 13 Millionen Euro Entschädigung verklagt. Dabei gab es Tage, da wollte Fan das gute Gesicht der Deutschen Bank sein als ein Vorkämpfer für den Kulturwandel im Konzern. «Unser Ruf ist das Wichtigste», feuerte Fan seine Leute an. Er habe keine Lust mehr auf die verdorbenen Sitten: «Zu prahlen, indiskret oder vulgär zu sein, das ist nicht in Ordnung.» Wer nicht mitziehe, könne gehen, polterte Fan in einem internen Video. Ausgerechnet Fan. Leute, die ihn näher kennen, sind fassungslos über die Chuzpe, mit der er seine vermeintliche Läuterung inszeniert hat.

Das Video war im Sommer 2014 intern der Hit, Colin Fan hinterher nicht mehr lange da. Ende 2015 endete sein Angestelltenverhältnis. Die zwielichtigen Geschäfte der Bank wurden ihm zum Verhängnis, als der Konzern gegen die eigene Kundschaft gewettet hat. Colin Fan hat privat damit Millionen verdient, was ihm am Ende den Job gekostet hat. Dagegen wehrt er sich nun vor der britischen Justiz in einem Verfahren, das zur schmutzigen Schlacht gerät: Fan wirft der Bank samt ihren Chefs ein falsches Spiel vor, bezichtigt sie der Lüge, die ihm Ruf wie Karriere verdorben hätten. Wie immer in solchen Fällen geht es um Geld, um sehr viel Geld. Und damit auch um Anstand, Moral sowie die Ehre der Deutschen Bank, die in den wilden Zeiten des Investmentbankings Talente wie Colin Fan magisch angezogen hat. 1998 stößt der junge Überflieger, 1973 in China geboren und in Kanada aufgewachsen, zum Konzern, er spricht fließend Mandarin und hat einen Abschluss der Eliteuniversität Harvard vorzuweisen. Niemand wundert sich, als er mit achtundzwanzig Jahren zu einem der jüngsten Managing Directors aller Zeiten in der Bank ernannt wird, in London feiert ihn die Szene als «Star von morgen», als «Top-Leutnant» von Anshu Jain, dem Anführer der Investmentbanker und späteren Ko-Chef der Deutschen Bank. Mit gerade einmal neununddreißig Jahren wird sein Gefolgsmann Colin Fan, ebenso ehrgeizig wie karrierebewusst, ins heimliche Machtzentrum der Bank, das «Group Executive Committee», befördert, formal unterhalb des Vorstandes angesiedelt. Das hat einen unschlagbaren Vorteil für die Mitglieder: Ihre Gehälter müssen nicht veröffentlicht werden, im Gegensatz zu denen des Vorstandes. «Die Investmentbanker dort verdienen ein Vielfaches von mir», klagte bisweilen Vorstandschef Josef Ackermann. Er musste es wissen: Wenn er 10 Millionen Euro in guten Jahren nach Hause trug, brachten es seine Händler auf 30 oder 40 Millionen, dem Boni-System sei Dank. Allein Anshu Jain, 2012 als Vorstandschef nach einem Aufstand der Investoren ausgeschieden, soll 200 bis 400 Millionen in seiner Zeit in der Deutschen Bank kassiert haben, Colin Fan zumindest so viel, dass es auf zehn Millionen mehr oder weniger nicht ankommt: «Finanziell ist es für ihn lächerlich, dass er deswegen gegen die Bank klagt», sagt ein ehemaliger Weggefährte.

Verglichen mit Großtätern dieser Güte, mutet der Fall von

Georg Fahrenschon an wie eine Episode aus dem Königlich Bayerischen Amtsgericht. Dem Ansehen der Banker-Elite hat es trotzdem immens geschadet, wie der Sparkassenpräsident im Herbst 2017 gestürzt ist über eine «Riesendummheit». So hat der ehemalige CSU-Politiker seinen Missgriff selbst genannt, genauer: die Tatsache, dass er vergessen hat, seine Steuererklärung für die Jahre 2012, 2013, 2014 abzugeben, obwohl mehrfach vom Finanzamt angemahnt. Das war blöd, für einen ehemaligen Finanzminister, der er in Bayern war, sogar saublöd. Das hat er eingesehen. Und dann prompt einen zweiten, am Ende tödlichen Fehler begangen. Offenbar hat Fahrenschon, das Unheil ahnend, versucht, die Steuersache so lange unter dem Deckel zu halten, bis er mit einem neuen Vertrag ausgestattet ist: Damit wäre zumindest ein paar weitere Jahre sein Gehalt gesichert gewesen für den Fall des eventuellen Rücktritts. Als dieses Ansinnen ruchbar wurde, war der Mann endgültig nicht mehr zu retten. Die Wahl wurde abgeblasen. Zum Makel der Tollpatschigkeit gesellte sich der Verdacht der Gier – und das ausgerechnet beim Spitzenfunktionär der Deutschen Sparkassen, die sich als die Guten und Ehrlichen unter den Banken inszenieren. «Das versteht keiner auf der Straße», knurrte ein Sparkassen-Mann, das Urteil war gefällt: Fahrenschon war nicht mehr zu halten. Dass die Sache wenige Tage vor der Wiederwahl, angesetzt für November 2017, publik wurde, war bestimmt kein Zufall, ohne dass je geklärt wurde, wer ihm da Übles wollte, jemand innerhalb der CSU oder innerhalb der Sparkasse. Aus reinem Dienst an der Wahrheit kommen solche Affären selten ans Licht. Die Sitten sind rau in den Eliten von Finanz und Politik.

Noch ein Beispiel aus der Kiste mit den gierigen Managern gefällig? Hier kommt Thomas Winkelmann: «Air-Berlin-Pleitier kriegt Millionen», schrie es aus den Schlagzeilen, die den Mann einem breiteren Publikum bekannt gemacht haben nach der

Insolvenz der von ihm geführten Fluglinie. 8500 Mitarbeiter hatten den Verlust des Arbeitsplatzes vor Augen (oder zumindest Gehaltseinbußen), einer aber saß komfortabel, ausgestattet mit einem Rundum-sorglos-Superluxus-Paket: Thomas Winkelmann, der Chef. Er sicherte sich für alle Fälle ein Garantiegehalt von 4,5 Millionen Euro (theoretisch der Gegenwert bis zum offiziellen Ende seines Arbeitsvertrages am 31. Januar 2021). Diese Regel sei «asozial» (Carsten Schneider, SPD), «skandalös» (Michael Theurer, FDP), «moralisch verwerflich» (Markus Wahl, Pilotenvereinigung Cockpit), hallte es von links nach rechts. 4,5 Millionen Euro für neun Monate Arbeit, eine halbe Million pro Monat für eine Leistung, die mit dem Gang zum Insolvenzverwalter gekrönt wird. Wie vorausschauend der Mann gehandelt hat, zeigte sich im Kleingedruckten: Er hatte sich für den Pleitefall bestens abgesichert. Die Zahlungen an ihn kommen von einem Treuhandkonto mit unwiderruflicher Bankgarantie, auf das der Insolvenzverwalter keinen Zugriff hat.

Nun kann jeder frei aushandeln, was er verdient: Wenn er einen Dummen (in dem Fall den Air-Berlin-Großaktionär) findet, der seine Träume erfüllt, dann soll es ihm recht sein. Außerdem verlangt ein schwieriger Auftrag eine Risikoprämie, auch das ist zugestanden. Hier aber liegt ein Sonderfall vor, der Winkelmann zu einem «Totengräber der Marktwirtschaft» qualifiziert. So hat Marc Beise, ein lupenreiner Liberaler, in der «Süddeutschen Zeitung» diesen «Fall eklatanter Raffgier» kommentiert und einen schwerwiegenden Verdacht über den Topmanager geäußert, der von der Lufthansa zum strauchelnden Konkurrenten gewechselt war: «Was, wenn er gar nicht am Erfolg von Air Berlin interessiert gewesen wäre, sondern den Geheimauftrag gehabt hätte, den strauchelnden Konkurrenten geordnet der Lufthansa zuzuführen?» Am Ende war jedenfalls ein Wettbewerber weniger im Markt, für die daraus, in Theorie wie Praxis, folgenden steigenden Preise zahlen die Fluggäste.

Die Manager müssen nie für ihre Fehler, ihr Versagen einstehen – dieser Eindruck ist es, der die Elitenverdrossenheit befeuert.

FÜR MISSERFOLGE HAFTET NIEMAND

Wer den Nutzen hat, muss auch den Schaden tragen»: Mit diesen kargen Worten beginnt Walter Eucken (1891 bis 1950), einer der Väter der sozialen Marktwirtschaft, seine Ausführungen über die Grundprinzipien unserer Wirtschaftsordnung. Derjenige, der die Entscheidungen trifft, haftet auch für die Folgen. Wer ein Risiko eingeht als Unternehmer und im Falle des Erfolgs profitiert, muss auch bereit sein, für den Misserfolg geradezustehen. Eine ebenso klare wie einleuchtende Regel, die im täglichen Kampf nur leider allzu oft vergessen wird.

Nehmen wir den Fall der Dieselbetrüger aus Wolfsburg: Der VW-Konzern hat Kunden, Behörden, Öffentlichkeit über Jahre belogen und betrogen. Abgaswerte wurden nur eingehalten, weil die Autos in krimineller Art und Weise manipuliert wurden. So viel hat das Unternehmen eingestanden. Wer aber trägt dafür die Verantwortung? Ein paar mittelmäßig bezahlte Ingenieure, die angeblich auf eigene Faust Großtaten vollbringen wollten? Wohl kaum. Selbst der VW-Aufsichtsrat spricht von systematischem Versagen und einer fehlgeleiteten Kultur. Dafür sind aber die Männer an der Spitze des Konzerns zuständig, nicht irgendwelche Leute im Mittelbau. Belangt von den obersten Chefs wurde allerdings niemand.

Martin Winterkorn, zur fraglichen Zeit Vorstandsvorsitzender, musste mit aller Gewalt zum Rücktritt gezwungen werden und kassiert als Entschädigung dafür seither 3000 Euro Rente – Tag für Tag. Das regt nicht nur Hartz-IV-Empfänger auf.

Bis zum heutigen Tag hält es der Konzern nicht für nötig, Winterkorn haftbar zu machen für den entstandenen Milliardenschaden. Es gibt keinen Versuch, ihn in Regress zu nehmen, weil er entweder nicht aufgepasst, die Straftaten geduldet oder gar angewiesen hat. Der Grad seiner Schuld spielt keine Rolle, im Lehrbuch zahlt ein Vorstand für solches Versagen in jedem Fall: Organhaftung ist der juristische Begriff dafür, dazu braucht es allerdings einen Aufsichtsrat, der nicht nur von Kulturwandel redet, sondern auch den Willen und den Mut dazu hat. Um Lehrbücher haben sie sich im Wolfsburger Filz freilich noch nie gekümmert. Selbst Manager, die nach dem Diesel-Skandal in Untersuchungshaft kamen, sind – wie der ehemalige Porsche-Vorstand Wolfgang Hatz als Motorenentwickler im Zentrum des Betrugs – zuvor mit zweistelligen Millionenbeträgen als Abfindung verabschiedet worden. Und die als Aufklärerin von Daimler geholte Ex-Verfassungsrichterin Christine Hohmann-Dennhardt, für Recht und Ordnung im VW-Vorstand zuständig, wurde nach nicht mal einem Jahr mit 12 Millionen Euro in die Wüste geschickt. Ob ihr das vielleicht unangenehm sein könnte? Von wegen. Das sei ein ganz normaler Vorgang, sagte sie zum Abschied. Verträge seien nun einmal einzuhalten, belehrte die Juristin die Öffentlichkeit, und ihr sei es, als guter Sozialdemokratin, in ihrer Karriere auch nie ums Geld gegangen. Hört! Hört! Hohe Managergehälter an sich aber seien ein Skandal, hörte man die Feministin noch aus dem selbstgewählten Exil im Taunus murmeln. Dass sie ihr Geld aus schlechtem Gewissen (oder Solidarität) irgendwohin gespendet hat, ist nicht bekannt.

5

DIE ERSCHÖPFTE ELITE

DIE FURCHT VOR DEM ABSTURZ

Je steiler der Aufstieg, desto schmerzhafter der Sturz. Weil dies auch für den Politikbetrieb gilt, muss Daniel Bahr im Herbst 2013 höllische Schmerzen erlebt haben. Der ehemalige Banker hatte einen glänzenden Weg in der FDP genommen: Mit 14 schließt er, Sohn eines Polizisten in Münster, sich den Jungen Liberalen an. Mit 22 wird er deren Bundesvorsitzender, mit 25 Bundestagsabgeordneter, mit 34 Gesundheitsminister. Mit 36 ist alles vorbei. Polit-Karriere am Ende. «Die Katastrophe ist da», schreibt Christian Lindner, heute FDP-Chef, am 22. September 2013 kurz vor 16 Uhr per SMS an seine Mitstreiter in der FDP, als ihm die Umfragen vor den Wahllokalen signalisieren: Das Ergebnis wird desaströs. Die FDP fliegt aus dem Parlament.

Bahr verliert über Nacht Macht, Mandat und Wichtigkeit: «Am Tag davor haben alle den Blickkontakt gesucht, wenn ich ins Café Einstein gekommen bin. Einen Tag später haben die Leute betreten zur Seite gekuckt.» Auch im Ministerium, wo er zunächst noch als geschäftsführender Minister amtiert, ist von einem Tag auf den anderen alles anders: Die Mitarbeiter orientieren sich neu, schauen, wo sie unter den neuen Verhältnissen bleiben, schließlich steht der Wechsel zu einer Großen Koalition und damit zu einem neuen Minister bevor. «Alles verständlich, trotzdem war es schwierig, ein seltsames Gefühl», sagt Bahr im Rückblick. Er hat sich damals auf Konferenzen ins Ausland geflüchtet, hat viele Festreden gehalten. Zu ändern war nichts mehr. Die Zeit an der Regierung war abgelaufen.

Der Absturz aus der Elite passiert meistens jäh und unerwartet. Gestern noch in Amt und Macht, morgen schon ein Nichts, fast schon vergessen: Das Schicksal kann es manchmal hart mit denen meinen, die oben stehen in Politik und Wirtschaft. «Die Mächtigen sind an das Rad der Fortuna gekettet, ob sie wollen oder nicht», schreibt Rainer Hank in der «Frankfurter Allgemeinen Sonntagszeitung», «und das Rad der Schicksalsgöttin dreht sich unablässig und immer schneller. Die einen steigen auf, die anderen steigen ab, ganz nach den Launen der Fortuna.»

Mit Gerechtigkeit hat das selten zu tun, Fortuna verteilt ihre Gaben willkürlich. «Schande auf dich, Hure Fortuna», heißt es in Shakespeares Hamlet: «Brecht alle Speichen und Felgen ihres Rads.»

Ganz aussichtslos ist es nicht, mit Kalkül und Strategie – Virtù hätte Machiavelli gesagt – gegen die Willkür des Schicksals anzurennen. Den Glauben an die strikte Trennung von Gut und Böse haben beide, Shakespeare wie Machiavelli, gründlich zerstört. «Fair is foul and foul is fair», wissen die Hexen in Macbeth. Wer das jähe Auf und Ab der Mächtigen verstehen will, sollte deshalb Shakespeare, den großen Dramatiker des Elisabethanischen Zeitalters, lesen, empfiehlt Hank: «Die Helden dort sind vor Ehrgeiz gezeichnet, hungrig nach Macht, getrieben von Habgier.» Wem fallen dazu nicht ein paar Beispiele ein?

Die Muster in diesem Schauspiel sind stets dieselben: So gut wie nie gestehen die heutigen Helden ein, welche Energie sie der Aufstieg gekostet hat. Erst recht wehren sie sich gegen jeden Verdacht, den Vorgänger zu meucheln, um an seiner statt zu regieren. Nie käme ihnen, diesen Eindruck versuchen sie jedenfalls zu erwecken, eine Intrige in den Sinn. Sie folgen dem Rat Machiavellis, nie zu sagen, was man wirklich denkt. Die Absicht zu morden muss verborgen bleiben. «Lasst Opferer uns sein, nicht Schlächter», so lautet der Rat des Brutus an alle Thronprätendenten. Noch die größten Schufte in Shakespeares Historien tun so, als seien sie honorige Gestalten. «Wenn das Schicksal mich zum König will, so soll's geschehen. Doch will ich nichts dazu tun», sagt Macbeth, als er längst wild entschlossen ist, mit allen Mitteln die Macht zu erobern. Heute heißt es dann: «Ich habe mich nie um dieses Amt gedrängt.» – «Die Inhalte waren mir immer wichtiger als die Person.» – «Mein Team/mein Volk/meine Partei sind wichtiger als ich.» All diese Sprüche kennen wir zur Genüge.

Die Macht zu erringen kostet Kraft. Schwieriger noch ist es, sie zu verteidigen. Im Nachhinein zeigt sich oft: Den größten Lustgewinn erlebt der Sieger im Moment seiner Nominierung. Da huldigen ihm sogar die schlimmsten Rivalen, man denke nur an die Lobrede von Horst Seehofer im Dezember 2017 auf den zutiefst gehassten Parteifreund Markus Söder, als er nicht mehr verhindern konnte, dass ihm dieser als bayerischer Ministerpräsident nachfolgt.

Für Söder wie für alle anderen frischgekrönten Anführer gilt: Von der Sekunde des Triumphes an kann es nur ungemütlicher werden, es mehren sich die Verdächtigungen, wer alles in der Umgebung des Herrschers den Dolch im Gewande tragen könne. Dazu braucht es keinen Wahn. Immer sind da andere, die an die Macht drängen. Das macht die Herrscher misstrauisch, melancholisch, gar depressiv. Othello flieht in den Selbstmord, King Lear wird verrückt. Die allermeisten jedoch werden – heutzutage natürlich im übertragenen Sinne – weggemetzelt.

Schauen wir uns dazu den Fall von Heinrich von Pierer an: Der Adelsmann war einmal ein König, der König der deutschen Industrie, Herrscher über das Siemens-Reich, das weltweit operiert und mehrere hunderttausend Leute beschäftigt. Aus diesem Weltreich wird er schließlich von seinen eigenen Siemensianern vertrieben: die Höchststrafe für einen Mann wie ihn. Zehn Jahre ist dies nun her, manche Narben verheilen nie – und Pierers Sturz, einmalig, was die Fallhöhe angeht, ist exemplarisch dafür, was passiert, wenn ein eben noch gefeierter Star, allseits hofiertes Mitglied der Elite, plötzlich in den Abgrund schaut. Heinrich von Pierer war der erste deutsche Wirtschaftsführer, der vor der UN-Hauptversammlung in New York reden durfte. Er war der einzige Manager in der jüngeren deutschen Geschichte, der als Bundespräsident gehandelt wurde. So vollkommen waren Macht und Selbstbild, dass damals in der Siemens-Zentrale gespottet wurde, ob das höchste Amt im Staate nicht zu gering sei für ihren Chef: «Unter Papst oder UN-Generalsekretär macht er es nicht mehr.»

In diesen seligen Zeiten gebot Pierer über 450 000 Menschen in einem Weltkonzern. 450 000 Angestellte richteten sich nach ihm; weil an ihm ihr Fortkommen hing, aber auch weil sie ihn idealisierten als gutmütigen Patriarchen. Wo immer Pierer in diesen glorreichen Jahren auftrat, immer ging es um mehr als um Glühbirnen und Gasturbinen, sondern um das große Ganze: die Weltwirtschaft oder zumindest den Standort Deutschland. Seinen Konzern empfahl der Berater diverser Kanzler zum Vorbild für das Land. In Büchern regelte er nebenbei das rechte Maß «zwischen Profit und Moral». Der Mann war eine Instanz.

Das alles änderte sich schlagartig, als 2006 die schwarzen

Kassen im Konzern aufflogen. Für 1,3 Milliarden Euro «zweifelhafter Zahlungen» hat Siemens sich Aufträge erschmiert, amerikanische Ermittler marschierten auf, die komplette Führung wurde ausgewechselt. Pierer ist nichts von seinem Reich geblieben, in dem ihn zuvor ganze Stäbe von Unbill abschirmten und schon jene mächtig waren, die Zugang zu ihm verschaffen konnten.

In seinem Nach-Siemens-Leben gründete Pierer eine Ein-Mann-Consulting-Firma; statt eines mächtigen Apparats verfügt er jetzt über einen Blackberry und eine einzige Assistentin. Der Firmenjet ist Geschichte. Statt in die Limousine mit Chauffeur steigt er in den ICE, wenn er nach München will: «Man findet ja so schwer einen Parkplatz.» Siemens hat ihm alles genommen, was einem ehemaligen Vorstandsvorsitzenden ansonsten zusteht: Dienstwagen, Büro, Sekretärin. Trotzdem gibt Pierer in den Tagen danach weiter den Abgeklärten, jovial, selbstsicher, bisweilen selbstironisch. Einer, der weiß, wie der Hase läuft, der längst kapiert hat, wie all die Vorwürfe und Intrigen zu nehmen sind – auf keinen Fall persönlich. Keine Bange, er hat alles im Griff, will er vermitteln. Und doch schimmert aus jedem seiner Sätze die Enttäuschung durch, die tiefe Kränkung darüber, welches Unrecht ihm widerfahren ist. Es braucht keinen Psychologen, um zu erkennen, was es bedeutet, wenn Pierer sagt, dass er nicht jammert und nicht klagt, dass er weder verbittert noch nachtragend sei – ziemlich genau das Gegenteil ist der Fall. Darf ein mit allen Wassern gewaschener Großmanager zugeben, wie weh der Absturz tut? Offenbar nicht. Nähert Pierer sich dem emotionalen Kern der Sache, dann leidet in seiner Erzählung allenfalls die Familie, die Ehefrau; ihr wird Schmerz zugestanden, ganz so, als ließen sich auch Gefühle delegieren. Frauen dürfen leiden. Ein Mann aber kennt keinen Seelenschmerz.

Dabei hat Pierer sich weder persönlich bereichert noch

Steuern hinterzogen. Kein Gericht hat ihn verurteilt, und trotzdem ist in solchen Fällen das Urteil unter seinesgleichen gesprochen. «Wir Manager kassieren hohe Gehälter, damit wir geradestehen für alles, was im Unternehmen passiert», lautet die Linie, auf die man sich geeinigt hat. Keine Ausreden also.

Rabiater noch als in der Manager-Gilde greifen diese Mechanismen in der Politik – auch dies lässt sich an Pierer, dem ehemaligen Kanzlerberater, studieren, an der unfassbaren Schnelligkeit, mit der sich die politische Elite von ihm abgewendet hat. Eben noch hatten sie ihn mit Ehrenzeichen und Verdienstkreuzen überhäuft, plötzlich war er Persona non grata. Wie eiskalt Bundeskanzlerin Angela Merkel ihren «Mister Hightech», mit der sie kurz zuvor noch in den Wahlkampf gezogen war, abserviert hat, war eine Klasse für sich. Als Ersatz für den Innovationsrat, dem Pierer vorstand, hat sie flugs eine neue Expertenrunde erfunden; Problem gelöst, Pierer erledigt, ohne dass die Kanzlerin den Namen noch mal in den Mund nehmen musste.

Ist das alles gerecht? Nein, ist es nicht, weil es nie gerecht zugeht in der Managerwelt. Der dies sagt, heißt Hansjörg Becker und ist ein Psychiater, der Hilfe für gestürzte Manager mit seiner Firma «Insite-Interventions» zur Profession gemacht hat. Die Muster ähneln sich, erzählt der Therapeut: Absolut gnadenlos wird mit jedem Entthronten umgesprungen, völlig unabhängig davon, ob ihm persönliches Fehlverhalten anzulasten ist oder nicht. «An einem Tag wird der Manager noch von einer Welle der Bewunderung umspült, am nächsten ist er eine Unperson.»

Der Untergebene, der sich heute noch anschleimt, geht morgen nicht mehr ans Telefon. Die Einladungen bleiben aus. Es herrscht Totenstille. Die Verdienste von gestern zählen nichts mehr. Im Zweifel hat der gefallene Star nur noch eine Funktion: als Sündenbock herzuhalten für alle, die nach ihm kommen. Schrecklich ungerecht sei das, sagt Becker: «Von einem

Tag auf den anderen ist man ausgeschlossen aus der Welt, die einem so viel bedeutet hat.»

Gerade besonders erfolgreiche Leute wehren sich dagegen, den Sturz als Tatsache zu begreifen. Trotzig glauben sie an einen Irrtum, beharren darauf, ihr Recht vor Gericht zurückzuholen – in der Hoffnung, die Justiz möge wieder heilen, was nicht mehr zu heilen ist. «Diese Phase kann sehr lange dauern, wie nach anderen Schicksalsschlägen auch», erläutert Psychologe Becker. Die psychische Notsituation führe nicht selten zu einem Realitätsverlust der Betroffenen: «Gefeuerte Manager verlassen dann jahrelang morgens im dunklen Anzug das Haus, nur damit niemand von ihrem Sturz erfährt.» Die innere Versöhnung beginnt erst dann, wenn der Gestürzte ehrlich zu sich ist, schwarze Flecken in seiner beruflichen Laufbahn nicht länger leugnet. Wenn es für Manager ein Mittel gibt, den Sturz abzufedern, dann dies: «echte soziale Kontakte», sagt Therapeut Becker und meint damit nicht die Scharen von Günstlingen aus den Tagen der Macht, sondern echte Freunde. «Und davon hat auch ein Spitzenmanager nicht mehr als jeder andere Mensch, vielleicht eine Handvoll.» Die aber sind lebenswichtig in der Stunde der Niederlage: «Wer dann ohne echte Freunde oder intakte Familie dasteht, erlebt ein Desaster.»

DURCHGETAKTET BIS ZUM KOLLAPS

Die Mitgliedschaft im Club der Entscheider in Wirtschaft und Politik gibt es nicht umsonst. Elite ist nichts für allzu Sensible, denn die Furcht vor dem Sturz schwingt immer mit. Dazu kommen die täglichen Strapazen, der volle Kalender, durchgetaktet mit Terminen. Das zehrt an den körperlichen und seelischen Kräften, nicht alle halten diesem Druck auf Dauer stand. Fragt man Manager vor der Pensionierung, was sie sich für die

Zeit danach als Erstes vornehmen, dann ist die Antwort meist die: «Ich will die Herrschaft über meine Zeit zurück.»

Gewiss, anstrengend war das Leben schon immer. Rivalen und Konkurrenz, der ganz gewöhnliche Stress, das alles sind keine neuen Erfindungen. Was sich geändert hat mit Globalisierung und Digitalisierung, ist das Tempo. Die Reaktionszeit ist heute kürzer als jemals zuvor. Irgendwo auf der Welt brennt es immer und erfordert eine Antwort: Wenn Europa aufwacht, ist vielleicht schon ein Werk in Asien explodiert; legen die Europäer sich des Abends erschöpft ins Bett, kracht womöglich der Dow Jones in Amerika zusammen, oder Präsident Donald Trump versetzt die Welt mit einer spontanen Twitter-Nachricht in Aufregung.

Wann sollen Konzernlenker mit Milliarden-Geschäft, Hunderttausenden von Mitarbeitern und Werken in allen Teilen der Erde je zur Ruhe kommen? Wie und wann kommt Siemens-Chef Joe Kaeser mal zur Ruhe, wenn Schanghai, San Francisco und Saudi-Arabien binnen drei Tagen auf dem Reiseplan stehen? Wo schaltet BMW-Lenker Harald Krüger einen Gang zurück, solange die traditionellen Rivalen um die Ecke lauern und die Herausforderer in Kalifornien im Genick sitzen? Wann entspannt eine Kanzlerin Angela Merkel, wenn ihr Regieren aus einer permanenten Abfolge von Krisen besteht? Vorbei sind die Zeiten der Briefe und Depeschen, die zwischen Feindeslagern hin und her transportiert werden mussten, was allen Parteien mal eine Verschnaufpause verschaffte. Sogar eine E-Mail ließ dem Empfänger noch Zeit nachzudenken, bevor die Antwort geschrieben werden musste – vielleicht keine Tage, aber doch ein paar Stunden. In Zeiten von Social Media ist alles sofort raus, per Twitter oder Facebook überall in die Welt versprüht. Unwiderruflich. Mit allen Konsequenzen. All das kostet Kraft, manchen zu viel Kraft. Was folgt, ist oft der Zusammenbruch, körperlich und/oder seelisch.

Beispiele dafür finden sich quer durch die Gesellschaft, und natürlich ist der Aufruhr groß, wenn es Prominente aus Politik, Wirtschaft, Sport trifft. «Es war, als hätte man mir die Stromkabel durchgeschnitten», berichtet Starkoch Tim Mälzer, der sechs Wochen in einer Schweizer Klinik verbrachte, nachdem er mitten in einer TV-Aufzeichnung zusammengeklappt war. Selbst so ein harter, böser Junge wie der Rapper Eminem ist davon betroffen, vor ein paar Jahren musste er eine Europa-Tournee absagen, «wegen Erschöpfung».

«Burnout» hat sich als Bezeichnung für dieses Phänomen eingebürgert, ohne dass geklärt ist, was das konkret bedeuten soll. Von Burnout als einer Krankheit sprechen Mediziner jedenfalls nicht, sie reden lieber von einem «Risikozustand».

Das wichtigste Erkennungszeichen: Der Mensch fühlt sich überwältigend erschöpft, ausgebrannt. Aufstehen, Duschen, Kaffeekochen, alles, was zur Tagesroutine gehört, wird zur unzumutbaren Kraftanstrengung. Die Leistungsfähigkeit sinkt dramatisch. Man verliert sich in tausend Nebensächlichkeiten, statt produktiv zu arbeiten. Und noch etwas kommt hinzu: Die Distanz zur Umwelt wird größer. Die Erschöpften werden zynisch und apathisch.

Dieser Risikozustand kann schleichend in eine handfeste Krankheit münden: meist in eine Depression, dann Erschöpfungsdepression genannt. Möglich sind aber auch Panikattacken, wie sie der frühere Bertelsmann-Chef Hartmut Ostrowski erlebt hat – dazu später mehr. Irgendwann reicht ein kleiner Auslöser, und die Ausgebrannten geraten komplett aus dem Tritt.

Nun ist ein Burnout kein reines Manager-Phänomen, schon gar keine «Manager-Krankheit», wie oft behauptet, aber Leute mit hoher Verantwortung, die dazu noch permanent im Rampenlicht stehen, sind besonders gefährdet. Jeder zweite Manager gibt an, Angst vor einem Burnout zu haben. Jeder fünfte

Deutsche insgesamt leidet unter Stress, dem Hauptauslöser für zahlreiche psychische Erkrankungen. Die haben sich seit der Jahrtausendwende verdoppelt, 1,2 Millionen Menschen sind in längerer Behandlung. Der Volkswirtschaft entsteht dadurch ein Schaden in Milliardenhöhe, auch diese Zahlen haben sich binnen zehn Jahren verdoppelt (auf 8,3 Milliarden Euro 2014), in Kanada hat die Regierung Burnout bereits als Epidemie eingestuft.

Leben wir also in einem Zeitalter der Erschöpfung? Wir suchen einen Mann auf, der es wissen muss: Medizin-Nobelpreisträger Thomas Südhof, Jahrgang 1955, ein in Stanford lehrender Wissenschaftler, der vor Jahren ausgewandert ist aus Göttingen, erst nach Texas, dann nach Kalifornien. Heute gehört er erwiesenermaßen zur Weltelite auf seinem Gebiet. Seit Jahrzehnten forscht der Biochemiker am menschlichen Gehirn. Er beschäftigt sich mit Synapsen und wie sich diese Schaltstellen miteinander vernetzen. Sie kommunizieren über ein raffiniertes Steuerungssystem, das den Biochemiker immer wieder in Verzückung versetzt. Mit einem Team von vierzig Mitarbeitern untersucht Südhof, was im Gehirn bei schweren Krankheiten wie Alzheimer oder psychischen Leiden passiert.

Was also passiert im Kopf, wenn wir glauben, wir können nicht mehr? Die erste Auskunft des Herrn Professor klingt überraschend deprimierend. «Es ist leider so, dass wir das menschliche Gehirn noch nicht verstehen. Es ist einfach zu komplex», sagt der Nobelpreisträger. Ein paar nützliche Dinge hat er doch herausgefunden. Er meint: «Wir wissen, dass das Gehirn sich ständig umbaut. Jeder neue Lernprozess verändert, wie die Billionen Nervenzellen miteinander reden.» Das ist der normale Wahnsinn, der sich im Hirn Tag für Tag abspielt. «Bei Burnout läuft die Kommunikation falsch. Wir sprechen dann von einer Fehlanpassung an neue Anforderungen. Die gute Nachricht ist: Der Prozess ist umkehrbar, man kann umlernen.»

Die Frage also ist: Warum geraten die Synapsen außer Rand und Band? Und wie bringen wir wieder Ordnung hinein? Die Reizüberflutung ist laut Südhof Teil des Problems. «Schon mein normaler Menschenverstand sagt mir: Es kann auf Dauer nicht gut sein, so zu arbeiten, wie viele es heute tun. Wir sind über die Smartphones nie mehr unerreichbar, nie außer Dienst. Wir stehen per Mail quasi minütlich im Kontakt zu unserer Arbeit, zu unserer Familie. Diese Dauerbelastung führt zu chronischem Stress, der den Menschen und sein Gehirn verändert. Dauerhaftes Leben auf der Überholspur kann nicht gutgehen.» Menschen, die eine hohe Verantwortung tragen, sind laut Südhof besonders gefährdet.

Wir treffen den Nobelpreisträger, der nur noch selten in Deutschland ist, auf einem Burnout-Kongress in Berlin. Zwei Versuche, beruflich nach Deutschland zurückzukehren, sind gescheitert. Das lastet der Hirnforscher verschiedenen Kleingeistern in der Max-Planck-Gesellschaft an. Immerhin konnte das Berliner Institut für Gesundheitsforschung ihn als Gastwissenschaftler gewinnen, so viel Verbundenheit zu Deutschland ist dann doch geblieben.

Die Tagungsgäste am Schloss Charlottenburg haben sich herausgeputzt für den Burnout-Kongress, tragen Anzug und weiße Hemden oder enges Kostüm und Pumps. Weiter hinten in einer Ecke steht eine Menschentraube, aufgeregt suchen die Leute, fast wie Drogensüchtige vor dem nächsten Schuss, hinter dem Vorhang, unterhalb der Verkleidung, nach den dort versteckten Steckdosen, um die Handys zu laden. Es gibt einen halblauten Disput unter den Wissenschaftlern, wer sein Gerät zuerst einstöpseln darf und vor allem wie lange. Südhof zieht sein Smartphone triumphierend aus dem Jackett. «Sehen Sie: ausgeschaltet! Sollte jeder so handhaben. Das schont den Akku und die Nerven.»

Der Nobelpreisträger lächelt spitzbübisch. Versinkt tief

im brokatverzierten Prunksessel. Unter den hochgerutschten Hosenbeinen schauen Birkenstock-Schuhe hervor. Alle Schuhmoden der letzten Jahrzehnte sind an diesem Wissenschaftler offenbar vorbeigegangen. «Die Schuhe trage ich, wann immer möglich, schon seit Jahrzehnten, für meine Füße ist es besser so.» Ihm ist egal, was die anderen davon halten, sagt er und bastelt daraus einen Lebenstipp: «Der Mensch sollte mehr darauf achten, Dinge zu machen und zu tragen, die ihm guttun.»

Der moderne Mensch, erst recht der in der Chefetage, hat vergessen, was ihm guttut. Dabei ist es gar nicht schwer: Alles, was den Geist ablenkt, die Arbeit vergessen lässt, tut gut, da sind sich die Experten einig. Das kann Sport sein, Yoga, das sprichwörtliche gute Buch oder Musik. Wer am Klavier sitzt und spielt, denkt nicht über die letzten Renditezahlen nach. Auch auf dem Sportplatz ist die verpatzte Vorstandssitzung schnell vergessen. «Das ist eine Art erzwungene Meditation», erläutert Hirnforscher Südhof. «Ich koppele mich vom Tagesgeschehen ab, komme aus dem krankmachenden kommunikativen Kontext heraus.» Nur multimediale Berieselung – ob am Fernseher, Laptop oder Smartphone – hilft nicht. «Das ist keine Abkopplung vom Alltag, sondern eine schlechte Gewohnheit.» Was der Mensch also braucht, das ist Ruhe.

Bekommt er die nicht, rebelliert der Körper womöglich irgendwann: Prominente Fälle dafür gibt es zuhauf, und anders als früher, als Zusammenbrüche in den Führungsebenen von Politik und Wirtschaft nach Kräften vertuscht wurden, sprechen sie heute auch offen darüber. Als der SPD-Politiker Matthias Platzeck vom Parteivorsitz zurücktritt, 2006, teilt er mit, dass dies «auf dringenden ärztlichen Rat» geschehe; nach zwei Hörstürzen und einem Nervenzusammenbruch. Diagnose: Burnout. 2013 gibt er auch als Ministerpräsident von Brandenburg auf, «aus gesundheitlichen Gründen».

Auch Bestsellerautor Frank Schätzing, sein Roman «Schwarm» wurde eine Million Mal verkauft, redet offen darüber, wie ihm «alles zu viel» wurde; der Rummel, die Termine, der Druck: «Ich kenne die ganze Klaviatur des Selbstzweifels, inklusive Burnout.» Ein radikaler Schnitt, verbunden mit dem Rückzug aus der Öffentlichkeit, half ihm wieder auf die Füße.

Miriam Meckel, ehemals Deutschlands jüngste Lehrstuhlinhaberin, heute Herausgeberin der «Wirtschaftswoche» und Partnerin von Talkmasterin Anne Will, begann noch am Krankenbett mit der öffentlichen Verarbeitung ihres Burnouts. In einer Klinik am Bodensee schrieb sie ein – später verfilmtes – Buch darüber, wie es sie aus der Kurve getragen hatte, als ihr das rasante Spiel zwischen Politik, Wissenschaft und Medienstar zu viel wurde: «Ich habe es einfach nicht geschafft, war blockiert, hatte Schweißausbrüche, musste weinen. Ich war absolut verzweifelt.»

Schlagzeilen machte auch Fußball-Nationalspieler Sebastian Deisler, der seine Sport-Karriere beendete. «In mir war nur noch Moder, der immer dunkler und schwerer wurde», erklärte er seine Entscheidung. Bei Skispringer Sven Hannawald kamen Erschöpfungsdepression und Magersucht zusammen. 2004 musste er für mehrere Wochen in eine Klinik für psychosomatische Medizin: «Du siehst keinen Weg mehr, siehst keine Lösung. Niemand kann dir helfen.» Jahrelang hatte er alles im Griff, den straffen Trainingsplan, seine sportliche Fitness, das Gewicht: «Aber plötzlich war komplett Wirrwarr, ich wusste überhaupt nicht mehr, was los ist.» Er gab die Sportlerkarriere auf.

Die Kliniken sind voll, die Praxen ausgebucht, fraglich ist nur, wie neu dieses Phänomen tatsächlich ist. Schließlich gab es schon immer psychisch Angeschlagene. Auch Bluthochdruck, Kreislauf- oder Schlafstörungen sind keine neuartigen Erscheinungen. Nur sind die Menschen früher deswegen nicht zum Arzt gegangen aus Scham, Furcht oder weil kein Facharzt oder Psychotherapeut in der Nähe war.

20 bis 30 Prozent der Gesellschaft fühlen sich laut dem Soziologen Martin Dornes in jeder Generation «müde oder erschöpft». Das war schon zur vorherigen Jahrhundertwende so: Nur hieß die Überforderung im Jahr 1900 nicht Überforderung oder Burnout, sondern «Eurasthenie». Die nervöse Welle, ausgelöst durch das Unbehagen an der Hast der Industrialisierung, verebbte mit dem Beginn des Zweiten Weltkriegs. «Die Menschen hatten plötzlich andere Sorgen», erklärt der Psychologe Elmar Brähler, der ein «Lexikon der modernen Krankheiten» verfasst hat. Tatsächlich gehört in gewissen Führungskreisen heute die Koketterie mit der «Burnout-Gefährdung» zum angeberischen Spiel, ein angeblicher «Hörsturz» gerät da zum Ausweis besonders harten Arbeitens: wie die Narben eines tapferen Kriegers.

Das freilich verhöhnt Menschen, die wirklich leiden, Manager wie Hartmut Ostrowski, ehemals Bertelsmann-Chef, der als einer der ersten Unternehmer offen gesprochen hat über seinen Burnout, seine Verzweiflung und die damit einhergehenden Panikattacken, die schließlich zum Rücktritt als Konzernchef geführt haben. Als wir ihn in Berlin im «Café Einstein» in der Kurfürstenstraße treffen, sehen wir einen in sich ruhenden Privatmann vor uns: Ostrowski ist ernst, aber aufgeräumter Stimmung und ohne jede Entourage zu Fuß erschienen. Das war früher anders, als er Chef des Medienkonzerns Bertelsmann war, der von Gütersloh aus die Welt beglückt mit Fernsehen (RTL), Musik (BMG) und Druckerzeugnissen aller Art (Arvato), nicht zu vergessen die Bücher aus dem weltgrößten Publikumsverlag Random House. Ostrowski hat bei seinem Abgang 2011 bekannt, dass ihn der Posten überfordert hat: «Ich wollte das klarstellen, keine Spekulationen zulassen.» Ihm fiel das leichter, da er wusste, er würde sich keinen neuen

Job als Topmanager suchen, sondern etwas anderes machen. Endlich.

Die erste Panikattacke hatte Ostrowski schon im Jahr 1995, da war er achtunddreißig Jahre alt und ein aufstrebender Jungmanager im Hause Bertelsmann. Die Vorstandsetage war noch fern, aber er hatte bereits eine führende Position mit ein paar tausend Mitarbeitern innerhalb der Dienstleistungssparte Arvato. Schon Wochen vor der Attacke damals fühlte er sich nicht fit. Urlaub wäre angesagt gewesen. Aber es hat nicht gepasst, immer stand etwas Wichtiges an. Dann überfiel Ostrowski plötzlich die Panik. Nicht auf großer Bühne, nicht in einem Moment größter Anspannung oder Belastung, sondern in einem harmlosen Meeting mit einem Kollegen. «Ich weiß gar nicht mehr, worum es ging. Es war auf jeden Fall nichts Wichtiges», erinnert er sich.

Die Attacke kommt urplötzlich, wie aus dem Nichts und mit voller Wucht. Eben noch fühlte der Manager sich ganz normal, plötzlich schnürt ihm die Angst die Luft ab. Der Schweiß bricht ihm aus. Und Kälte zugleich. Da ist dieses Herzrasen, das Flackern und Zittern. Der Notarzt bringt Ostrowski ins Krankenhaus, an seinem Herzen ist nichts Auffälliges festzustellen. Vielleicht sei er etwas überanstrengt, sagen die Mediziner und schicken ihn nach Hause. Ostrowski selbst führt den Vorfall auf einen Dreißig-Kilometer-Lauf zurück, den er kurz zuvor durchgestanden hat. Zwei Tage später überfällt ihn die Panik abermals, abends, auf einer privaten Feier. Ein befreundeter Internist, zufällig dabei, rät sogleich: «Tritt kürzer. Das ist eine Warnung deines Körpers!»

Ostrowski nimmt den Hinweis nicht ernst. Erst zwanzig Jahre und siebzig Panikattacken später ist er bereit, seinen Einsatz und seinen Ehrgeiz zu beschneiden. «Siebzigmal bin ich gestorben», sagt er. Genauso fühle sich das an. «Man ist felsenfest davon überzeugt, dass man die nächsten zehn Minuten nicht überlebt.» Aber irgendwie hält er sich über Wasser, mit einer Gesprächstherapie und Sport.

2001, Ostrowski ist noch keine fünfundvierzig, geht es wieder los. Wieder gönnt er sich keine Auszeit: «Als Manager meint man, das bei laufenden Motoren in den Griff bekommen zu müssen.» Er lernt Atemtechniken, die ihm durch schwierige Phasen helfen. Macht Yoga, besucht Achtsamkeitsseminare. Und wenn es ganz hart kommt, behilft er sich mit Medikamenten. «Es gibt diese Pillen, da beißt du einmal drauf, und nach zehn Minuten geht es dir blendend.» Vor wichtigen Auftritten, vor brenzligen Reden wirft er diese Happy-Hämmer ein, «damit nichts schiefgeht auf der Bühne». Und es läuft, von außen gesehen, alles blendend. 2008 trägt ihm die Familie Mohn, Eigentümer von Bertelsmann, den Vorstandsvorsitz des Konzerns an. Nach den wilden Middelhoff-Jahren (und einem kurzen Thielen-Intermezzo) sucht das Ehepaar einen bodenständigen Lenker. Hartmut Ostrowski ist der Mann der Stunde.

Doch die Sache ist eine Nummer zu groß für ihn. Zwar steuert er den Konzern drei Jahre lang ohne Katastrophen durch die Finanzkrise. Aber das Verhältnis von Liz Mohn (nach dem Tode ihres Mannes die mächtige Herrscherin in Gütersloh) zu Ostrowski kühlt 2011 merklich ab. Die Ergebnisse sind in Ordnung, aber, so lautet die interne Kritik, dem Vorstandschef fehlen die nötigen «Visionen», die große Wachstumsstory für einen schillernden Medienkonzern. Der Gegenwind nimmt zu. Hinter Ostrowskis Rücken wird ein Nachfolger für ihn gesucht. «Andere haben das Zeug zu einem solchen exponierten, ständig fordernden Job, ich auf Dauer nicht», gesteht Ostrowski sich ein.

Ihm setzten Ränke und Machtspiele, dazu das tägliche Geschäft, derart zu, dass er die Notbremse zieht (das hatte er nach der letzten Attacke seiner Ehefrau versprochen). Ostrowski reicht seinen Rücktritt ein, bevor der völlige Zusammenbruch kommt, zieht sich zunächst nach Mallorca zurück, wo die Familie ein Haus besitzt, fliegt danach zu einem vierwöchigen Urlaub auf die Inselgruppe Vanuatu in der Südsee. «Ich habe dort tagelang aufs Meer geschaut, Handy und Blackberry blieben aus.» Erst geht es ihm schlecht, dann langsam besser.

Ostrowski blickt aufs Wasser und beginnt nachzudenken. Über das, was war, und das, was kommen sollte. Was ihm wichtig ist. Die Familie, klar. Die Ehefrau, mit der er seit Jahrzehnten verheiratet ist. Die beiden Kinder, mittlerweile flügge. Arminia Bielefeld, der Fußball-Club, dem er sich seit der Kindheit verbunden fühlt. Für diese Dinge will Ostrowski sich wieder mehr Zeit nehmen. Am Geld wird das nicht scheitern, davon hat der Manager genug verdient in den zehn Jahren im Bertelsmann-Vorstand. Dazu kam zum vorzeitigen Abschied eine millionenhohe Abfindung. Ostrowski befindet sich in der privilegierten Position, sich das Managerleben nicht mehr antun zu müssen: «Neunundzwanzig Jahre im Konzern und siebzig Tode, das reicht.»

Er macht sich selbständig mit einer Beteiligungsfirma namens FHO (Familie Hartmut Ostrowski) Invest. In Bielefeld unterhält er ein Ein-Mann-Büro plus Sekretärin. Isst die zu Mittag, geht er selbst ans Telefon. Die Stäbe, die einen Vorstandschef umsorgen und auf die er heute verzichten muss, sie fehlen ihm nicht, sagt er. Er geht meist zu Fuß, braucht keinen Fahrer, keine Limousine. «Es gab immer zu viele Menschen, die es zu gut mit mir meinten», sagt Ostrowski.

In seinem neuen Leben steckt er das Geld in diverse junge Firmen, die er berät: Ein Sportgerätehersteller gehört dazu, der Bildungsdienstleister Hanse College, Emmas Enkel (ein Online-Lebensmittelhändler) und Toptranslation, ein Online-Fachübersetzer. Das ein oder andere davon wird nie Geld verdienen, so ist das in der Start-up-Szene, längst nicht jede Idee wird zum Geschäft. «Das ist nicht schlimm», sagt Ostrowski, der heute auf strikt begrenzte Arbeitszeiten achtet: Um 18 Uhr ist Feierabend. Spätestens. Er arbeitet auch nicht jeden Tag, pendelt zwischen Ostwestfalen und Berlin, wo er eine Wohnung hat. Und mindestens acht Wochen im Jahr fährt er in den Urlaub. «Ich bin heute viel zufriedener als früher», bilanziert er, was nicht heißt, dass er keine großen Ziele mehr hat – im Gegenteil: «Mein Ehrgeiz ist es, Geld zu verdienen. Und dabei auch noch Spaß zu haben.» Wenn dabei nur 10 Prozent Rendite rausspringen, ist das in Ordnung. «Es müssen nicht immer 20 oder 30 Prozent sein.» Ostrowski hat seine Lektion gelernt, hat einen Gang runtergeschaltet, beim Arbeitspensum wie bei den Ansprüchen; an andere wie an sich selbst. Nicht alles im Leben von Hartmut Ostrowski muss heute perfekt sein. Das hilft zur Gelassenheit. Er muss sich und anderen nichts mehr beweisen.

Das hat er aktiven Managern voraus: Wer täglich den großen Zampano geben muss, darf keine Schwächen eingestehen, darf nicht mit unschönen Dingen wie einem Burnout in Verbindung gebracht werden: Wer will schon einen Chef, der seiner Aufgabe nicht gewachsen ist? Man muss schon die Chuzpe, das Standing (und am besten die Milliarden) eines Elon Musk besitzen, um im Fernsehen über einen Beinahe-Kollaps zu plaudern. Und auch bei dem Tesla-Erfinder erzählt es sich leichter, nachdem die Schwierigkeiten überwunden waren, der vierte Start seiner Space-X-Rakete gelungen war (nach drei Fehlschlägen zuvor) und die Investoren wieder Zutrauen fassten in seine verrückten Projekte.

Wenn junge Gründer ausbrennen, was auch in Berlin oder München vorkommt, dann schweigen sie lieber darüber: Welcher Investor steckt seine Millionen in ein Start-up, dessen Chef psychisch angeschlagen ist? Am liebsten handhaben es alle wie der Rocket-Internet-Chef Oliver Samwer, der bei einem Auftritt in Berlin mal großspurig sagte: «Diese Burnout-Sache ist nichts für mich.» Denn wieso, so seine Argumentation, sollte jemand zusammenbrechen, der sein eigener Herr ist und in seiner eigenen Firma genau das macht, was ihm Spaß macht?

Mentale Erschöpfung passt nicht zum Bild eines tatkräftigen Gründers oder zur willensstarken Führungskraft. Wenn die Betroffenen in eine Spezialklinik einchecken, dann gerne unter falschem Namen. Dass sie ihren Alltag zuvor oft über Jahre überhaupt nur mit Medikamenten bewältigt haben, ahnt ja keiner.

Gesund ist dies alles nicht, dieses Hochleistungsleben mit der Sucht nach der Perfektion, wenn Manager permanent die Überlegenheit zu beweisen suchen. Neben der eigenen Karriere (die am besten im Vorstand endet) wollen die Leistungsträger vorbildliche Väter und Mütter sein, perfekte Ehepartner. Sie wollen aussehen wie Models, nicht nur sportlich sein, sondern Marathon laufen, und das bitte schön unter vier Stunden.

Ein solches Leben kann eine Zeitlang funktionieren. Solange alles läuft, spornt es zu Höchstleistungen an – die bewundernden Blicke der anderen sind Belohnung genug. Doch irgendwann passt in den durchgetakteten Tag keine zusätzliche Arbeitsstunde mehr, wenn man nicht woanders Zeit einspart, also an den Stunden für Freunde, Familie, Entspannung, Schlaf. Irgendwann bleibt nur noch die Arbeit. Anfällig für den Zusammenbruch sind insbesondere zwei Typen von Menschen: Perfektionisten und Idealisten. Das sind perfiderweise häufig diejenigen, die in ihrer Arbeit mehr als andere aufgehen, voller Enthusiasmus für die Sache.

Außergewöhnliche Arbeitsbelastung taugt besonders gut für die Heldengeschichten, wie Topmanager sie so lange gerne erzählen, bis sie daran zerbrechen. Der Psychiater und Therapeut Hansjörg Becker aus Frankfurt am Main erlebt das Drama Tag für Tag in seinem psychologischen Beratungsdienst. Er unterscheidet vier Bereiche, die dauerhaft im Gleichgewicht sein müssen, möchte man glücklich sein: erstens die Arbeit, zweitens Familie und Freunde, drittens körperliche Fitness und viertens Hobbys. «Wer einen dieser Bereiche über längere Zeit vernachlässigt, bekommt Probleme.» Klingelt bei Becker nachts das Telefon, weiß er: Jetzt wird's ernst, es zählt jedes Wort. Denn die Mitarbeiter seiner Kunden, große Unternehmen, Ministerien und Banken, können ihn anrufen, wenn ihnen die Arbeit über den Kopf wächst, das Privatleben aus den Fugen gerät. Und wenn einer mitten in der Nacht Beckers Rat sucht, brennt in der Regel die Seele. «Da muss man einen Hoffnungsschimmer wecken», erklärt er. Sonst legt der Anrufer auf – und setzt seinem Leben in der Verzweiflung womöglich ein Ende.

Viele Menschen ordnen heute gedankenlos alles dem Beruf unter. Sie vergessen, dass es da noch drei Bereiche gibt, die für das Wohlbefinden wichtig sind. Irgendwann schrecken sie auf und merken: Hilfe, es sind keine Freunde mehr da, die Ehefrau hat einen anderen, die Kinder sind ausgezogen. Das letzte Mal, dass sie im Kino waren, im Theater oder beim Kicken, liegt Monate zurück. Oder gar Jahre? «Es darf Phasen geben, in denen nur der Job zählt», sagt Becker, «aber ein Dauerzustand ist das nicht.»

Becker ist ein geübter Redner, ruhig und präsent. Eigentlich sind es banale Dinge, die er erzählt. Wie sich alles auflöst in der Gesellschaft, wie die Institutionen, Familie, Kirche und Vereine, an Bedeutung verlieren, wie die lebenslangen Konstanten bloßen «Optionen» weichen, der sichere Arbeitsplatz zur Fiktion wird. Ständig könne und müsse man sich neu orientieren: Will ich hier arbeiten oder am anderen Ende der Welt, in der Branche oder ganz woanders, will ich Familie, Kinder, eine Frau oder einen Mann?

Es ist nicht die Arbeit an sich, die die Menschen überfordert, nicht das Übermaß an Aufgaben, an «work load», wie Hansjörg Becker sagt, die Probleme entstehen durch die Art und Weise, wie wir mit der Arbeit umgehen. Wenn wir Körper und Hirn

keine Pausen gönnen. Oder durch Belastungen im zwischen-
menschlichen Bereich. Wie bei der Marketing-Managerin,
die Angst hatte, dem Chef zu sagen: «Ich weiß nicht, ob ich
die Beförderung annehmen soll, gerade jetzt, wo mein Mann
sich getrennt hat, ich die Kinder alleine habe. Wie soll ich das
schaffen?» Oder der Finanzvorstand, Mitte vierzig, aus dem
es herausbrach: «Ich habe Angst, dass alles herauskommt.»
Nicht etwa, dass er getrickst hätte. Nein. «Ich habe Angst, dass
jemand merkt, dass ich auch oft keine Lösung weiß. Die verlassen sich doch auf mich.»

Niemand will Schwächen zeigen. Das halten viele auf Dauer
nicht aus, auch nicht die Besten der Besten. Wovor Becker alle
Workaholics warnt, ist eine heimliche Geliebte im Büro. «Wollen Sie richtig Stress haben? Dann machen Sie weiter so, arbeiten Sie bis zum Umfallen – und vor allem: Suchen Sie sich
eine Affäre!»

RITALIN, KOKS UND ANDERE DROGEN

Die Anforderungen an die Elite sind riesig – die von außen
an sie herangetragenen wie die verinnerlichten. Für manche hat das verheerende Folgen. Susanne R. zum Beispiel gibt
alles für ihre Karriere, und ein bisschen mehr noch. Zu viel,
wie sich irgendwann zeigt. Die Medizinerin hat es mit Anfang
vierzig zur Chefärztin geschafft, hat sich gerade habilitiert, will
sich weiter profilieren. Ihr Ziel: ein eigener Lehrstuhl, und
zwar schnell. Doch es gibt etliche Mitbewerber, die genauso gut
wie sie sind, aber noch karrierebesessener, noch lauter in der
Eigenvermarktung.

Um mitzuhalten, probiert die Internistin Elnotril aus, ein
antriebssteigerndes Antidepressivum, und Methylphenidat,
dem breiten Publikum eher bekannt als «Ritalin» für ADHS-ge-

störte Kinder. Anfangs wirft sie die Amphetamine, zu denen sie als Ärztin leicht Zugang hat, nur an besonders stressigen Tagen ein, dann immer öfter. Die Pillen entfalten ihre Wirkung: Die Ärztin fühlt sich großartig, unbesiegbar, so klar im Kopf wie nie zuvor. Aber: Ohne künstliche Wachmacher geht bald nichts mehr. «Das habe ich im Griff», denkt die Ärztin trotzdem. «Ich werde nicht abhängig, im Leben nicht.» Das passiert nur den Schwachen, den Junkies. Nicht ihr, der Überfliegerin.

Diese Art des «Hirndopings» ist typisch für einen beachtlichen, wenn auch nicht genau zu beziffernden Teil der Leistungselite. Sie wollen das Äußerste geben an Kreativität. Sie wollen immer einsatzbereit sein, auch nach einem Sechzehn-Stunden-Flug, wenn der Körper nach Schlaf schreit, stattdessen aber Millionenverträge mit topfitten Chinesen zu verhandeln sind. Auf den Jetlag nehmen die keine Rücksicht. Also schießen die Führungskräfte sich mit Ritalin hoch, werfen Melatonin gegen den Jetlag ein, Betablocker gegen die Versagensängste, irgendetwas für die Nerven und kommen abends mit einem Tranquilizer wieder runter. Dazu fließt Alkohol. So halten Manager und Politiker sich oft jahrelang über Wasser, zeigen Top-Leistungen, wo andere längst kollabiert wären. Sie fühlen sich wie Superman oder Superwoman, richten sich aber nach und nach zugrunde.

Als die Internistin Susanne R. in die psychiatrische Klinik eingewiesen wird, halluziniert sie, ist völlig manisch. Aus den ein, zwei Tabletten sind vier, fünf geworden, dann immer mehr. Das verlieh ihr ungeahnte Kräfte, sie war hoch produktiv, unermüdlich, allerdings auch zunehmend unbeherrscht und aggressiv. Über Monate decken Mitarbeiter ihren Medikamentenmissbrauch, ertragen ihre Wutanfälle, doch als sie anfängt, Patienten falsch zu behandeln, in unbelehrbare Hybris verfällt, lassen die Kollegen sie bei der Klinikleitung auffliegen.

Zu dem Zeitpunkt schluckt die Medizinerin achtzehn Tabletten am Tag. Das sind 360 Milligramm. Der Psychiater und Psychotherapeut Christian Dogs, der sie behandelt, schüttelt sich angesichts der schieren Menge. «Ein Normalsterblicher würde sofort tot umfallen. Drei Pillen ist die Höchstdosis.» Susanne R. braucht Wochen, bis sie die Klinik verlassen kann. Noch heute ist sie in Psychotherapie. Ihre Karriere als Ärztin, für die sie das alles gemacht hat, ist beendet.

Einer Studie der Krankenkasse DAK-Gesundheit von Anfang 2015 zufolge schlucken rund drei Millionen Deutsche verschreibungspflichtige Pillen, um am Arbeitsplatz leistungsfähiger zu sein und Stress oder Ängste abzubauen. Innerhalb von sechs Jahren ist der Anteil der Beschäftigten, die «Hirndoping» betreiben, von 4,7 auf 6,7 Prozent gestiegen. «Die Dunkelziffer liegt viel höher», weiß Christian Dogs aus dreißig Jahren Erfahrung. Als Leiter psychiatrischer Kliniken hat er viele tausend Menschen behandelt, die unter einer Depression oder Ängsten leiden oder einer Sucht verfallen sind. Er hat viele Führungskräfte gecoacht, hat Dutzende Vorstände in Workshops erlebt. Nach seiner Schätzung greift bald jeder dritte Topmanager regelmäßig zu Suchtmitteln. Verlässliche Zahlen gibt es indes nicht. «Das Thema ist viel zu schambehaftet, das will keiner angehen.»

Die Leistungselite wünscht sich das Gedächtnis eines Elefanten, die Unermüdlichkeit eines Computers, den Verstand von Einstein. Medikamente bringen das Gehirn – ähnlich wie Drogen – vorübergehend auf Trab, indem sie in das komplexe System aus Neurotransmittern und Rezeptoren eingreifen, die die Nervenimpulse weiterleiten. Der durch seine Bestseller bekannte Hirnforscher Gerald Hüther erklärt die Wirkung von Ritalin so: «Das ist eigentlich nichts anderes als Kokain, nur in geringerer Dosis.» Der Mensch funktioniert damit wie automatisch, kann sich wie ein Roboter über viele Stunden hinweg auf eine einzige Tätigkeit fokussieren.

Auch vor illegalen Drogen – von Hasch über Speed, Kokain bis hin zu Crystal Meth – schreckt ein Teil der Elite nicht zurück. «Drogen sind kein Problem der Junkies auf der Straße», erzählt Bastian Willenborg, ein Spezialist für Suchterkrankungen. «Der Konsum zieht sich durch die Gesellschaft hindurch bis in die obersten Chefetagen.» Willenborg leitet die Oberbergklinik Berlin-Brandenburg. Das Haus gehört zu einer Gruppe privater Akutkliniken, die sich auf die Behandlung der Reichen und Erfolgreichen spezialisiert hat. Jedes Haus hat an die sechzig Betten, die rund ums Jahr ausgebucht sind von ausgelaugten Bankern, Juristen, Politikern, Ärzten, Selbständigen und Beamten. Sie kommen zum Entzug, wegen Depressionen oder Burnout-Symptomen. Alkohol- und Drogenmissbrauch liegen bei fast allen vor.

«Der Lebenswandel der Eliten erhöht das Risiko einer Sucht», berichtet Willenborg. Der erste Schritt sei fast immer der Griff zur Flasche. Viel Arbeit, viel Verantwortung, viel zu wenig Schlaf. Viel Champagner oder Wein und gutes Essen, dazu schillernde Partys, auf denen Drogen jeglicher Art zirkulieren. Die Versuchung einer schnellen Belohnung – die Pillen setzen sofort massenhaft Glückshormone wie Serotonin und Dopamin frei – ist da irgendwann groß. Oft größer als die Angst vor den zerstörerischen Nebenwirkungen. Natürlich weiß die Elite, was Crystal Meth anrichtet, dass die Substanz die Nervenzellen im Gehirn unwiderruflich schädigt, dass sie zu Paranoia, Depressionen und Schlaflosigkeit führt, sodass man weder Hunger noch Durst noch Schmerzen verspürt. Doch so weit wird es ja nicht kommen – nicht bei ihnen, den «Super-Performern».

In der Berliner Yuppie-Szene sind Crystal und Koks sehr verbreitet, weiß Chefarzt Willenborg. Bei ihm landen viele, die dachten, sie hätten das im Griff. Der erfolgreiche Jurist einer großen Sozietät zum Beispiel stellt sich bei ihm vor, weil er «vom Crystal nicht wegkommt». Der Mann wirkt völlig kontrolliert und unauffällig, obwohl er das Zeug seit Jahren nimmt. Nach außen funktioniert er einwandfrei, die Partner und Klienten ahnen nichts von seiner Sucht, doch die Ehe steht kurz vor dem Aus, innerlich ist er längst ein Wrack. Sie verabreden einen Entzug während der Urlaubszeit, so fällt die längere Abwesenheit in der Sozietät gar nicht weiter auf. Als er anreist, hat er 1,3 Promille Blutalkohol, und der Drogentest weist einen intensiven Konsum verschiedenster halblegaler und illegaler Substanzen nach.

Die Beschaffung ist dabei kein Problem, weiß der Mediziner. Die verschreibungspflichtigen Medikamente besorgen seine Patienten sich bei wechselnden Ärzten, die sie wegen Konzentrationsstörungen oder Schlafproblemen konsultieren. Die Drogen liefert der Dealer des Vertrauens, den sie auf irgendeiner Party kennengelernt haben, bequem nach Hause, in die Arbeit, wann immer gewünscht.

Mit den Junkies am Bahnhof hat das, was sie tun, aus ihrer Sicht nichts zu tun. Ist doch nur eine Pille für die Konzentration, eine für die Nerven, eine zum Schlafen. Mehr nicht. Und sie sind ja Elite – ihnen passiert nichts.

MEIN FREUND, DER YOGA-LEHRER

Zum Glück für die gestresste Elite gibt es eine Alternative zu den Pillen. Sie ist deutlich bekömmlicher für Körper und Geist, erfordert allerdings eiserne Disziplin. Sie nennt sich Meditation, Mental-Training oder Yoga, ist eingebettet in einen durch und durch gesunden Lebensstil und kommt aus dem Silicon Valley. Einer der ersten Anhänger hierzulande war Peter Terium, erst Chef der RWE und später dann CEO der vom Konzern abgespalteten Öko-Tochter Innogy, wo er allerdings nach einer Gewinnwarnung Ende 2017 zurücktreten musste.

Der Holländer, der sich strategisch längst in Kalifornien wähnte, trug selbst auf offiziellen Fotos bei der RWE keine Krawatte. Überhaupt frönte er einem ganz anderen, wesentlich gesünderen Lebensstil als Großmann, der lebenslustige Gourmet mit eigenem Sterne-Restaurant.

Alkohol trinkt Peter Terium nur in Maßen, Vegetarier war er schon, als das «fleischlose Essen» noch nicht Pflicht am Prenzlauer Berg war und noch keine quasireligiösen Züge angenommen hatte. Bei Terium heißt es nur: «Ich habe so viel Fleisch gegessen, das reicht für den Rest meines Lebens.» Einmal im Jahr verzichtet er für einen Monat auch auf tierische Eiweiße und Fette: «Aber da steckt keine Ideologie oder religiöse Überzeugung dahinter. Es tut mir einfach gut.»

Das Leben eines Topmanagers verlangt strikte Disziplin. Veranstaltungen verlässt Terium, so hat er oft erzählt, spätestens gegen 23 Uhr, auch wenn sie lustig und spannend sind. Spätestens um sieben muss er am nächsten Morgen fit sein, sonst hält er sein Tagespensum nicht durch. Die gleiche Disziplin verlangt er von seinen Mitarbeitern, einen ordentlichen Kater darf sich bei ihm keiner leisten. Außerdem, so meint Terium: «Worüber man sich nach dem achten Glas Bier austauscht, dient selten den Unternehmensinteressen.»

Der Mann baucht all seine Kräfte. Das Leben ist hart genug. Erst wurde er als Atom-Manager angefeindet, dann setzten ihm die militanten Gegner des Kohleabbaus zu, die Leib und Leben von RWE-Mitarbeitern bedrohen. Um dem Druck standzuhalten, hat Terium vor Jahren begonnen zu meditieren. Jeden Tag, oft nur zehn Minuten. Mehr wäre besser, aber das passt oft nicht. «Ohne ginge es gar nicht», sagt er. Er schöpft darin Kraft, findet zur Ruhe – ob die Meditation auch nach dem Rauswurf hilft, ist nicht bekannt. Er ward seither nicht mehr gesehen.

Irgendeine Form mentaler Unterstützung leistet sich heute

fast jeder Topmanager. Egal, ob er sich dabei an seinen persönlichen Coach hält oder dem Benediktinermönch Anselm Grün glaubt, dem Prior des Klosters Münsterschwarzach, dessen Erbauungsbüchlein mit «Ritualen der Achtsamkeit» Millionenauflagen erzielt. Axel-Springer-Chef Mathias Döpfner schwört auf Ayurveda und zieht sich immer wieder mal für ein paar Tage in ein entsprechendes Retreat zurück. Modeunternehmer und Diesel-Gründer Renzo Rosso meditiert ebenfalls. Der frühere BMW-Chef Norbert Reithofer begann zu meditieren, als die Welt um ihn herum in der Finanzkrise zusammenbrach: «Rundum kracht es, und man steht an der Spitze eines Unternehmens und muss es da durchmanövrieren.» Zum Ausgleich richtete er den Blick nach innen. Auch Klaus Kleinfeld, vormals Siemens-Chef, tut das regelmäßig. Während seiner Zeit als Chef des US-Aluminiumherstellers Alcoa nahm er in New York eigens Unterricht bei einem Privatlehrer in Transzendentaler Meditation (TM). Und BMW-Chef Harald Krüger hat zusammen mit einem Mentaltrainer Methoden entwickelt, um dem Stress zu begegnen. Er war bei seinem ersten Auftritt als neuer Konzernchef zusammengeklappt, ausgerechnet auf der großen Bühne der Internationalen Automobilmesse IAA. Zu nervös, der Kreislauf – was auch immer. Krüger hat daraus seine Lehren gezogen und Kleinigkeiten verändert, die er seither in seinen Alltag einbaut und an die er sich eisern hält. Setzt er sich in den Fond seines Dienstwagens, ertönt Entspannungsmusik, und der BMW-Chef taucht für ein paar Minuten in eine Traumwelt ab. Auch in seinem Büro, im 22. Stock der Münchner BMW-Zentrale, schaltet Krüger kurze Pausen ein. Er schließt die Tür, stellt das Telefon auf die Sekretärin um und stellt sich ans Stehpult, auf dem Papier und Stift sowie ein rosarotes Stoffschwein liegen, das seine Kinder ihm geschenkt haben. Von hier sieht er bei schönem Wetter über die Stadt bis zu den Alpen. Krüger lässt die Gedanken wandern und notiert, was ihm dabei in den Sinn kommt. «Wenn Sie als Vorstandschef Entscheidungen treffen wollen», sagt er, «brauchen Sie geistige Freiräume.»

Meditation macht noch keinen besseren Menschen, auch wenn die Anhänger das für sich gerne beanspruchen. Ziel ist für die Manager, die eigene Leistung zu steigern und einen kraftspendenden Ausgleich zu den Belastungen im Job zu schaffen. Ob auch das Mitgefühl mit anderen geschult wird, sei dahingestellt. Der Verhaltenstrainer Jens Corssen macht sich über seine Kunden keine Illusionen: «Kein CEO ruft mich an, weil er gerne achtsamer werden möchte», stellt der studierte Psychologe klar, der Manager wie Linde-Chefaufseher Wolfgang Reitzle oder die Feinkostunternehmer Käfer berät. «Die Leute kommen zu mir, weil sie mehr wollen. Mehr Geld, mehr Karriere oder mehr Gesundheit. Oder sie kommen, weil sie weniger wollen. Weniger Stress oder Angst zum Beispiel.»

Noch nicht einmal viel Zeit für tägliches Meditieren müssen Corssens Kunden freischaufeln. Seine Übungen lassen sich leicht in den Alltag integrieren, jeden Morgen ein paar Minuten auf der Bettkante zum Beispiel. Bewusstheit nennt Corssen das, denn Achtsamkeit klingt ihm zu esoterisch.

Die Krankenkassen sind da großzügiger. Die sogenannte «Mindfulness-Based Stress Reduction» (MBSR) wird von gesetzlichen Krankenkassen als Präventionsmaßnahme anerkannt. Im Jahr buchen fast 35 000 Versicherte entsprechende Kurse. Stressabbau durch Meditieren – für Manager ist das heute ein ganz großes Thema. Wesentlicher Förderer dieses Trends – raus aus der Esoterik-Ecke, rein in die Chefetagen – ist ein Wissenschaftler von der amerikanischen Eliteuniversität Massachusetts Institute of Technology (MIT): Jon Kabat-Zinn, von Haus aus Molekularbiologe, ein kleiner, schmaler Professor mit randloser Brille und weißen Haaren, der Ende der siebziger Jahre die Lawine der Achtsamkeitsbewegung losgetreten hat. 1979 hat er am MIT eine Klinik und ein sogenanntes Achtsamkeitszentrum aufgebaut, Anlaufstelle für Stress- und Burnout-Geschädigte. Dort wird auch Kranken geholfen, chronische Schmerzen zu unterdrücken, die Qualen von Krebs zu ertragen. Die meisten dieser letztgenannten Patienten gelten als «austherapiert», mit Mitteln der Schulmedizin ist ihnen nicht mehr zu helfen. Heilen kann auch Kabat-Zinn sie meist nicht. «Wir können ihnen aber Lebenskraft und Freude zurückgeben», sagt der Mediziner, der vor vier Jahrzehnten, als er anfing, ein Außenseiter seines Fachs war.

Meditation ist heute gesundheitsfördernder Zeitvertreib der globalen Elite. Auf der ganzen Welt stehen Führungskräfte Schlange, um sich von Kabat-Zinn in «Mindfulness Meditation» unterweisen zu lassen. Der Medizinprofessor, Mitte siebzig und längst emeritiert, füllt Hallen in New York, London oder Hongkong. Die Tech-Konzerne im Silicon Valley buchen ihn, diverse Politiker und das Pentagon. Millionen Menschen meditieren nach der von ihm entwickelten MBSR.

Schmeichelt es ihm sehr, dass er sich so durchgesetzt hat? Gegen alle anfänglichen Zweifel und Häme? Nein, er selbst wurde nie belächelt, sagt er, nicht mal ganz zu Anfang. «Das hat wegen meines wissenschaftlichen Hintergrunds nie jemand gewagt», erklärt er uns in einem Gespräch nach einer Sitzung auf dem Weltwirtschaftsforum in Davos. Allein die Vorstellung, seine Ideen könnten als esoterisch oder unseriös verlacht werden, findet der Mann absurd. «Meine Erkenntnisse beruhen auf fünfunddreißig Jahren Arbeit mit mehr als 16 000 Patienten», bekräftigt der Molekularbiologe. Die Erkenntnisse aus der Hirnforschung stützen seine Thesen, auch das hat geholfen, Achtsamkeit für breite Teile der Gesellschaft, vor allem für die elitären Kreise, zu öffnen.

Folgerichtig schmückt er in Davos als Star das Programm. Kabat-Zinns Anhänger sammeln sich dort am frühen Morgen zu seinem Kurs. Achtzig Manager, Wissenschaftler, Politiker in

Anzug und Hemd oder Rock und Bluse streifen ihre Business-Schuhe ab und setzen sich ihm gegenüber auf den Boden; wer's schafft, im Schneidersitz. High Heels wandern neben die Laptop-Tasche. Alle schließen die Augen und suchen ihren Atem. Zwanzig Minuten lang. Irgendwo summt leise ein Handy, hier und da vernimmt man das dezente Ploppen, das ertönt, wenn eine Mail oder WhatsApp-Nachricht eingeht. Plopp. Plopp. Plopp. Jeder hier ist wichtig, ist normalerweise rund um die Uhr erreichbar. Nur jetzt nicht.

«Jetzt zählt nur der Augenblick», erklärt Kabat-Zinn. «Er ist alles, was wir haben. Die Vergangenheit ist vorbei, die Zukunft noch nicht da. Genießt das Hier und Jetzt.» Der Kurs atmet, Kabat-Zinn redet. Seine Stimme ist weich, es spricht der geübte Redner. Achtsamkeit macht ruhig, gelassen und glücklich. Macht Eltern zu besseren Eltern, Chefs zu besseren Chefs. Lässt uns bessere, weise Entscheidungen treffen. Es ist auch nicht schwierig, lernen wir, denn das Bewusstsein kann man trainieren wie einen Muskel. Jeden Tag ein paar Minuten. Das ist nicht zu viel verlangt. Atmen. Gedanken einfangen. Nicht abschweifen. Weiteratmen. Das Problem unseres Lebens, erklärt der Lehrer: Die Menschen sind gedanklich nicht bei der Sache. Im Büro hängen sie entweder Dingen nach, die schon vorbei sind («hätte ich doch ...», «wäre ich doch ...»), oder sie planen schon wieder, was später noch zu erledigen ist, also zum Beispiel, wer abends die Kinder abholt. «Smart work sieht anders aus.» Eins nach dem anderen. Und nie verschiedene Dinge gleichzeitig. «Multitasking ist der Fluch unserer Zeit.»

Deshalb hat der Achtsamkeitsprofessor die Übung mit der Rosine erfunden. Führungskräfte hassen sie. Sieben Minuten lang muss der Schüler eine Rosine mit allen Sinnen wahrnehmen – erst tasten, dann riechen, dann hören, dann schmecken. Nach einer halben Ewigkeit darf er dann endlich schlucken, was von der winzigen Trockenfrucht übriggeblieben ist.

Für eine vielbeanspruchte Führungskraft sind diese sieben Minuten die Hölle. Kabat-Zinn hält die Übung für sehr wichtig. «Wir lassen uns zu leicht ablenken, vor allem über unsere Smartphones», warnt der Trainer. «Sie sind verführerisch und machen süchtig.» Deshalb soll man sie ausstellen, sooft es geht. Nicht alle in dem Kurs beherzigen das. Plopp. Plopp. Plopp.

Nach dem Atmen wird diskutiert. Arianna Huffington, die Gründerin der Online-Zeitung «Huffington Post», erzählt, dass sie nach einem Burnout vor zehn Jahren zu «Jon» und seiner Lehre fand. «Das hat mein Leben verändert.» Ein Vorstandsvorsitzender aus Amerika berichtet von seiner Erleichterung darüber, dass Meditieren heute Mainstream ist. Er musste sich früher heimlich in seinem Büro einschließen, um zu meditieren, selbst vor seiner Sekretärin war es ihm peinlich. «Heute macht es jeder Manager.»

Im Silicon Valley sind Meditation und Yoga Volkssport. Die Firmen dort, allen voran Google, treiben ihre Mitarbeiter geradezu in die einschlägigen Kurse. Google hat für einen ehemaligen Ingenieur, der aufs Yoga kam, Chade-Mang Tan, extra eine Führungsposition erschaffen mit dem Titel «Jolly Good Fellow», famoser Kerl. Dieser Kerl, offiziell der «Head of Mindfulness», hat dafür zu sorgen, dass die Software-Ingenieure sich zwischendurch immer wieder spirituell aufladen. Er ist für die Zufriedenheit jedes Einzelnen und für die Stimmung im Konzern zuständig. Denn wer zufrieden ist und sich wohl fühlt im Büro, der arbeitet besser.

Das leuchtet auch deutschen Unternehmen ein. Der Software-Konzern SAP hat bereits einen Posten mit dem Titel «Director Global Mindfulness Practice» geschaffen. Peter Bostelmann, der selbst viele Jahre in San Francisco gelebt und dort zur Meditation gefunden hat, ist nun hauptberuflich damit beschäftigt, Kollegen auf der ganzen Welt als Trainer für die Achtsamkeits-Kurse des Konzerns zu schulen. Angeblich sind die 5000 Mitarbeiter, die bereits geschult wurden, jetzt schon engagierter, kreativer und gesünder als die restlichen 75 500. Das soll eine interne Studie ergeben haben.

Aber genauso gehört auch die körperliche Fitness mittlerweile zum modernen Manager. Anders lässt sich das gewaltige Pensum an Terminen, Rund-um-die-Uhr-Verhandlungen ohne Rücksicht auf Jetlag und immer mit permanenter Erreichbarkeit nicht stemmen. Die Bosse mit den dicken Zigarren und den dicken Bäuchen gibt es nur noch auf schwarzweißen Wirtschaftswunderfotos. Die neue Elite tickt anders. Durchzechte Nächte kann sie sich nicht leisten. Sie joggt, sie fährt Rad oder schwimmt, sie geht bergsteigen. Und achtet auf eine ausgewogene, leichte Kost. Man hält sich fit, am liebsten unter Anleitung eines Profis. Der nennt sich Coach, Personal Trainer oder Fitness-Berater und schneidert der Kundschaft ein individuell angepasstes, optimales Programm auf den Leib. Im Prinzip ist er ein Guru.

Ex-Deutsche-Bank-Chef Anshu Jain hat einen, Verleger Hubert Burda ebenso, Promi-Koch Alfons Schuhbeck trifft sich mit seinem noch spätnachts, wenn er sein Lokal zugesperrt hat. Der Coach entwirft für die vielbeschäftigte Klientel einen Trainings-, Bewegungs- und Ernährungsplan. Er begleitet sie in den Kraftraum, liegt mit ihnen auf der Yogamatte, läuft nachts mit ihnen durch den Wald – und verändert so den Lebensstil der Elite. Abgeschaut haben die Träger der deutschen Wirtschaft sich das – wie so vieles – bei den Hollywood-Stars und der übrigen US-Elite. Was Madonna und Barack Obama recht ist, kann so verkehrt nicht sein. Turnte man früher noch im Sportverein oder spielte Fußball mit alten Kumpels, so wird heute alleine trainiert. Hinterher tauscht man sich aus über Aufwand, Ertrag, Blutwerte und sonstige Kennzahlen des neuen Körperkults.

Gefragt ist der smarte Motivator, gebildet und bewandert

in den neusten Finessen der veganen Küche und der Burnout-Prophylaxe. Die Kosten (zwischen 100 und 150 Euro die Stunde) sind überschaubar, für Manager jedenfalls. Der Coach ist ein Dienstleister mehr in dem Heer, das ihr Leben organisiert. Das Klein-Klein daheim regelt die Haushaltshilfe, Kniffliges der Anwalt. Für das eigene Image halten sie sich einen PR-Berater – und für die Gesundheit eben den Personal Trainer. So einfach wird die Kontrolle über den eigenen Körper outgesourct. Wie sonst auch geht es Managern bei der körperlichen Ertüchtigung um Ziele. Um Effizienz. Um Kontrolle. Soundso viele Kilos sollen runter? Also los, daran wird gearbeitet, unerbittlich. Mit klaren Ansagen. Und wo der Coach nicht helfen kann, auf Geschäftsreisen, im Urlaub, beim Schlaf, da wachen die elektronischen Helfer. Ein buntes Plastikband am Handgelenk beweist seit ein paar Jahren der Umgebung: Hier stellt sich jemand den Herausforderungen des Alltags. Die Fitness-Tracker zählen jeden Schritt, jeden Höhenmeter, jede Kalorie, die der Träger zu sich nimmt oder verbraucht – um fit zu werden, fitter, am fittesten. Als Belohnung lockt am Ende des Tages ein Smiley. Alle Daten werden gespeichert, auf den PC übertragen, wo sie in schöne Diagramme fließen, in Effizienzkurven und Soll-Ist-Analysen.

Es ist die clevere Kombination aus Hightech-Spielerei und Heilsversprechen, die Leistungsträger verleitet, sich ein buntes Plastikteil umzubinden und dieses als Prestigeobjekt offen zur Schau zu stellen.

Besonders attraktiv für die leistungsorientierte Klientel: Die Träger können miteinander wetteifern. Die Chips ermöglichen den direkten Vergleich mit anderen, Managern natürlich. Wer sich zu einer virtuellen Gruppe zusammenschließt, hat Zugriff auf die Diagramme der anderen und kann verfolgen, wer im Team der Schnellste und Fitteste ist, wer den besten Schlaf hat – oder wer krank im Bett liegt. So erzählt Marc Benioff, Salesforce-Chef und einer dieser steinreichen Computerpioniere aus dem Silicon Valley, gerne die Anekdote, wie ihn morgens sein Kumpel Michael Dell, Gründer des gleichnamigen Computerkonzerns, besorgt anrief und fragte: «Was ist los, Marc? Du hast dich seit drei Tagen nicht mehr bewegt!» Tatsächlich lag dieser mit heftigem Schnupfen im Bett.

Die Fitness-Tracker sind ein Symbol für eine Revolution, die sich «digital health» nennt. Die Möglichkeiten der elektronischen Messgeräte sind schier grenzenlos. Die einen ersetzen künftig das Schlaflabor, andere messen den Blutzuckerspiegel, das Übergewicht oder überwachen die Produktivität am Computer. Wie lange habe ich konzentriert gearbeitet, wie lange war ich zwischendurch auf Facebook oder in anderen Internet-Welten unterwegs, ohne es überhaupt zu merken?

Ziel all dieser Maßnahmen ist das optimierte Selbst. Und das ist ein Graus für Fachleute wie Christian Dogs. Der Psychiater und Psychotherapeut, Jahrgang 1953 und seit bald dreißig Jahren im Beruf, hat viele tausend Menschen behandelt, die mit einer Depression zusammengebrochen sind oder an Ängsten litten. Er selbst hatte eine «katastrophale Kindheit», wurde vom Vater misshandelt, vom Jugendamt in ein Internat eingewiesen, geriet auf die schiefe Bahn. Der Vater eines Klassenkameraden machte mit ihm einen Drogen-Entzug, danach schaffte Dogs 1973 sein Abitur. Zunächst lernt er Masseur und Bademeister, sein anschließendes Medizinstudium finanzierte er als Tennistrainer in Genf und Sportanimateur in Südfrankreich. 1994 gründete er am Bodensee eine Klinik für psychosomatische Medizin. Seit April 2017 leitet er als Ärztlicher Direktor die Max Grundig Klinik bei Baden-Baden. Er hat einen Bestseller geschrieben mit Tipps, wie man auch ohne Therapeuten in der Leistungsgesellschaft besteht: «Gefühle sind keine Krankheit», heißt es da. Und er coacht persönlich, wer sich – wie er selbst sagt – seine Stundenlöhne leisten kann. Für einen Topmanager berechnet er 500 Euro. «Sonst nehmen die mich gar nicht ernst.»

Dogs, ein Riese mit Glatze und wachem Blick hinter runden Brillengläsern, hat nichts gegen Sport, im Gegenteil, er empfiehlt seinen Kunden oder Patienten sogar ausdrücklich, sich sportlich zu betätigen. Das sollte aber der Entspannung dienen, nicht dem Kräftemessen. Also kein Marathon, kein Triathlon. Nichts, womit man wieder Eindruck schinden möchte. Denn das tun sie ja schon den ganzen Tag lang im Büro, von morgens bis abends, bis sie nicht mehr können. Warum? «Weil wir der Welt immer wieder beweisen wollen, wie gut wir sind.» Und berufliche und sportliche Leistung stehen ganz oben auf der Skala, die den Applaus unserer Umgebung misst. Je mehr Zuspruch wir haben, desto mehr wollen wir. «Wir sind alle endorphinabhängig.» Von diesen kleinen Glücksboten können gar nicht genug unterwegs sein, dazu noch ein paar körpereigene Morphine und etwas Adrenalin, schon fühlt der Mensch sich großartig, wächst über sich hinaus. Das ist alles normal, sagt der Mediziner, so ticken wir alle, mehr oder weniger. Die Leistungsträger in der Regel mehr. Sie bringen überdurchschnittlich viel Leistung, außergewöhnlich viel Kreativität und leben von noch mehr Anerkennung. Auch Wohltäter wie Mutter Teresa opfern sich ganz egoistisch auf, um – biochemisch gesagt – Morphine zu bilden. Blöd wird es nur, wenn die Anerkennung plötzlich ausbleibt. Oder die Dosis nicht mehr ausreicht. «Manche genießen den Applaus nicht mehr, weil sie auf Standing Ovations warten», sagt der Therapeut.

Hier muss im Privaten gegengesteuert werden. Seine Ratschläge an die Manager sind simpel: so früh wie möglich nach Hause gehen. Handy aus, Laptop aus, Fernseher aus. Erst mal zu Hause ankommen. In aller Ruhe. «Zehn Minuten aus dem Fenster gucken reicht für den Anfang.» Das Gehirn braucht Zeit, um sich zu regenerieren. Immer wieder. Im Zug, im Flugzeug den Laptop in der Tasche lassen und einfach mal ins Nichts starren. «Pausen sind wichtig für das Gehirn.» Wer sie ihm gewährt, kommt auch mit der multimedialen Reizüberflutung klar. Statt für den Marathon zu trainieren, empfiehlt er einen Waldspaziergang ohne Handy. «Geh langsam, nimm die Natur wahr. Hör den Vögeln zu. Atme den Wald.»

Klingt banal, ist es auch. «Unser Handwerk ist kein Hexenwerk», sagt Psycho-Doc Dogs. «Je hektischer die Welt wird, desto schlichter werden unsere Botschaften.» Trotzdem zahlen ihm die Größen der Wirtschaft viel Geld für seine Tipps. Einmal hat er die obersten Führungskräfte einer internationalen Großbank zu einem Wochenendseminar auf eine einsame Berghütte entführt. Da saßen sie dann und warteten darauf, dass der hochdotierte Coach mit seinem Programm loslegen würde. Aber der dachte gar nicht daran. Wenn sie ihn fragten, wann es denn losginge, erwiderte er: «Jetzt noch nicht, mir fehlt noch was.» Oder auch: «Ich habe noch keine Lust.» Das hat die Alphatiere ganz aus der Fassung gebracht. Sie haben ihn beschimpft: Was ist das für ein Depp? Wieso kriegt der Geld? Irgendwann haben sie es aufgegeben, ihn zu beachten. «Am zweiten Tag hat der Erste dann die Berge entdeckt», erzählt Dogs. «Dann sind sie raus, haben Blumen gepflückt, gelacht und die Natur genossen.» Von Dogs, diesem unfähigen Seminarleiter, wollte niemand mehr was wissen. «Seht ihr, geht doch», hat er zum Schluss den Bankern gesagt. «Die Einsicht, dass weniger im Leben mehr ist, kostet manchmal viel Geld.»

Der Stress beginnt bei Dogs' Klienten oft beim ersten Blick in den Spiegel: Oh Schreck, ich sehe nicht gut genug aus. Ich werde alt. Mein Haar ist dünn. Die Hose kneift. Wie soll ich da mithalten können? Und dann die ganzen Diktate von außen: Iss gesund! Achte auf deine Figur! Treibe Sport! Bilde dich weiter, lerne Klavier, schreib ein Buch, mach eine großartige Party, bleib dein Leben lang fit. Iris Berben und George Clooney machen es doch vor! «Der Irrsinn der Selbstoptimierung führt letztlich nur dazu, dass wir faltenfrei und gesund ernährt dement werden», lästert Dogs.

Tatsache ist: Niemand ist perfekt, niemand erreicht den Optimalzustand: «Zu Hause darf Herr oder Frau Wichtig erschöpft sein, schwach, unsicher.» Man muss auch nicht perfekt aussehen. Und vor allem dem Partner, den Kindern, den Freunden nichts vorspielen. Wer sich von Dogs coachen lassen will, den begleitet er für ein paar Tage ins Büro, um zu sehen, wie sein Kunde sich dort verhält, und er kommt zu ihm nach Hause, schläft bei ihm, sitzt mit am Tisch, wenn gegessen und diskutiert oder auch geschwiegen wird.

Was er dort mit der Elite erlebt, schockiert ihn immer wieder. Er nennt es die «Bodensee-Ehe», aber es gibt diesen Typus nicht nur am Bodensee, sondern überall, wo das Geld wohnt, am Starnberger See, im Taunus, in Blankenese. Kurz zusammengefasst sieht das Modell so aus: «Viel Geld, riesige, schicke Villa. Er tourt karrieremäßig irgendwo umher, ist immer hoch wichtig unterwegs, sie allein zu Hause mit den Kindern, völlig frustriert. Kommuniziert wird überhaupt nicht mehr.»

Wenn die Ehefrau dann, vom Coach ermutigt, auspackt, wie einsam und elend sie sich fühlt, dann fällt der Manager für gewöhnlich aus allen Wolken. Denn er lebt allen so perfekt das traute Heim vor, dass er selbst daran glaubt. «Der spürt gar nichts mehr. Den hat die Maske, die er sich tagtäglich auferlegt, aufgefressen», sagt Dogs. In der Beziehung wird nicht mehr geredet und gelacht, da wird geschwiegen. Jede zweite Ehe dieser Art ist komplett kaputt, schätzt der Psychiater. Von der anderen Hälfte wiederum hat die Hälfte sich so eingerichtet, dass sie ohne größere Eklats nebeneinanderher lebt. Nur bei dem kleinen Rest der Elite ist die Beziehung gesund.

Da nehmen die Ehepartner sich gezielt Zeit füreinander, anders funktionieren Ehen nicht. «Beziehungen sind das Wichtigste, was wir haben. Die müssen wir pflegen – auch die zu den Kindern und Freunden.»

Aus eigener Erfahrung weiß der geschiedene Therapeut, wie schnell es sonst vorbei sein kann. Er hat aus seiner Trennung gelernt, seine neue Liebe stellt er nicht hintan, sondern nimmt sich die Zeit. Deshalb geht er nirgendwohin, wo Menschen mit einem Glas Sekt in der Hand herumstehen. Empfänge, Galas, Vernissagen, für all das ist Christian Dogs seine Zeit zu schade. «Lieber setze ich mich mit zwei Freunden in die Kneipe und rede.»

6

WIE TICKT DIE ELITE?

DAS SELBSTVERSTÄNDNIS

Dürfte die Elite ein Bild über sich selbst pinseln, ergäbe sich ein Gemälde von erhabener Schönheit, im Mittelpunkt sie, die Damen und Herren, als weitgehend selbstlose Diener am großen Ganzen: Einzig Verantwortung und Leistung zählen, das wäre die Botschaft.

Das Bild muss nicht mal erfunden oder gelogen sein, allerdings trifft es nur einen Ausschnitt der Wirklichkeit. In der Realität geht es grauer zu, auch weniger erhaben, angefangen mit der Motivation der Leute. Wenn wir Minister und Manager fragen, was sie nach oben getrieben hat, geraten die Auskünfte seltsam einförmig, nach dem immer gleichen Muster: «Ich wollte gar nicht nach oben, mir ging es immer nur um die Sache», «das hat sich so ergeben», «ich war im richtigen Moment am richtigen Platz». Offenbar glauben sie, das verlange der gesellschaftliche Comment. Nur Sportler dürfen offen zugeben: Ich wollte schon immer ganz oben aufs Podest. Selbst zu Zwecken empirischer Studien, im Schutz der Anonymität, verschleiern die Leute ihren Ehrgeiz. Gefragt, wie sie ihre Position erreicht haben, ob sie die Laufbahn aktiv verfolgt hätten, sagen mehr als die Hälfte der Befragten in einer Untersuchung von Professorin Jutta Allmendinger, ihr Werdegang sei «eher durch günstige Entwicklungen geprägt» worden. Nur jeder Dritte gibt zu, dass er gezielt eine Führungsposition angestrebt hat. Wenn die Alphatiere es sich nicht von selbst angewöhnt haben, die wahren Absichten zu verbergen, dann erledigen das die Trainingseinheiten in den Konzernen, die den Führungskräften ehrliche Aussagen austreiben. Völlig undenkbar, etwa zu sagen: «Ich will Boss werden, möglichst viele Leute rumkommandieren und das dicke Geld nach Hause tragen.»

Auf dem Weg nach oben schleift sich die Persönlichkeit ab, immer einförmiger werden die Antworten nach der Motivation. Als wahrer Glücksfall entpuppt sich da der junge Vorstand aus der Autoindustrie, der – trotz absolviertem PR-Coaching – uns frisch von der Leber weg erzählt: «Ich wollte immer schon an die Spitze eines Autokonzerns. Ich liebe es, an Motoren rumzuschrauben, und schon als kleiner Junge wollte ich viel Geld verdienen.» Daraus spricht die Leidenschaft für seinen Job ebenso wie aus dem Foto, das er auf seinem iPhone zeigt: ein frisch erworbenes, echtes Motorrad, sein neuester Stolz, mit eigenen Händen aufgebaut mitten in seinem Wohnzimmer. Daraus ersehen wir: Der Mann liebt seinen Beruf, er lebt dafür, was im Zweifel gut ist für alle Beteiligten. Politisch korrekt sind solche Auskünfte nicht, weswegen wir seine Identität verschleiern.

Der Wahrheit einen Schritt näher kommt, wer die Elite fragt, was wohl die anderen Entscheidungsträger, ihre Kollegen und Rivalen, an die Spitze gebracht haben könnte: Da steht Ehrgeiz an erster Stelle, gefolgt von Ausbildung und persönlichen Kontakten. Dieser Unterschied zwischen Eigen- und Fremdeinschätzung sei «sehr auffallend», sagt die Soziologin Allmendinger. Die Linie zieht sich durch: Gefragt nach der Motivation, unterstellen die Damen und Herren Elite den jeweils anderen persönlichen Ehrgeiz oder allenfalls Gestaltungswillen, sich selbst wähnt man, oh Wunder, viel mehr am Gemeinwohl interessiert.

DIE POLITISCHE HALTUNG

Wen die Elite wählt, das lässt sich annähernd, wenn auch mit Unsicherheiten behaftet, aus Umfragen herausfiltern. Wen sie mit ihrem Geld unterstützt, das ist präziser zu eruieren. Das Ergebnis bleibt dasselbe: Schwarz-Gelb waren lange Zeit die dominierenden Farben. Man trägt Liberal-Konservativ in diesen Kreisen.

Rote Farbtupfer sind der bisherige Schmieröl-Fabrikant (Liqui Moly) Ernst Prost, der es von ganz unten kommend zu Schloss und Millionen gebracht hat und klassenkämpferischer redet als ein Gewerkschafter. Und der Hamburger Reeder, der zum eigenen Nachteil eine Vermögenssteuer verlangt. Diese Ausreißer schaffen es in die Talkshows, repräsentativ sind sie nicht: In den Wohnvierteln der Elite hat die SPD bisweilen zu kämpfen um Platz drei, als eine Splitterpartei unter vielen. Und das ist heute ein Erfolg in manchen Hamburger Stadtvierteln, am Starnberger See oder im Vordertaunus, dem Frankfurter Rückzugsgebiet für Banker und Berater, wo Macht und Geld zu Hause sind.

Wahr ist: Der Anteil der Großspenden für Schwarz-Gelb liegt jenseits von 90 Prozent. Großspender der Union sind Daimler (der Autohersteller bedenkt freilich auch die SPD), die Familie Quandt (BMW), daneben die Maschinenbauer-Familie Leibinger (Trumpf) aus Ditzingen, Arend Oetker aus der Pudding-Dynastie oder Internet-Milliardär Ralph Dommermuth (1&1). Die FDP hat in Milliardär Lutz Helmig, dem Gründer der

Helios-Kliniken, einen treuen Sponsor, der schon mal 300 000 Euro für die Liberalen springen lässt. Auch nicht geizig ist Hans-Georg Näder, der geschäftsführende Gesellschafter der Otto Bock-Gruppe (Medizintechnik, Prothesen), der von der CDU kommend in die FDP eingetreten ist: «Als Familienunternehmer fühle ich mich in der Partei pudelwohl, und das geht immer mehr meiner Unternehmerkollegen so.»

Unterhalb der dicken finanziellen Ströme zeichnen sich neue Bündnisse ab: Ziemlich viel Grün leuchtet da auf in der Elite. Anfangs zart an den Rändern, als die Frauen angefangen haben, im Biomarkt einzukaufen. In dem Maße, wie die Merkel-CDU konservative Positionen räumt, wächst zusammen, was bislang nie zusammengehörte. Das schwarz-grüne Milieu eint in seinem Lebensgefühl konservative, gebildete, christlich und ökologisch bewegte Besserverdiener: bürgerlich gewordene Grüne wie bürgerlich gebliebene, aber frisch ergrünte Unionsleute. An diese Kreise denken Automanager, wenn sie Elektroautos entwickeln, von diesem Milieu leben Öko-Supermärkte. Schon vor zehn Jahren, in einer Umfrage des Instituts für Demoskopie Allensbach unter Topmanagern, votierten drei Viertel für Schwarz-Grün als ihre Wunschregierung. Der Mann, der diesen Trend (ein bisschen Öko, ein wenig Kapitalismus) verkörpert wie kein Zweiter, heißt Winfried Kretschmann und steht regelmäßig weit oben unter den beliebtesten Politikern der Republik (wenn auch nicht innerhalb seiner grünen Partei).

Im Jahr 2011, als er zum grünen Ministerpräsidenten Baden-Württembergs gewählt wurde, war Kretschmann eine Weltsensation: der erste Grüne an der Spitze eines Flächenstaats. Die Wirtschaftselite im Südwesten hat sich sehr schnell an ihn gewöhnt, auch wenn sie am Wahlsonntag noch geheult hatte: «Das ist nicht mehr mein Land», trauerte ein Maschinenbauer feuchten Auges. Das hat sich gelegt. Inzwischen haben die Stuttgarter mit Fritz Kuhn zu allem Überfluss auch noch einen grünen Oberbürgermeister. Und Martin Herrenknecht, dem Weltmarktführer der Tunnelbohrer aus Baden, käme es nie wieder in den Sinn, seinen Angestellten mit Rauswurf zu drohen, sollten sie es wagen, Grün zu wählen. Auch der kantige Typ mit Hollywood-erfahrener Schauspieltochter hat seinen Frieden gemacht mit der Öko-Partei.

Beschleunigt hat die Sache der Bahnhof, besser gesagt die hitzige Debatte über den Bau eines Bahnhofs. «Stuttgart 21 hat die Dinge ins Rutschen gebracht», sagt Brun-Hagen Hennerkes, ein knochentrockener Anwalt mit Kanzlei in bester Lage in Degerloch. Er berät die vermögenden unter den schwäbischen Familienunternehmern, ist darüber selbst zu erklecklichem Vermögen gekommen und arbeitet heute als Vorsitzender der Stiftung Familienunternehmen daran, dieser Klientel bundesweit eine Stimme in der Politik zu geben.

In Stuttgart konnte er zuschauen, wie zerfiel, was in seinen Kreisen als richtig und wichtig erachtet wird: das kulturelle Fundament, die Tradition, die Werte. Sogar die CDU. In den besseren Vierteln Stuttgarts ist Haus um Haus grün geworden, in jenen exklusiven Gegenden, die in Immobilienanzeigen unter dem Kürzel «HHL» vermerkt sind: Halbhöhenlage. Ein wichtiges Wort in der im Talkessel liegenden Landeshauptstadt, ein Begriff, der nur hier existiert. «Ganz oben ist Mist, da sieht man nichts», erklärt Vincent Kink, der TV-erprobte Wirt, in seinem Sterne-Restaurant «Wielandshöhe», böse gesprochen eine Art Kantine für die Stuttgarter Elite. Weiße Schürze, breiter Rücken, gewinnendes Lächeln, so steht der Koch da und erklärt die Topographie: «Unten ist schlechte Luft, bei uns auf der Halbhöhe ist es schön.» Rund um die Innenstadt ziehen Häuser sich die Hügel hinauf, alte Villen auf mehrere tausend Quadratmeter großem Grund, dazwischen jede Menge unscheinbare Häuser, in deren Innerem ein Vermögen steckt. Alles umrandet von Rebstöcken, hübsch anzuschauen. Wer hier wohnt, hat es zu etwas gebracht im Schwabenland: Viele Unternehmer leben hier, leitende Angestellte, Professoren, Künstler, Anwälte, Ärzte, hohe Beamte. Eine homogene Gesellschaft, die sich abschirmt, auch gegen das schnelle Geld. Alles sehr solide, kulturbeflissen und allergisch gegen jeden, den sie als neureich verurteilen. «Hier finden Sie keine Playboys, bei uns sind die Kirchen noch voll», sagt Brun-Hagen Hennerkes, der Mann mit Anzug und Einstecktuch. Bei ihm steht noch zuverlässig die S-Klasse vor der Tür, auch wenn der krawattenlose Daimler-Chef Dieter Zetsche in seinem Jeans-offenes-Hemd-Sakko-Outfit nicht seinen Standards entspricht.

Die Ansprüche hier oben sind hoch, auch an das politische Personal. Der Halbhöhenbewohner redet selbst gerne mit. Die Bürger übernehmen Verantwortung. Sie kümmern sich und spenden, eher nicht an die Dritte Welt, sondern für die Orgel in der Kirche vor Ort, für die Musikschule, den Sportverein und die Schulen. Schrille Charity Ladys, die andernorts – etwa drüben in München – die gute Gesellschaft durchziehen, bleiben hier eine Randgruppe. Die Bescheidenheit wird zelebriert in diesem wertkonservativen Milieu, fast pathologisch ist die Furcht, durch Reichtum aufzufallen. «Unser ganzer Stolz ist unsere Demut», karikiert der feinsinnige Unternehmer Berthold Leibinger den schwäbischen Pietismus.

Man trifft sich in der Oper, im Theater, im Ballett. Gejoggt wird in den nahen Wäldern. Körperliche Fitness ist wichtig, Bildung noch mehr. 99 Prozent eines Schülerjahrgangs wechseln hier von der Grundschule aufs Gymnasium. Die meisten Jugendlichen studieren. Dieses wertkonservative Milieu haben die Soziologen früh aufgespürt als Labor für schwarz-grüne Experimente.

Die Grünen haben hier schon in den achtziger Jahren erstaunliche Wahlergebnisse eingefahren. Trotzdem parken Mercedes und Porsche in den Straßen. «Auch die grün wählenden Gattinnen, die sich für Krötentunnel einsetzen, fahren im Geländewagen beim Bio-Bäcker vor», spottet Anwalt Hennerkes. Von den Frauen drohe politisch keine Gefahr, hatte er lange geglaubt, solange die Männer das «Heft in der Hand halten». Er hat sich geirrt.

Die wahren Helden dieser Welt sind Männer wie Robert Bosch, dessen Stiftungsvilla selbstverständlich auf halber Höhe steht, ebenso wie das Gästehaus der Porsches drüben am Killesberg, neben dem ehemaligen Wohnhaus von Bundespräsident Theodor Heuss. Auch der Drogerie-Gründer und wohltätige Milliardär Götz Werner, bekannt geworden als Kämpfer für ein bedingungsloses Grundeinkommen, ist hierhergezogen. Was man hier oben nicht mag, sind nassforsche Angestellte, selbst wenn sie Daimler-Boss sind wie Jürgen Schrempp seinerzeit. «Ein Rabauke», ätzt Anwalt Hennerkes, obschon der halbe Daimler-Vorstand in jener Ära in seine Straße gezogen ist.

Hier wie überall in der Republik haben sich Schwarz und Grün angenähert: Der Bank-Vorstand, der früher mit der Jungen Union für die Wiederaufarbeitungsanlage in Wackersdorf gestritten hat, findet plötzlich die Grünen sexy und träumt von einer Jamaika-Koalition. Genauso wie der Siemens-Chef, der früher Kernkraftwerke verkauft hat, heute Atomkraft zum Irrweg erklärt und darüber hinaus bekennt, auch schon mal grün zu wählen: «Keine Partei ist wertkonservativer.» Umgekehrt sitzt die in Schwaben aufgewachsene Investmentbankerin, die mit sechzehn Jahren den Grünen beigetreten war, heute, als promovierte Mathematikerin mit Anfang fünfzig, als CDU-Mitglied im Stadtrat ihres Taunusstädtchens: «Ich habe mich ein bisschen geändert», sagt sie, «die CDU sich viel mehr.» Die Partei habe sich enorm geöffnet, alte Feindbilder existierten nicht mehr, fügt sie an. Wertkonservativ war die Frau schon immer, auch damals in den Reihen der Grünen. Mit den Linken konnte sie nie etwas anfangen: «Die Umverteiler sind mir bis heute suspekt, Ausbeuter aber auch. Ich kaufe bewusst ein.» Natürlich fährt sie einen SUV. Aber immerhin von Volvo. Die Automarke stand mal für das sozialdemokratische Schweden, jetzt gehört sie den turbokapitalistischen Chinesen. Die Zeiten ändern sich.

7

DIE ÄNGSTE DER ELITE

DIE SORGE UM DIE SICHERHEIT

Reichtum ist schön, aber nicht immer. Da sind zum Beispiel die Einschränkungen, welche die Angst um Leib und Leben mit sich bringt. Wachsender Reichtum verändert den Alltag von Familien, es wächst die Angst. Und die ist nicht unbegründet: Die Terrorakte im Deutschen Herbst Ende der siebziger Jahre, die Entführung von Richard Oetker 1976, der zeitlebens darunter leidet, die tödliche Entführung von Jakob von Metzler, dem Sohn des Frankfurter Privatbankiers, zeigen es. Es hat einen Grund, warum gute Kunden für Alarmanlagen lieber unerkannt bleiben möchten. Wer möchte ihnen verdenken, dass sie das Recht auf Privatheit einklagen und Fotos, gar der Kinder, oder Angaben zum genauen Wohnort verbieten. Die Begleitung von Sicherheitsleuten, so wie bei Spitzenpolitikern üblich, muss man mögen. Manche Konzernchefs dürfen nicht mal vor die Tür ihres Büros, um frische Luft zu schnappen, wenn gerade keiner ihrer Sicherheitsmänner greifbar ist. Um unerkannt und damit unbehelligt zu leben, behilft sich

die reiche Wirtschaftselite mit allerlei Tricks. Da ist der weit-
verzweigte C&A-Clan, deren Nachfahren unter allen möglichen Nachnamen, gerne als «Meijer/Maiers/Meyers» in jeder
erdenklichen Schreibweise, unterwegs sind, nur nicht als
«Brenninkmeyer», wie schon die Urahnen der steinreichen
Textilsippe hießen.

Das Thema Sicherheit führt zu allerlei Ärger innerhalb der
Familien. Ein Selfmade-Milliardär berichtet, wie sehr es dem
Sohn auf die Nerven geht, dass immer ein Security-Mann hinter ihm herradelt und wie der Filius es sich zum Sport gemacht
hat, den vom Vater abgestellten Verfolger abzuhängen. Die
neunjährige Tochter eines reichen und dazu weltbekannten
Familienunternehmers dagegen will eines Tages wissen, wieso
auf dem Klassenfoto von allen Kindern der Nachname steht,
bei ihr aber nur «Marie»?

Auch wir sparen uns hier den Nachnamen, wollen das heik-
le Thema nicht vertiefen: Die Gefährdung für die Elite ist real.

STREIT KOMMT VOR ALLEM
IN DEN REICHSTEN FAMILIEN VOR

Reichtum ist schön, wir haben es schon gesagt, er kann aber
auch schwierig sein – spätestens dann, wenn innerhalb von
Familien bürgerkriegsähnliche Streitigkeiten ausbrechen. Ob
Krämer-Milliardäre (Aldi), Kaffee-Röster (Tchibo) oder Groß-
metzger (Tönnies) – die Sippen stritten oder streiten wie die
Kesselflicker. Dass Geschwister gegenseitig die Hochzeiten boy-
kottieren (wie im Fall der Pizza- und Puddingkönige Oetker),
ist harmlos, von den schärferen Sachen künden massenhaft
Gerichtsakten. Und, oh Wunder, zumeist geht es um Geld, obwohl davon genug da ist (wie immer, wenn es sich nicht um
Macht und Sex dreht). Irgendwann, meist ziemlich rasch, greift

so ein Clan-Streit über aufs Finanzielle – wenn er nicht schon dort seinen Anfang nimmt, etwa in der kostspieligen Frauengeschichte des Patriarchen, die über Kreditkartenbelege auffliegt. Alles schon vorgekommen.

Je größer das Vermögen des betreffenden Clans, desto dicker geraten die Schlagzeilen über die Skandalgeschichten. Oder wie sie bei den Porsches sagen: «Wir streiten nicht häufiger als andere Familien, nur geht es gleich um viel mehr Geld.»

In solchen Situationen schlägt die Stunde der Reichenflüsterer, eine ganze Branche – Banker, Berater, Juristen, Psychologen – verdient gut davon, die Sorgen und Nöte der Elite zu lindern. Es klappt aber nicht immer. So wie im Fall der Familie Porsche-Piëch, die in den siebziger Jahren sogar einen Therapeuten engagierte. Die Familie zog sich zurück auf ihren Stammsitz zwischen Gletschern, das legendäre «Schüttgut», oberhalb von Zell am See, um nach einem komplett verkorksten Wochenende festzustellen: Es geht nicht mehr. Die Porsches und Piëchs kamen überein, sich nicht zu vertragen, und deshalb geschlossen aus der Geschäftsführung ihres Autoherstellers Porsche zu verschwinden. Seither konzentrieren sich die Milliardäre auf ihre Rolle als Eigentümer. Das ist anstrengend genug, und streiten können sie ja noch immer.

Wie giftig dieser (lange geleugnete) Zwist seit Jahrzehnten ausgetragen wird, wird 2017 publik, als Ferdinand Piëch sich endgültig, offen und voller Zorn gegen die Verwandtschaft stellt und sich von ihr seine Anteile an der Porsche SE (und damit auch an VW) abkaufen lässt. Damit kappt der ehedem allmächtige VW-Herrscher endgültig das Band zu Familie wie Konzern. Die Aktien an der Porsche-Holding gehen zum großen Teil an seinen Bruder Hans Michel Piëch. Dabei zeigt sich, wie tief der Riss in dem Clan all die Jahre war, welche bösen Verletzungen der Konflikt zwischen den acht Enkeln des Käfer-Erfinders Ferdinand Porsche hinterlassen hat und wie einsam es steht um

Ferdinand Piëch, den einstmals alle überragenden Mann. «Ferdinand Piëch hat sein Lebenswerk zerstört», urteilt sein Cousin Wolfang Porsche, das aktuelle Clan-Oberhaupt, im Herbst 2017. Den Grund für Piëchs bitteres Ende sucht er nicht in sachlichen Differenzen oder unternehmerischen Fehlschlägen. Nein, das Scheitern liege in Piëchs Person begründet, sagt Porsche, «darin, wie er mit Menschen umgeht», wie sie von ihm «abgeschossen» werden. In seiner Abrechnung erinnert Wolfgang Porsche daran, was Ferdinand Piëch einst den Cousins vorhielt: «Ich bin ein Wildschwein, und ihr seid Hausschweine.» Darin trat die ganze Verachtung des Autogenies für die Verwandtschaft zutage. So zumindest deutet Wolfgang Porsche den Vorfall heute: «Er wollte ausdrücken, dass er, das Wildschwein, sich selbst versorgt. Und die anderen, die Hausschweine, die werden versorgt.» All den Zwist, all den Hass hätte sich der Clan womöglich erspart, hätte man vor Jahrzehnten auf einen familienfremden Berater gehört. Der Mann hatte damals geraten, Ferdinand Piëch zu adoptieren, «dann ist dieses Problem» weg. Gemeint waren: die angeblichen Komplexe des «Nicht-Namensträgers», weil ausgerechnet er, der sich als den fähigsten und einzig würdigen Nachfolger von Clan-Gründer Ferdinand Porsche sah, eben nicht Porsche heißt, sondern Piëch. Ferry Porsche, so erzählt es dessen Sohn Wolfgang, lehnte den Vorschlag allerdings ab: «Ich habe vier Söhne, da brauche ich jetzt nicht noch einen zu adoptieren.» Ob der andere Name wirklich geholfen hätte als Harmoniestifter? Im Nachhinein lässt sich das nicht mehr überprüfen, das Publikum jedenfalls wurde gut unterhalten.

Die «Oligarchen aus Salzburg», so der Szene-Spott, sind nur ein Beispiel dafür, dass die sonntäglichen Lobgesänge auf Familie und Werte unter den Herrschaften der Elite oft nicht weniger geheuchelt sind als im gewöhnlichen Volk.

«Manche Familien liegen sich so in den Haaren, dass sie für Jahre nicht mehr miteinander reden», berichtet Hugo Bänziger, ehemals Vorstand der Deutschen Bank, heute von der Schweiz aus europaweit als Privatbankier für das Haus Lombard Odier unterwegs. Die Anwaltskosten steigen hoch und höher, bisweilen schlüpft der Banker in die Rolle des Friedensstifters, mit einem schlagenden Argument: Vertragt euch, sonst ist das Vermögen in Gefahr. Eine Versöhnung ist nicht anzuordnen, für Harmonie gibt es keine Pillen. Viel ist schon gewonnen, wenn die Familie juristische Konstrukte findet, damit die Mitglieder wieder einigermaßen friedlich miteinander leben können.

WER SCHÜTZT DAS GELD VOR SCHMAROTZERN, ERBEN UND GELIEBTEN?

Reichtum ist schön, um es noch einmal zu sagen, kann aber mächtig Angst machen. «Der größte Nachteil des Reichtums ist, dass er dich ärmer machen kann», lehrt eine Fibel, welche das feine Genfer Bankhaus Lombard Odier für seine Kunden aufgelegt hat, um die aufzuklären, wie sie am besten mit Vermögen leben, ohne darüber unglücklich zu werden. Solche Dienste gehören zum Service für diese Klientel der Superreichen: Banken wie Lombard Odier, gegründet im Jahr 1796 und gestählt in mehr als vierzig Finanzkrisen, sind spezialisiert auf Mega-Vermögen. Wer bei diesem oder ähnlichen Bankhäusern akzeptiert werden möchte, muss als Sparer schon mal fünf Millionen Euro mitbringen, flüssig versteht sich – nicht eingerechnet die eigene Firma, erst recht nicht die Immobilien.

Dieses Vermögen unfallfrei an die nächste Generation zu übergeben – das ist die erste Sorge der Reichen. Wer ihnen dabei als Vermögensverwalter hilft, erhält tiefe Einblicke in die Psychologie der Elite, schließlich verlangt die Klientel einen Rundum-sorglos-Service. Privatbanken organisieren Hochzeiten wie Beerdigungen. Tickets für die ausverkaufte Opern-Premiere oder das Formel-1-Rennen sind zu besorgen, das ist noch die geringste Übung. Vor allem beraten die Privatbankiers in rechtlichen wie steuerlichen Fragen, helfen in der Nachfolgefrage – ein existenzielles Thema, oft sehr schwierig.

Dummerweise wachsen viele Familien (die Oberschicht ist gebärfreudig!) schneller als ihre Vermögen. Das ist ein Problem. Obendrein zieht sich der Kreis all jener immer weiter, welche die Nähe zum Geld suchen: Das sind Schwiegersöhne und -töchter, Vettern und Neffen im Übermaß, echte und falsche Freunde, loyale und weniger loyale Angestellte, freundschaftliche wie professionelle Berater sowie ganz gewöhnliche Schmarotzer.

Will ein Porsche einen Oldtimer oder eine Villa kaufen, stellt er sich besser mit anderem Namen vor: «Sonst kostet es gleich das Doppelte oder Dreifache», berichtet Daniell Porsche, Urenkel des Käfer-Erfinders Ferdinand Porsche und VW-Großaktionär, von seiner Enttäuschung, wenn sich ihm wieder jemand nähert nur des Geldes wegen: «Ab einer gewissen Größenordnung kommen so viele Probleme von außen, so viele Neider, so viele Schmarotzer, so viele falsche Freunde.» Da der Mann, ein ausgebildeter Pädagoge, seine soziale Verantwortung ernst nimmt, kostet ihn das jede Menge Arbeit: Wer braucht seine finanzielle Hilfe am nötigsten? Wem schadet sie gar? «Ich habe bemerkt, dass es Leute oft überfordert, wenn sie plötzlich Geld geschenkt bekommen», sagt der wohltätige Milliardär, «ob 500 Euro oder ein paar tausend.» Und vor allem: Wohltätigkeit spricht sich herum, das zieht Tunichtgute wie Ganoven an.

SAP-Gründer Dietmar Hopp, dem Fußballvolk als Mäzen des Bundesliga-Clubs Hoffenheim ein Begriff, bemüht in dem Zusammenhang einen Spruch des amerikanischen Stifters Carnegie: «Das Vermögen zu verteilen ist unendlich viel schwieriger, als es zu erwerben.» Seinen Reichtum empfindet der ehemalige IBM-Ingenieur als ein «Riesenglück», vergleichbar mit einem Volltreffer im Lotto. Einen Teil gibt er der Gesellschaft zurück, über Stiftungen, als Sponsor von Golfplätzen und Sport-Clubs. Zwischendurch steckt er Bekannten in Not einen Tausender zu. «Ich zahle mal ein Auto oder sonst was.» Seine Bedingung: Die glücklich Beschenkten dürfen es nicht weitererzählen. Denn ein Milliardär kann nirgendwo hingehen, ohne angebettelt zu werden. «Es gibt unendlich viele Anfragen», gesteht Hopp.

Vollends kompliziert wird es, wenn sich jemand dem Reichtum auf amourösem Wege nähert. Es muss ja gar kein Gigolo sein wie der Ganove, der seinerzeit die BMW-Erbin Susanne Klatten ausgenommen hat. Wer mag schon beurteilen, wo sich echte Gefühle und kalkulierte Liebe scheiden?

In den superreichen Familien wie dem Porsche-Piëch-Clan ist deshalb juristisch genau geregelt, was zu tun ist, bevor jemand aus dem Clan küsst oder sich gar ernsthaft verliebt. Da muss für alle Eventualitäten vorgesorgt sein, schließlich ist über die gemeinsame Firma immer die ganze Familie betroffen, wenn etwas zwischenmenschlich entgleist. Die Statuten des Clans setzen deswegen weit vor der der Eheschließung an.

Selbst wenn die Liebe stabil bleibt, wird mit wachsender Familie die Entscheidungsfindung komplex. «Gleichheit unter Vettern ist eine Illusion», warnt die Reichen-Fibel des Bankhauses Lombard Odier. Nicht jeder hat den gleichen Bezug zum Geschäft, erst recht nicht das gleiche Talent.

Geschwister messen die durch die Eltern erfahrene Liebe daran, wie viel die ihnen spendieren. Erben ist kein Kinderspiel. Oder frei nach Mark Twain: «Du lernst jemanden erst dann richtig kennen, wenn du ein Erbe mit ihm zu teilen hast.»

Die Konfliktlinien sind in solchen Fällen vorgezeichnet. Der Gründer ist der Held, der das Vermögen aufbaut. Ist er misstrauisch genug, schließt er das Vermögen weg, damit es die Erben nicht anfassen können, es nicht mal sehen dürfen. Dieser Vertrauensmangel kann Familien mehr schädigen als verschwendetes Geld.

Die Erben haben einen schweren Stand: potenziell verschwenderisch in den Augen der Altvorderen, unfähig und unerfahren. Umgekehrt sehen Kinder und Ehepartner es nur als recht und billig an, vom Patriarchen reichlich abzusahnen, als Ausgleich für entgangene Zeit, die der Gründer dem Unternehmen und nicht ihnen, seinen angeblich Nächsten, gewidmet hat. Geschenke und Geld für die Erben dienen bisweilen als Ersatz für das Engagement der Eltern. Von klein auf wird diesen Kindern erzählt, dass alles geschäftliche Streben der Eltern am Ende ihnen dient: «Wir schaffen das alles nur für euch.» Für den Nachwuchs aber wäre ein ausgeglichenes Leben wertvoller als das viele Geld. Das setzen sie sowieso voraus. Geld ist für sie kein knappes Gut.

Die Kinder wachsen mit dem Lebensstil der Eltern auf. Ohne dass sie deren Erinnerungen teilen an die harten Anfangstage, an Entbehrungen und Misserfolge. Die Erben verbringen ihre Zeit schon immer in luxuriöser Umgebung, an guten Schulen und in teuren Urlaubsorten. Ständig bekommen sie zu hören, dass sie eines Tages auf das Vermögen der Familie aufpassen müssen. Nur können sie nicht erahnen, ob das ihre Tage wirklich ausfüllt. Und vor allem: ob es ihnen je gelingt, den Erwartungen zu genügen, welche die Eltern an sie stellen. Die Leistung der Gründergeneration werden sie eh kaum wiederholen können. Das Erbe wird zur Bürde. Das führt zu psychologischen Problemen, einem Abhängigkeitsgefühl, bisweilen sogar zu Depressionen. Die wenigsten Erben sind mit sich und ihrem Wohlstand im Reinen, zumindest nicht in ihren jüngeren Jahren, darüber wächst die Distanz zu den Eltern.

Wie können die Jungen die Vorfahren übertrumpfen oder wenigstens mit ihnen mithalten? Was geschieht ihnen, wenn sie scheitern, als Versager verstoßen werden? Solche Gedanken lähmen, die Übergabe des Erbes will deshalb wohlüberlegt sein, rät das Handbuch der Schweizer Privatbank Lombard Odier: «Geschenktes Geld eröffnet der nächsten Generation die Möglichkeit, zu tun, was sie will. Erhält sie es zu früh und zu viel, verführt es sie dazu, nichts zu tun.» Es wartet die Buddenbrooks-Falle: Die erste Generation baut auf, die zweite bewahrt, mit der dritten geht alles den Bach runter.

8

DIE JUNGE ELITE DER START-UP-WELT

BERLIN: SCHAUT AUF DIESE STADT!

Zur Elite zählt, wer die Welt umkrempelt. Nichts stellt unser Leben so radikal auf den Kopf wie die Erfindungen von Apple, Google und Facebook. Nichts verändert unser Verhalten als Konsumenten so sehr wie die Plattformen von Amazon, Uber und Airbnb. Seit Jahren hören wir die Geschichten ihrer legendären Gründer Steve Jobs, Jeff Bezos, Mark Zuckerberg und wie sie alle heißen, die Helden aus dem Silicon Valley. Zu Beginn des 21. Jahrhunderts, so viel ist klar, ist die globale Tech-Elite an der amerikanischen Westküste zu Hause.

Und was bleibt uns? «Berlin», ruft es aus der Gründerszene. Hier versammeln sich Europas junge Pioniere, um die Großen der Welt herauszufordern. Wir schauen uns dort um, besuchen Oliver Samwer und die nächste Gründergeneration, die sich von ihm emanzipiert. Eines wird schnell klar: Nirgendwo in Europa weht so viel Unternehmergeist wie an der Spree. Ausgerechnet Berlin hat die junge Tech-Elite sich dafür ausgesucht! Da muss man erst mal draufkommen. Denn über

Jahrzehnte ging in der Stadt überhaupt nichts voran; kein Dax-Schwergewicht, keine Konzerne von Rang und Namen gab es hier. Einzig der politische Betrieb florierte: Lobbyisten, Anwälte, PR-Berater, der minderproduktive Teil der Volkswirtschaft. «Völker der Welt, schaut auf diese Stadt», hatte Berlins Bürgermeister Ernst Reuter, Vater des späteren Daimler-Chefs Edzard Reuter, im Jahr 1948 ausgerufen. Damals ging es um die Freiheit, ums Überleben, konkret darum, das eingekreiste West-Berlin mittels Luftbrücke durch die westlichen Alliierten mit Lebensmitteln zu versorgen. Die Stadt durfte nicht verlorengehen an den Feind, die Sowjetunion. Ein Bollwerk sei Berlin, mahnte Reuter damals, «ein Vorposten der Freiheit». Die wirtschaftlichen Aktivitäten der Stadt spielten dagegen eine untergeordnete Rolle. Steuereinnahmen? Egal. Berlin, auch heute die Hartz-IV-Metropole der Republik, hing schon immer an ihrem Säckel. Kein anderer Bürgermeister im Land hätte sich hinstellen können wie Klaus Wowereit im Jahr 2003: Als «arm, aber sexy» hat er die Stadt bejubelt. Das Wort bekam Flügel, hallt bis heute nach.

Wenn die Welt jetzt nach Berlin schaut, sieht sie eine Stadt im Aufschwung. Hier entscheidet sich, ob Europa im Spiel um die digitale Zukunft dabei ist. Magisch zieht Berlin ehrgeizige Menschen aus aller Welt an, Betriebswirte, Werber, Informatiker und Ingenieure basteln gemeinsam an Algorithmen, die ganze Branchen aus den Angeln heben. Sie entwickeln digitale Karten, die künftig selbstfahrende Autos sicher durch die Straßen steuern sollen, bringen Streamingdienste auf den Markt, die die Musikindustrie revolutionieren, tüfteln an Konzepten, wie und wo wir künftig essen, woher die saubere Luft kommt, wo wir unsere Möbel, Kleidung und Schuhe erwerben und das alte Auto am besten verkaufen. Sie entscheiden darüber, wie unsere Innenstädte aussehen werden, wie wir leben und uns künftig fortbewegen.

Die Ideen der Gründer-Elite verändern Stück für Stück Berlin. Seit 2011 verzeichnet die Hauptstadt, die stets wachsende Schulden vor sich hergeschoben hat, plötzlich Haushaltsüberschüsse. 2016 betrug dieser Überschuss eine Milliarde. Die Gründer bringen die Berliner in Lohn und Brot, die Arbeitslosenquote war 2017 erstmals einstellig. Fünfundvierzigtausend neue Stellen kamen nach Schätzungen der IBB-Bank allein in diesem Jahr hinzu, die meisten davon in der Gesundheits- und Energiewirtschaft und in den Bereichen IT und Telekommunikation. Das freut die Kämmerer: Die Gewerbesteuereinnahmen steigen ebenfalls, 2016 um 15 Prozent, 2017 sogar um 27 Prozent.

In Berlin treffen heute elektrisierte Gründertypen auf Kapital, bereitgestellt von Business Angels, Hasardeuren, amerikanischen Wagniskapital-Fonds und alten Industriekonzernen aus aller Welt. Mehrere hundert Millionen Euro fließen den Start-ups jeden Monat zu, mehr denn je. Berlin sticht London, zumindest fast.

Wenn Deutschlands Konzerne im Allgemeinen «zu weiß, zu männlich, zu deutsch» sind, wie Ex-Siemens-Chef Peter Löscher es vor Jahren bemängelte, trifft das auf die Berliner Start-up-Szene sicherlich nicht zu – obwohl es auch dort an Frauen mangelt. In jeder Klitsche arbeiten etliche Nationen zusammen, gesprochen wird meist Englisch. Seither trauen sich sogar die Amerikaner nach Berlin. Google, Cisco und Microsoft investieren in der Stadt, eröffnen einen eigenen Campus. Nichts davon hat es vor zehn Jahren dort gegeben. «Hub» nennt sich ein solches Epizentrum, in dem sich alles um das Entwickeln digitaler Geschäftsideen dreht. Das Silicon Valley ist ein solcher Hub, viele würden sagen, es ist der Hub schlechthin. Andere sind in London entstanden, in New York, Stockholm und Tel Aviv, in Tallinn und London.

In Berlin hat die neue Elite einen pulsierenden Mikrokosmos geschaffen, und weil das die Schlaueren unter den Konzernlenkern im Rest der Republik ahnen, pumpt auch die Old Economy, die traditionelle Industrie, Millionen nach Berlin und hofft, dass frische Gedanken zu ihr zurückfließen. Die Stadt zieht immer mehr Dax-Konzerne, ja selbst stockkonservative Familienunternehmer an, um da mitzumischen, wo Neues in der Wirtschaft entsteht. Die Deutsche Bank bastelt beispielsweise an sogenannten Fintechs, modernen Finanzdienstleistern. Versicherungen wie die Münchener Rück lassen sich vom Berliner Jungvolk inspirieren. Sogar eine Molkerei aus dem Allgäu und eine Sektfabrik aus Sachsen-Anhalt schicken die Chefs zu Studienreisen nach Berlin. Coca-Cola tut sich mit einem Sack voll Geld in der deutschen Hauptstadt um, die Deutsche Bahn päppelt Jungunternehmer, die Metro experimentiert im Lebensmittelbereich. Rewe, der Springer-Konzern, die Lufthansa, Bayer, BASF, SAP, IBM und viele, viele mehr – alle wollen sie dabei sein. Und wenn die hochdekorierten Herren Vorstandsvorsitzenden aus Berlin heimkehren in die Old Economy, schwärmen sie von dem «Spirit» dort, der unrasierten Jugend, den Großraumbüros, die heute viel schöner «Open Space Offices» heißen, sie lassen sich anstecken von Leidenschaft, Tempo und Internationalität. Fast klingen diese Berichte so, als wären die Topmanager, die ihr Leben in Stäben und Gremien fristen, neidisch auf die Unordnung, den Aufbruch in Berlin: Hier macht Unternehmersein noch Spaß!

Nur, wie kam es dazu? Wer hat das Potenzial Berlins erkannt, als noch der alte Mief durch die Hinterhöfe zog? An dieser Stelle kommen die Samwer-Brüder ins Spiel. Ohne Oliver Samwer, Deutschlands Internet-Pionier und Selfmade-Milliardär, sowie seine Brüder Marc und Alexander wäre Berlin nicht, was es heute ist.

ERTRÄGT DEUTSCHLAND EINEN
OLIVER SAMWER?

Die Samwer-Brüder waren die ersten Internet-Gründer in Deutschland, die nachgeahmt haben, worauf die amerikanische Erfolgsgeschichte basiert: Think big! Dafür wird Oliver Samwer, Gründer, Kopf und Großaktionär eines Internet-Universums namens «Rocket Internet», seit zwanzig Jahren bewundert und gehasst.

Da er die Gründerwelle in Berlin ins Rollen gebracht hat, ist er bei unserer Suche nach der Tech-Elite die erste Anlaufstation. Seine Holding Rocket Internet hat 2016 eine neue, schicke Zentrale, «Rocket Tower» oder auch einfach nur «die Türme» genannt, in der Kreuzberger Charlottenstraße bezogen, da das vorherige Domizil in Mitte aus allen Nähten platzte. Auf 35 Etagen und 22000 Quadratmetern sollten die Rocket-Mitarbeiter samt ihren Neugründungen sich ausbreiten. Das war der großspurige Plan. Im Tower, nicht weit vom Checkpoint Charlie entfernt, sollte Europas größter Start-up-Campus entstehen, mit Platz für bis zu zweitausend Angestellte. Die Türme sind höher als das Hochhaus des Axel Springer Verlags um die Ecke. So viel Symbolik muss sein, auch wenn bislang vieles untervermietet ist: Nicht jeder Traum erfüllt sich, selbst wenn Oliver Samwer ihn träumt.

«Vor uns war hier nichts», tönt der Unternehmer in der ihm eigenen Unbescheidenheit, ein verwuschelter Blondschopf mit charmantem Lächeln, dem es schwerfällt, ruhig zu sitzen. «Heute sind wir der größte Arbeitgeber in Berlin neben der Regierung.» Seit dem Jahr 2000 haben seine Firmen allein in der Hauptstadt zwanzigtausend neue Stellen geschaffen – und das sind beileibe keine Hilfsarbeiterjobs, sondern oft Positionen für gut ausgebildete Talente, IT-Experten, Ingenieure, Designer, Kaufleute. «Ohne den Oli wäre Berlin nicht, was es heute ist», zollen ihm auch diejenigen Respekt, die ihn für größenwahnsinnig halten, die dem Haudrauf-Dynamiker vorwerfen, die Mitarbeiter zu verheizen und unausgegorene Geschäftsmodelle auf den Markt zu werfen.

Aufgewachsen sind die drei Samwer-Brüder im noblen Kölner Stadtteil Marienburg, der Vater war ein angesehener Rechtsanwalt, der den Literaturnobelpreisträger Heinrich Böll und Bundespräsident Karl Carstens vertrat. Am humanistischen Gymnasium waren sie stets die Besten (Oliver Samwers Abiturdurchschnitt: 0,8), an der Universität ebenso. Doch träumte keiner von ihnen von einer Anwalts- oder Konzernkarriere. Stattdessen versprachen sie sich im Teenie-Alter während eines Segeltörns auf dem Vierwaldstätter See: «Wir ziehen gemeinsam ein Unternehmen auf.»

1999 gründen sie Alando, eine eBay-Kopie. Nach nur einhundert Tagen verkauften sie es für 43 Millionen Dollar an das Original. Es folgen der Klingeltonanbieter Jamba und ein Groupon-Imitat, die Verkäufe bringen den Jungspunden 273 und 100 Millionen Dollar ein. Anderen hätte das gereicht, sie hätten sich zur Ruhe gesetzt, die Welt umsegelt, auf den schönsten Greens dieser Welt ein paar Bälle geschlagen. Nicht so die Samwers. Über ihre Holding Rocket Internet gründen sie Unternehmen am laufenden Band. Das Prinzip ist immer dasselbe, ob Zalando (Mode) oder Home24 (Möbel), Delivery Hero und Hello Fresh (Lieferdienste für Essen): Sie suchen sich junge Burschen fürs tägliche Geschäft – nur die Besten der Besten, von den renommierten Business Schools, am liebsten von der Wissenschaftlichen Hochschule für Unternehmensführung (WHU) bei Koblenz, an der einst Oliver Samwer selbst den unternehmerischen Feinschliff erhielt. Die dürfen dann erfolgreiche Geschäftsideen aus Amerika abkupfern und auf andere Länder übertragen. Ja, das ist traurig: Die Samwers erfinden nichts selbst, sie kopieren und optimieren, und sie kaufen die Ideen anderer. Das hat ihnen den Vorwurf eingebracht, sie seien ja nur «Copycats». Kann also jemand, der Ideen nicht selbst hervorbringt, sondern nur nimmt, was andere sich ausdenken, überhaupt zur Elite zählen? Natürlich. Copycats sind wichtig, sie tragen die neuen Ideen in die Welt. Das war bei der Erfindung des Automobils nicht anders: Auch BMW hat Gottlieb Daimler kopiert. Und wenn es darum geht, Ideen rund ums Internet zu kopieren, reicht den Samwers niemand das Wasser.

Oliver Samwer ist der erste Deutsche, dessen Name im Silicon Valley auffällt. Nicht, dass er und seine Brüder, die Copycats aus Berlin, bei den wahren Erfindern sonderlich beliebt wären. Was den Amerikanern aber imponiert: Samwer denkt wie sie selbst – im größtmöglichen Maßstab. Er will die Märkte «disrupten», Branchen aufbrechen und gegebenenfalls auslöschen. Kein Gegner ist imposant genug. Oliver Samwer hat IKEA den Kampf angesagt, will der erfolgreichste Möbelhändler der Welt werden. Außerdem will er das europäische Gegenstück zu Amazon oder Alibaba – Chinas machtvoller Handelsplattform – werden, wie er gerne zu Protokoll gibt, sobald sich ihm eine Bühne dazu bietet.

In seinen Ambitionen steht Samwer den Vordenkern in Amerika in nichts nach. Immerhin hat er von ihnen gelernt, im Silicon Valley, wo er Ende der neunziger Jahre seine Diplomarbeit über die Tech-Konzerne geschrieben hat. Zurück in der Heimat Deutschland, wollte er mit seinen Brüdern selbst loslegen. Nur wo? «Wir hatten von Berlin gehört, das sollte eine coole Stadt sein», erzählt er, «mit billigen Mieten.» Eine Metropole zu erschwinglichen Preisen, das gab den Ausschlag. Als die drei in die neue Hauptstadt zogen, war vom «Spirit» des Silicon Valley noch nichts zu spüren. Vermeintliche Künstler gab es zuhauf, kreative Schreiberlinge, Schauspieler, Architekten und sonstige Lebenskünstler, bei denen man nie genau wusste, wovon sie gerade lebten. Im Internet-Geschäft aber waren nach dem Zusammenbruch der New Economy gerade mal dreißig, vierzig Leute unterwegs. Darunter so illustre Figuren wie Pixelpark-Gründer Paulus Neef. An den Namen erinnern sich noch viele. Neef war bis zur Jahrtausendwende einer der Helden der New Economy, er ist mit ihr aufgestiegen und untergegangen. Wie fast alle Internet-Firmen jener Zeit rutschte auch Pixelpark in die Insolvenz. Das Letzte, was von Neef zu hören war: 2015 wollte er eine globale Yoga-Kette gründen. Sie ist grandios gescheitert.

Die Samwers sind noch da, hin und wieder durchgerüttelt zwar, aber da. Sie haben über alle Krisen hinweg einfach immer weitergemacht. Beharrlich und unverdrossen. Als Kopf des Trios und treibende Kraft tritt immer stärker Oliver, der mittlere Bruder, hervor. Wer Oliver Samwer kennt, sieht ihn stürmen. Eilen. Hasten. Aus jeder seiner Gesten spricht die Ungeduld, wie er blickt, wie er sich bewegt und auftritt. Da passt es nur zu gut, dass er, damals einundvierzig Jahre alt, 2014 zum Doppelschlag ausholte: Er brachte gleich zwei Unternehmen in Frankfurt an die Börse. Zalando, den Online-Händler mit der schrillen Werbung, am 1. Oktober 2014 und tags darauf, begleitet von seinem Vater und der restlichen Familie, seine Holding Rocket Internet. Einen solchen Rummel wie um diese beiden Börsengänge hat es seit dem Einbruch des Neuen Marktes im Jahr 2000 in Deutschland nicht mehr gegeben. Investoren gierten nach den Papieren, Rocket Internet konnte die Roadshow nach zwei Tagen abbrechen und startete, mehrfach überzeichnet, eine Woche früher als geplant in den Handel. Eifrige Warner sprachen von einer neuen Internetblase, einer überzogenen Euphorie und neuen Hybris.

Zunächst aber ging Samwers Plan auf: Die Börse glaubte ihm. Der Online-Schuhhändler Zalando, den sie bei Rocket Internet großgezogen hatten, startete mit einer Bewertung von 5 Milliarden Euro, und Rocket Internet selbst erreichte

6,2 Milliarden Euro. Damit war Rocket Internet, Samwers Sammelsurium an (bis heute) verlustreichen Beteiligungen, auf einen Schlag so wertvoll wie die Lufthansa mit all ihren tollen Flugzeugen. Und Oliver Samwer selbst wurde, zumindest auf dem Papier, über Nacht Milliardär. Genau wie seine Brüder. Im Ranking der 100 reichsten Deutschen belegten sie Platz 39. So vermögende Geschwister hat es selten gegeben, sieht man mal von den Hexal- und den Aldi-Brüdern ab. Und doch ist Oliver Samwer längst nicht am Ziel. «Die beste Zeit für Rocket kommt noch», sagte er beim Börsengang. Zum Glück sagte er nicht, wann. Denn erst mal machte er ziemlich viele Aktionäre ziemlich unglücklich. Keines seiner Geschäfte trägt sich, jeder Tag endet mit Verlusten.

Bislang trägt Samwer die Verluste mit dem Geld, das er bei den Milliardären dieser Welt einsammelt. Die glauben weiterhin daran, dass bei seinen Geschäften am Ende ein Amazon herauskommt. Die Geduld der Investoren wird dabei reichlich strapaziert. Schließlich fahren sogar Rockets angebliche Perlen, die elf «proven winners», wie Samwer sie nennt, bei 770 Millionen Euro Umsatz 440 Millionen Verlust ein. «Wo, bitte, haben die sich als Gewinner bewährt?», wurde er beim Börsengang gefragt. Für solchen Kleinmut hat Oliver Samwer aber nur ein Lächeln übrig – Verluste gehören dazu, so haben alle angefangen. Auch Amazon. Warum bloß versteht das in Deutschland niemand?

«Think big.» Dafür ackert er sieben Tage die Woche, vierundzwanzig Stunden am Tag. «Whatever it takes», wie er es formuliert. Meist hat Oliver Samwer ein Handy am Ohr, ein zweites in der Hosentasche, das ständig vibriert. E-Mails schreibt er, während er mit anderen spricht, unternehmerische Entscheidungen fällt er im Minutentakt. «Rocket steht nie still», sagt er und lässt seine Gesprächspartner mitten im Gespräch stehen. Der Flieger ruft. Das nächste Projekt. Die nächste Million.

Die Furcht, dass ein anderer das Rennen machen könnte, treibt Samwer um. Deshalb hetzt er von Termin zu Termin. Von Berlin nach New York, von New York nach Edinburgh, von dort nach Chennai, zwischendurch auch mal zu seiner Frau und seinen drei Kindern nach München. In Berlin ist er nur noch beruflich unterwegs.

Das Arbeitspensum, das Samwer an den Tag legt, ist erschreckend. Es macht einsam, denn Samwer reist nicht wie ein Vorstandsvorsitzender mit großer Entourage, im Gegenteil: Er schlägt sich meist alleine durch, will es auch so. Da wartet niemand, wenn er in Malaysia oder Nigeria aus dem Flieger steigt.

Erfolg falle nicht vom Himmel, sagt er: «Man muss Opfer bringen.» Sein Opfer, «sacrifice» nennt er es auf Englisch, bestehe darin, viel zu wenig Zeit für die Kinder zu haben. Aber wer es anders haben will, wird kein Rocket-Imperium hochziehen. Mit Work-Life-Balance darf man ihm also auch als Mitarbeiter nicht kommen. Er sucht Leute, die hungrig sind, nicht satt, die von etwas wegwollen: raus aus der Provinz. «Small village instinct» nennt Samwer diesen inneren Antrieb, der zu Höchstleistungen befähigt. Das kann die chinesische Provinz sein, wie bei Jack Ma, eine trostlose Großstadt wie Albuquerque in der Einöde New Mexicos, wie bei Jeff Bezos, oder ein deutscher Bauernhof wie bei Zalando-Gründer Robert Gentz. «Der Robert saß sicherlich irgendwann allein und verzweifelt auf seinem Traktor und wusste: Ich muss hier weg», meint Samwer. Und der kennt ihn gut.

Nur er selbst, das satte Rechtsanwaltskind, passt nicht in dieses Raster. Woher nimmt er selbst die Energie, von der er mehr hat als die meisten anderen? Fest steht, dass er wahnsinnig diszipliniert ist; er trinkt nicht, isst vernünftig, trainiert mehrmals die Woche, achtet auf ausreichend Schlaf.

In Davos kann man ihn beobachten, wie er während des Weltwirtschaftsgipfels Hof hält. Samwer umwirbt hier die Milliardäre aus aller Welt und überzeugt sie, bei ihm zu investieren. Dafür mietet er nicht etwa ein Besprechungszimmer im Fünf-Sterne-Hotel, wie es all die anderen tun, nein, er empfängt die Geldgeber – reiche Inder, noch reichere Scheichs und russische Oligarchen – mitten im Getümmel. Im tristen Konferenzgebäude blockiert er ganz früh am Morgen einen Bistrotisch und zwei Stühle, wirft Jacke, Prospekttüten und Laptop-Tasche auf den Boden und lässt die Investoren im Fünfzehn-Minuten-Takt antanzen. Ein Blick, ein Handschlag, dann schnurrt er seinen Kurzvortrag herunter. Wer seinen Slot verpasst, hat Pech, auch wenn er ein Öl-Prinz ist.

Mit seiner jungenhaften Schnodderigkeit sticht er hervor aus der Menge der Milliardäre im makellosen Zwirn. Stets spricht er einen Tick zu schnell und zu nachlässig, wenn er sich nicht ausnahmsweise zu einem vorstandsgemäßen Tonfall zwingt. Meist wirkt er underdressed, als würden ihm die paar Minuten am Tag fehlen, die es braucht, um sich die Haare zu kämmen und ein Outfit zusammenzusuchen. Die kurzen Haare stehen in alle Richtungen. Irgendwo schaut ein Zipfel seines Hemdes unter der Strickjacke hervor, die Schnürsenkel sind offen. Schnüren lohnt nicht, findet Samwer, zu oft muss er sie an den Sicherheitskontrollen am Flughafen an- und ausziehen.

Samwers Auftritt suggeriert sofort: Dieser Mann hat Wichtigeres zu tun, als sich um sein Aussehen zu scheren. Er hat keine Zeit für Smalltalk, Schnickschnack und dumme Fragen, er liest keine Bücher und geht nicht ins Theater. Er durchbricht die Regeln der bildungsbürgerlichen Elite, zu der er von Haus aus gehört. Er hat sich den Entrepreneuren angeschlossen, für die andere Regeln gelten. Da zählen kein Schlips und keine rahmengenähten Schuhe, da entscheidet nur: Wie groß ist dein Start-up? Und was verändert es? «Das Rad, das der Oli dreht, muss immer und immer größer werden», sagen Weggefährten. «Nur dann ist er zufrieden.»

Er selbst hat sich mal als «aggressivsten Mann im Internet» bezeichnet, der «sterben würde, um zu gewinnen». Dasselbe verlangt er von seinen Mitarbeitern. Rund um die Uhr treibt er sie zu Höchstleistungen. Dabei überschreitet er Grenzen. Wer mit Samwer arbeitet, hat parat zu stehen, immer und überall. Er wird angebellt, hat zu performen. «Execution now» soll einer seiner Lieblingsbefehle am Telefon sein, bevor er das Gespräch wegdrückt, natürlich ohne Abschiedsfloskeln. Aufsteiger wie die Samwers sind Exzentriker, hart und unerbittlich gegen sich und alle anderen. Man denke nur an die Gründer von Amazon, Twitter, eBay, Google oder Apple. Sie wären alle keine Waldorfpädagogen geworden. Sie wollen alle siegen, wollen immerzu der Erste und Beste sein.

Aber erträgt Deutschland einen Oliver Samwer? Hätte Deutschland einen Steve Jobs oder Jeff Bezos ertragen? Jemanden, der um jeden Preis alle anderen in Grund und Boden rocken will? Samwer ist immer gut für einen Lacher oder finanziellen Trick auf Kosten der anderen. «Geschäfte», so lästerte er einmal vor der versammelten Handelselite im Pariser Louvre, «sind Mittelalter. Sie wurden nur gebaut, weil es damals noch kein Internet gab.» Das aber könnten die klassischen Händler nicht begreifen, belehrte er die Chefs von Walmart, Carrefour und Metro: «Um das zu verstehen, sind Sie leider zu alt.» Sie sind die alte Elite, er ist die neue. Sie werden untergehen, er aufsteigen. Seine Sicht.

Den Beweis dafür muss er freilich noch erbringen, und bisweilen knirscht es gewaltig in seinem Reich. Die 42,50 Euro, mit denen die Aktie an der Börse gestartet ist, haben die Premierengäste lange nicht wiedergesehen, zwischenzeitlich büßte der Kurs mehr als die Hälfte ein.

Ein deutscher Held strauchelt, «the German Wunderkind» strahlt nicht mehr. Mit diesen Worten watscht die «Financial Times» Oliver Samwer im Frühjahr 2017 ab, da kommt es gerade knüppelhart: Ein Investor und Verbündeter, die Beteiligungsgesellschaft Kinnevik aus Schweden, halbiert auf einen Schlag die Beteiligung. Dabei waren die Schweden sein treuester Geldgeber. Die 210 Millionen Euro, die sie von ihm zurückkriegen, wollen sie lieber «in neue erfolgversprechende Geschäftsideen stecken».

Gleichzeitig häufen sich die schlechten Nachrichten aus dem Inneren von Samwers Holding: Stellen werden gestrichen, verdiente Rocket-Leute kündigen und reden schlecht über den Arbeitgeber, berichten über die rüden Praktiken Samwers, seinen barschen Ton. Zu allem Überfluss liefert seine Holding nicht, was er verspricht. Börsengänge, die kommodeste Art, an frisches Geld zu kommen, verzögern sich, die Zahlen bleiben mau, der Chef wird dünnhäutiger. Wehe, jemand wagt zu fragen: Wann, Herr Samwer, kommt endlich eine gute Nachricht aus Ihrem Haus? Das macht ihn aggressiv. Wer ihn kritisiert, habe das Geschäftsmodell in der digitalen Wirtschaft nicht verstanden.

Die Kritik nagt an Oliver Samwer, hinterlässt sichtbare Spuren. In das Blond seines Wuschelschopfes hat sich Grau gemischt. Erste Falten zeichnen das jungenhafte Gesicht. Blass ist er oft. Früher hat sich jeder in der Szene damit gebrüstet, dass er «den Oli» kennt. Dass er mit «dem Oli» studiert hat. Dass er mal «beim Oli» gearbeitet hat. Diesen Zuspruch hat Samwer verloren, heute distanziert man sich lieber.

Zalando, einst seine Gründung, hat sich emanzipiert, und die Vorstände, einst Olis Jungs, sind von ihm abgerückt. Wie so viele. Bei Home24, dem Online-Möbelhändler von Samwers Gnaden, betont das Management auffällig, wie selbständig man sei. Seine Holding sei nur einer von mehreren großen Investoren. Nur nicht zu viel Nähe zeigen, sonst gibt es den «Samwer-Abschlag»: Den Begriff haben Investmentbanker dafür geprägt, dass der Wert einer Firma angeblich sinkt, sobald die Samwers im Spiel sind, da sie zu viele Leute am Kapitalmarkt enttäuscht haben. Vor ein paar Jahren galt der Name Samwer noch als Gütesiegel.

Darauf muss Oliver Samwer reagieren, den Stil neu justieren. Neuerdings tritt er nicht mehr so ungestüm auf, so aggressiv und ruppig. Er redet nicht mehr großspurig von den «proven winners» im Portfolio. «Der Begriff passt nicht mehr zu uns», sagt er jetzt. Die Firmenkultur wandelt sich, der hemmungslose Verschleiß junger Talente lässt nach.

In seinen Anfängen hat Rocket Internet Jahr für Jahr ein Dutzend Neugründungen auf den Markt geworfen. Die Startups sollten miteinander konkurrieren, der Beste würde das Rennen machen. Leider haben sie sich dabei oft selbst kannibalisiert. Und andere, Dritte, haben gewonnen. Samwer hat seine Lektion gelernt: Er gründet inzwischen viel seltener selbst, lieber steigt er in bereits bestehende junge Firmen ein.

Heute schwingt sich eine neue Generation von Gründern auf. Die Zeit der Copycats ist vorbei. Neue Köpfe bestimmen das Treiben in der Hauptstadt. Oliver Samwer aber ist und bleibt gefürchtet und bewundert in Berlin.

DIE ZALANDO-JUNGS UND IHRE FREUNDE VON DER WHU

Wie auch immer Oliver Samwers Abenteuer enden, eines haben Typen wie er geschafft: In deutschen Kinderzimmern wird heute anders geträumt als früher. Nicht mehr alle Jungs und Mädchen wollen Feuerwehrmann, Pilot oder Ärztin werden. Chef im eigenen Haus sein, etwas auf die Beine stellen und «Gründer» werden, das ist attraktiver denn je. Immer mehr High Potentials zieht es nach dem Studium in die Startup-Welt. Oliver Samwer holt sie reihenweise zu sich.

Die berühmtesten von ihnen sind die Zalando-Gründer: Rubin Ritter, Robert Gentz, David Schneider. Allesamt smarte, junge Kerle. Der Traum einer jeden Schwiegermutter. Freundlich, höflich, frisch frisiert, dazu ein gepflegter Hipsterbart. Jeans, Sneakers und ein gebügeltes Hemd, das muss reichen, auch wenn sie mit vielen feinen Gästen in der Frankfurter Börse der Erstnotiz ihrer Aktie entgegenfiebern.

Alle drei haben das Unternehmertum an der WHU gelernt. Schneider und Gentz haben damals in Vallendar zusammengewohnt und beschlossen, gemeinsam ein Unternehmen «wie der Oli» zu gründen. Zunächst schwebte ihnen so etwas wie StudiVZ oder Xing für den mexikanischen Markt vor. Sie kontaktierten Oliver Samwer, um ihn für ihre Idee zu begeistern. Er schüttelte den Kopf. Das wird nichts, warnte er die Jungspunde. Die flogen trotzdem. Das Projekt ging in die Binsen, nicht einmal das Geld für den Rückflug blieb ihnen. In der Not wandten sie sich wieder an ihr Vorbild. Oliver Samwer spendierte die Flugtickets und schickte die Jungs gleich weiter nach Spanien, um einer seiner Firmen auf die Sprünge zu helfen. Parallel dazu sollten sie eine neue Idee ausbrüten. Warum nichts mit Schuhen?, dachten die beiden. Die müssten sich auch online verkaufen lassen. Dass sie weder Ahnung von Schuhen noch vom Schuhhandel hatten – geschenkt. Ist ja schließlich alles lernbar, alles kein Hexenwerk. «No rocket science», wie es im Szenejargon heißt. Gentz und Schneider machten sich ans Werk und warben erst mal ihren Studienfreund Rubin Ritter bei McKinsey ab. Dass der zusagte, trotz sicherem Job und gutem Beratergehalt, war jedenfalls ein guter Anfang.

Zalando konnte loslegen. Im Sturm und Drang stellte die blutjunge Firma Monat für Monat Hunderte Leute ein. Jeden Montag standen in einem Kreuzberger Hinterhof, dem Zalando-Sitz, Lastwagen mit Tischen, Stühlen, Laptops. Neue Mitarbeiter mussten sich ihr Zeug dort abholen, einen Platz suchen, und los ging's. Inzwischen ist Zalando ein richtiger Konzern. Mit richtiger Konzernzentrale, ganz schick, neben der O_2 World in Berlin. Da stehen keine IKEA-Tische mehr, und die drei Gründer – nach wie vor in Sneakers unterwegs – gehören zu Berlins Vorzeigeunternehmern, begehrt für Partys wie von Investoren, und das alles eine Spur bekömmlicher als Gründervater Oliver Samwer, der Robert Gentz mal als «Pussy» beschimpft hat, weil er ihm zu wenig Wagemut zeigte. Bislang hat der ruhigere Kurs Zalando nicht geschadet.

Hunderte von Gründern sind wie das Zalando-Trio durch Samwers harte Schule gegangen. Das sei die beste Ausbildung, die Berlin zu bieten habe, heißt es. Wer zwei, drei Jahre durchhält, kann es danach auf eigene Faust probieren. Das lohnt sich, denn reich werden die Rocket-Leute vom Geschäftsführergehalt, das Samwer ihnen zahlt, selten. So multiplizieren sich die Start-ups. Gründen, verkaufen, mit dem Geld das nächste finanzieren. Das ist der Kreislauf. So gedeiht und wächst die Hauptstadt. Vierzigtausend Zuzügler verzeichnet sie neuerdings im Jahr. Die meisten davon gut ausgebildet, auf der Suche nach unternehmerischem Glück.

Sie kommen häufig aus dem Westerwald, genauer gesagt aus Vallendar, einem Provinzstädtchen nahe Koblenz: Hier arbeitet die private Wissenschaftliche Hochschule für Unternehmensführung (WHU) an den Machern von morgen, in Konkurrenz zu St. Gallen, dem französischen Fontainebleau oder der European Business School im Rheingau. Jährliche Rankings in der «Financial Times» oder dem US-Magazin «Forbes» geben Aufschluss darüber, welche Einrichtungen gerade ganz oben stehen im Aufbau der jungen Elite. Danach können Eltern entscheiden, wo das Geld für die Ausbildung ihrer Sprösslinge – etwa 30 000 Euro in der Regel – am besten investiert ist.

Wer sich an der WHU einschreibt, tut das in der Erwartung, sich hinterher den Job aussuchen zu können. Im Gerangel um die besten Talente umgarnen Arbeitgeber wie Daimler, SAP und Facebook, McKinsey, Deutsche Bank und UBS die Studenten schon vor deren Examen, die Wirtschaft steuert für Tagungen Geld und hochkarätige Redner bei, oft aus dem eigenen Vorstand. Ausgewählte Studenten erfahren die Ehre, zum «Meet&Greet» oder zum stilvollen Candle-Light-Dinner im WHU-Gewölbekeller eingeladen zu werden – häufig zur Anbahnung eines Arbeitsvertrages, lange vor dem Abschluss. Schließlich könnten die Besten der Besten sich auch anders entscheiden: für das eigene Start-up, mit mehr Freiheit und der Aussicht auf noch mehr Geld.

Wer also studiert im Westerwald, und was treibt diese Menschen an? «Der Leistungsgedanke ist bei uns ganz zentral», sagt WHU-Leiter Markus Rudolf, Jahrgang 1967, Typ schicker Jungunternehmer mit dunklem Kurzhaarschnitt, Nickelbrille und charmantem Lächeln. Seit zwei Jahren ist der Professor im Amt, nennt sich angelsächsisch «Dean» und ist emsig bestrebt, die Privatuniversität an Europas Spitze zu treiben. Leistung sei nur einer von drei Grundwerten der Hochschule, führt Rudolf aus: «Dazu kommen Leidenschaft und soziale Verantwortung.» Ein schöner Dreiklang. Auf Englisch, der WHU-Amtssprache, klingt das noch besser: «Performance. Passion. People.»

Laut eigenem Anspruch zieht die WHU «zukünftige Führungskräfte der Wirtschaft» heran, «sodass diese im Berufsleben persönlich erfolgreich und zum Wohle von Unternehmen und Gesellschaft tätig sein können». Gefordert ist obendrein «kommunikative, kulturelle, gesellschaftspolitische und normative Kompetenz». Im Curriculum allerdings fehlen philosophische Denker und bahnbrechende Erfinder, kein Goethe, kein Shakespeare kommt darin vor, weder Albert Einstein noch Marie Curie. Nur International Finance, Taxation, Geldtheorie, Makro- und Mikroökonomie. Unter dem Begriff «Studium generale» finden sich: eine Rettungshelferausbildung (Theorie) sowie Kurse zur Verbesserung der Kommunikationsfähigkeit, zu «Seuchen der Menschheit – molekular betrachtet», «Fun and Games», Psychologie. Die deutsche Geschichte und der Poetry-Slam wurden gecancelt.

Wilhelm von Humboldts Ideal, wonach Bildung nicht auf den Beruf, sondern auf das Leben vorbereitet, und die «case studies» der WHU passen also nicht direkt zusammen, das sieht auch der Rektor ein. Die Praxis ist nie fern. Nichts anderes wird erwartet. «Eine Business School bietet eine sehr spezielle Form der Ausbildung, die für eine bestimmte Gruppe von Menschen passt», sagt Markus Rudolf und spricht von einem «ähnlichen Mindset» seiner Studenten. Anders ausgedrückt: Da wächst eine ziemlich homogene Truppe heran, eine Art Elite vom Band. «Das ist ungewollt, aber unvermeidbar», so der Rektor. «An einer großen Traditionsuniversität treffen Sie ganz andere, viel diversere Typen von Studenten.» Rudolf selbst hat an der Universität Trier Wirtschaft und Mathematik studiert, den Master of Business Administration holte er sich in St. Gallen.

Kommen in Vallendar also nur die jungen Schnösel zusammen? Ist hier der Ort des Grauens, wo ein Heer «geföhnter Bubis und Barbiepuppen im Businesslook» auf die Machtübernahme im Land vorbereitet wird? So zumindest ätzt der frühere Telekom-Vorstand Thomas Sattelberger, heute für die FDP im Bundestag. Für Leute wie ihn, den Altachtundsechziger und Mitkämpfer an Joschka Fischers Seite, wächst da eine Manager-Elite heran, die diesen Namen nicht verdient: ohne Rückgrat, ohne eigene Persönlichkeit, ohne Sinn für das Große und Ganze. Der WHU-Rektor kennt diese Vorwürfe, er hört sie immer wieder, und verwahrt sich dagegen: «Unsere Jungs und Mädchen übernehmen später Verantwortung, wir geben ihnen das nötige Rüstzeug dafür.»

Auf dem Campus tragen sie Rucksack und Hipsterbart wie an jeder Hochschule, die Dichte an Luxusmarken bleibt überschaubar. Was auffällt, ist die geringe, viel zu geringe Zahl junger Frauen. Engagiert und selbstbewusst wirken sie hier alle, das Englisch kommt ihnen locker von den Lippen. Egal, ob sie in Dinslaken geboren wurden oder in Bordeaux, ob sie aus Polen kommen, aus Indien oder China. Ihrer aller Auftreten vermittelt den Eindruck: Wer es hierher geschafft hat, weiß, was er will, und er schätzt, was die Universität ihm bietet. Zum Beispiel, dass Manager und Unternehmer aus der Praxis berichten. Deutsch-Banker Paul Achleitner doziert über Investmentbanking, Jürgen Fitschen, ebenfalls Deutsche Bank, hält Vorlesungen, genau wie der WHU-Absolvent und Banker Axel Wieandt. Alexander Knauf, dessen Familienunternehmen mit Gips Milliarden erwirtschaftet, gibt Einblicke ins Bauwesen, Klaus-Michael Kühne in seinen internationalen Logistikkonzern, und Karl-Erivan Haub, bis vor kurzem Herrscher über die Tengelmann-Supermärkte, berichtet aus erster Hand über die Probleme des Einzelhandels und die Chancen der Digitalisierung.

Solche Auftritte ihrer Helden ziehen die Studenten an, ebenso der kurze Draht zur Gründerszene in Berlin: Die WHU ist nun mal so etwas wie deren geistige Heimat, nur echt mit dem inoffiziellen Stempel «Deutschlands Gründerschmiede». Hier haben sie tatsächlich alle studiert, die Erfinder von Rocket Internet, Zalando, HelloFresh und Home24. Mit dieser Bilanz können in Europa allenfalls zwei andere Eliteschulen (Oxford und Insead) mithalten. «Wir stehen im direkten Vergleich mit Harvard, Stanford und Oxford», schwärmt «Dean» Rudolf. Und übertreibt nur ein bisschen. Hier kommen sie her, die neuen Gipfelstürmer der Tech-Industrie, das bezeugt die Galerie der jungen Ahnen im altehrwürdigen Treppenhaus. Nur auf einen Nobelpreisträger wartet die private Hochschule bisher vergebens.

Die Jugend stört das nicht, sie zieht die Aussicht nach Vallendar, sich mit einer eigenen Idee in einem Berliner Hinterhof selbständig zu machen. Jeder vierte Business-School-Abgänger schlägt diesen Weg ein. Das ist neu. In Oliver Samwers WHU-Jahrgang, 1998, war er der Einzige, der etwas Eigenes aufziehen wollte. Alle anderen träumten von einer Karriere als Berater oder Investmentbanker. Das hat sich geändert, eigene Firma schlägt heute Beraterkarriere. Großkonzern ist sowieso langweilig.

Unablässig geht es an der WHU um Entrepreneurship und Founding, die Beschaffung von Startkapital. «Irgendwann denkt hier jeder über eine eigene Geschäftsidee nach», erzählt Student Matthias Morales. Mit zehn Kommilitonen hat der Deutsch-Spanier im Oktober 2017 das 17. «IdeaLab» an der Hochschule organisiert, zwei Tage, an denen die Studenten echte Start-up-Luft schnuppern. Ein Highlight im Studentenleben, bei dem das Who-is-Who der deutschen Start-up-Szene zu einer Tech-Konferenz in den Westerwald einfällt. Darunter mischen sich namhafte Redner aus der ganzen Welt, manchmal von Google, Amazon und Facebook. In alter Verbundenheit kommen auch viele Ehemalige.

Am Freitagmorgen beginnt der Kongress traditionell mit einer Rede von Oliver Samwer. Vierhundertfünfzig Leute quetschen sich in den Hörsaal, wenn der große Zampano über die Bühne fegt und die Jungs – und wenigen Mädels – wachzurütteln versucht. Auf Englisch, versteht sich. «Arbeitet hart, gebt nicht auf, auch wenn ihr ständig abgewiesen werdet», impft Samwer der Jugend ein. So hat er Rocket Internet aufgebaut, unerbittlich, unerschrocken. «Wenn ihr einen guten Kontakt habt: Nervt die Leute, lasst euch nicht abwimmeln, bis sie euch zuhören», rät Samwer. «Stalk them, spam them.» Man ahnt, dass er es seit Jahren selbst so hält.

Ein paar Seitenhiebe gegen die «alten» Industriekonzerne, die den Gründerkongress sponsern (Daimler, Deutsche Bank), kann der Milliardär sich nicht verkneifen: «Das sind die alten Firmen, von denen ihr im Geschichtsunterricht hört», witzelt er. Dann verschwindet er unter lautem Applaus durch den Seitenausgang. Den Rest des Tages wirbt er in einem kleinen Kabuff der Hochschule neue Arbeitskräfte für Rocket Internet an. Im Zimmer nebenan, im Stock darunter und darüber halten andere Unternehmen Hof, hier testen Daimler, Facebook und Amazon ihre Bewerber: Recruiting auf hohem Niveau. Einige Studenten sind extra aus Harvard, Stanford und vom Indian Institute of Technology in Chennai gekommen, den ganzen weiten Weg in die Provinzstadt am Rhein. Zehn Kilometer sind es von hier nach Koblenz, und auch das ist keine Metropole.

Vielleicht macht die Abgeschiedenheit den besonderen «Spirit» der WHU aus, von dem die Studenten berichten: «Hier gibt es nichts, was einen ablenken könnte.» Deshalb wird intensiv studiert, viele Studenten wohnen auch zusammen, verlieren sich ein Leben lang nicht aus den Augen. Etliche gründen später gemeinsam eine Firma. Im «roten Buch» sind die Kontaktdaten aller Ehemaligen aufgelistet, Networking wird ausdrücklich gewünscht, so wie auch andere Eliteuniversitäten damit werben, dass auf ihrem Campus Freundschaften fürs Leben oder zumindest für die spätere Karriere entstehen.

Die geteilten akademischen Wurzeln verbinden – ob über den «Spirit» oder die reine Lehre, die die Schüler dort aufsaugen. «Wenn ich einen WHUler treffe, schafft das gleich Vertrauen», erzählt Christoph Cordes, der Sohn von Ex-Mercedes-Chef Eckhard Cordes, der mit seinem WHU-Kommilitonen und WG-Mitbewohner Marc Appelhoff das Möbelportal Fashion for Home gegründet hat. Heute leiten die beiden gemeinsam den Onlineshop Home24 in Berlin. «Wir wissen einfach, wie der andere tickt. Da muss man nichts erklären», sagt Cordes.

Sind die beiden nun Prototypen einer sich selbst reproduzierenden Elite? Manager-Zöglinge, die im reichen Elternhaus geboren, an der WHU geformt, heute selbst als Elite den Ton angeben? Klar, Geld ist von Haus aus genug da, bei beiden. Marc Appelhoffs Vater hat es vom einfachen Lehrling bei Karstadt bis in den Vorstand des Warenhaus-Konzerns gebracht. Christoph Cordes' Vater, der ehemalige Mercedes- und Metro-Chef, rührt bis heute in unzähligen Töpfen als Finanzinvestor und Aufsichtsrat. Die Studiengebühren der WHU waren für beide kein Hindernis. «Ausbildung ist das Wichtigste», lautete die Devise ihrer Eltern. In Saus und Braus sind sie trotzdem nicht aufgewachsen. Cordes stand nach dem Abitur und nach der Trennung seiner Eltern erst einmal am Montageband im Daimler-Werk in Sindelfingen, weil er Geld brauchte. Appelhoff ist seine ganze Kindheit hindurch umgezogen, alle zwei oder drei Jahre, zwischen Memmingen, Mannheim, Bielefeld und Essen. Sein erstes Auto war eine gebrauchte Ente.

Beide jungen Unternehmer haben für die Selbständigkeit ihre sicheren, gutbezahlten Jobs bei Adidas (Cordes) und einem Private-Equity-Unternehmen (Appelhoff) aufgegeben. Das fällt Menschen mit ihrem finanziellen Hintergrund leichter, weil sie darauf vertrauen, dass im Zweifel irgendwo Vermögen steckt, das sie auffängt. «Zu wissen, dass man jemanden fragen könnte, wenn etwas schiefgeht, lässt einen mutiger an die Dinge herangehen», sagen sie selbst. Tumbes Snob-Gehabe geht ihnen ab.

«An der sozialen Herkunft ist hier noch kein Student gescheitert», betont WHU-Rektor Rudolf. Den Vorwurf, er leite eine «Reichen-Uni», lässt er nicht gelten. Gewiss, der Bachelor kostet 36000 Euro, Ausgaben für Bücher, Unterkunft und Auslandssemester nicht eingerechnet. Aber: «Nur vierzig Prozent der Studenten zahlen die Gebühren in voller Höhe.» Für den Großteil findet sich finanzielle Unterstützung. Jeder sechste Student an der WHU muss als Bafög-Empfänger gar keine Studiengebühren entrichten.

Matthias Morales könnte sich das auch nur schwer leisten. Er stammt aus einer «normalen» Mittelschichtsfamilie: «Mein Vater hat nicht mal studiert.» Ihm hilft ein Stipendium der Konrad-Adenauer-Stiftung, Kommilitonen werden vom katholischen Cusanuswerk, der Friedrich-Ebert-, Hans-Böckler- oder Hanns-Seidel-Stiftung unterstützt. An kaum einer Hochschule ist der prozentuale Anteil der Stipendiaten so hoch wie an der WHU.

Die finanziellen Unterschiede innerhalb der Studentenschaft lassen sich nicht verheimlichen. Denn die Freunde von Morales, die aus wohlhabenderen Familien stammen, fliegen eben schon mal übers Wochenende in den Urlaub, er nicht. Aber das spiele keine Rolle, sagt er. Ein Drittel der Studenten nimmt ein sogenanntes «Generationen-Darlehen» in Anspruch, das später – je nach Verdiensthöhe – zurückgezahlt werden muss. Wer dann wenig verdient, bekommt die Ausbildung quasi geschenkt. Rektor Rudolf kann sich das leisten: «Die Ausfallquote ist minimal, nicht der Rede wert.»

Die Kosten an sich sind demnach kein Ausschlusskriterium, genauso wie Studiengebühren in Deutschland im internationalen Vergleich kaum eine Rolle spielen. Die Liste hervorragender staatlicher Universitäten – wie in München, Mannheim, Berlin, Karlsruhe, Münster oder Tübingen – reißt so schnell nicht ab. Trotzdem ist der Unmut über private Eliteunis in Deutschland groß. Trotzdem heißt es, die unteren Schichten hätten keine Chance. In diese Richtung argumentiert selbst der WHU-Rektor: «Die gesellschaftliche Durchmischung ist zu gering.» Ob ein Kind den Aufstieg in Deutschland schafft, hängt vom Elternhaus ab, das stimmt leider nach wie vor. Aber es ist keine Frage des Geldes, sondern der Bildung, des Ehrgeizes und der Haltung. Die Hürden sind weniger finanzieller als emotionaler Natur. Die Söhne und Töchter von Metzgern und Bauern studieren, wenn die Elternhäuser den Wert von

Bildung erkennen, selbst wenn das Geld knapp ist. Der Nachwuchs aus tradierten Hartz-IV-Familien erhält diese Chance nicht. «An dem Punkt versagt Deutschland», räumt Rudolf ein. «Das muss sich ändern.»

Die Start-up-Hauptstadt Berlin wartet auf alle diese jungen Leute, sie ist cool und preiswert. Einmal angekommen, finden sie Gleichgesinnte, qualifizierte Mitarbeiter und Investoren. Fünftausend Start-ups gibt es in Deutschland, über die Hälfte davon sitzt in Berlin. Alle zwanzig Stunden wird dort ein neues gegründet, fast jedes zweite davon von einem Ausländer. Die Gründer überziehen die komplette Berliner Innenstadt, breiten sich mit ihren Büros von Kreuzberg nach Neukölln aus, ins ehemalige Problemviertel der Stadt. Kreuzkölln heißt das neue Revier. Mit den Start-ups steigen die Mieten, entstehen hippe Bistros und Kneipen, Straßenzug um Straßenzug erliegt der Gentrifizierung. Die Tech-Elite hinterlässt Spuren in der Stadt.

Einige der Hoffnungsträger haben wir herausgegriffen. An ihnen offenbart sich, was so charmant neu ist an der jungen Elite (bevor wir später noch auf ihre Unzulänglichkeiten zu sprechen kommen), ihre ungewöhnlichen Wege nach Berlin, ihr Esprit, ihr unerschrockener Wagemut, mit dem sie alle Branchen kapern wollen.

Das Gute daran ist: Die Wege in Berlin sind kurz, denn das Leben der Start-up-Branche spielt sich auf einem kleinen Terrain ab. Dieses lässt sich gut zu Fuß ablaufen, man bewegt sich zwischen dem Hackeschen Markt, dem Park am Nordbahnhof und dem Mauerpark und radelt dann kurz nach Kreuzberg rüber. Sein Zentrum hat das Berliner «Hub» am Rosenthaler Platz. Hier ist das «St. Oberholz», eine legendäre Kneipe, der erste Treffpunkt der digitalen Elite überhaupt. Von hier aus haben die Start-up-Büros sich sternförmig ausgebreitet, in die Torstraße, in die Münz- und die Brunnenstraße, die Schönhauser Allee herunter. Wem es gelingt, hier eine Wohnung zu ergattern, der lebt auch hier. Die Hackordnung ist klar: Oben in den Penthouse-Wohnungen mit Dachterrasse leben die neuen Stars, die Gründer von Delivery Hero oder Zalando etwa. «Wer will mit Mitte zwanzig schon ins öde Villenviertel Grunewald ziehen?», meint der Gründer verschiedener Start-ups Roman Kirsch, ein bekannter Kopf der Szene. «Ständig läuft man sich hier über den Weg.» Schon morgens, wenn er seine Brötchen beim Bäcker um die Ecke holt, trifft er die ersten bekannten Gesichter, hört den neusten Gründer-Tratsch – oft geht es um die Summen der letzten Investitionsrunden oder um kommende Deals.

Wir starten in der Invalidenstraße am Nordbahnhof. Hier sitzt «ResearchGate», ein Start-up, das zeigt, auf was für Ideen junge Ärzte heute kommen. Statt im weißen Kittel Patienten zu behandeln, basteln sie sich eine Plattform für Wissenschaftler. ResearchGate hat ein Mediziner aus Niedersachsen gegründet, Ijad Madisch heißt der quirlige Typ mit dunklem Teint, schwarzem Haar und Superman-Kappe. Seine Eltern sind vor vierzig Jahren aus Syrien nach Deutschland gekommen, der Vater Arzt, die Mutter Hausfrau. Auf Madischs Netzwerk können Forscher ihre Veröffentlichungen posten und sich mit anderen Wissenschaftlern austauschen. Zwölf Millionen Forscher aus bald allen Ländern der Welt haben sich angemeldet, darunter mehr als sechzig Nobelpreisträger.

Die Idee kam ihm als Medizinstudent während eines Stipendiums in Harvard. Er und sein Mitgründer fühlten sich wie abgeschnitten von den deutschen Kollegen. Eine Plattform könnte die Lösung sein, dachten sie. Madisch schlug die Idee seinem Professor in Hannover vor. Der riet ab: «Lassen Sie den Firlefanz.» Aber Madisch dachte nicht daran. Finanzielle Unterstützung erhielt er von «Benchmark Capital», einem der großen Kapitalgeber im Silicon Valley. 2013 durfte er sein Projekt Bill Gates vorstellen, woraufhin der Microsoft-Gründer ihm etliche Millionen überwies. Das war so außergewöhnlich, dass sogar Bundeskanzlerin Angela Merkel in seiner Klitsche vorbeischaute.

Unsere Start-up-Tour geht weiter über die Brunnen- und Torstraße zu «GoEuro», einer Reise-App. Denn was liegt für die Gründergeneration, die sich überall auf der Welt zu Hause fühlt, näher, als die Tourismusbranche aufzumischen? GoEuro hat Naren Shaam gegründet, ein Inder aus Bangalore, der 2012 mit Anfang dreißig von New York an die Spree kam.

Shaam hat in Indien Mathematik studiert, sich dann 5000 Dollar geliehen, um nach Amerika aufzubrechen. Dort arbeitete er in der Autoindustrie, stieg auf, verantwortete mit zweiundzwanzig Jahren als globaler Produktmanager einen Umsatz von 100 Millionen Dollar. Er zahlte das geliehene Geld zurück und studierte an der Harvard Business School. Danach wurde er für kurze Zeit Banker an der Wall Street. «Den Job habe ich gehasst – verrückte Arbeitszeiten, immer neue Deals.» Er kündigt und bricht zu einer Rucksackreise nach Europa auf; vierzehn Länder in drei Monaten. «Da habe ich oft mehr Zeit mit der Planung verbracht als mit der Reise», sagt er. Auf Strecken wie der von Heidelberg nach Marseille sei es für ihn als Ausländer schier unmöglich gewesen herauszufinden, ob er mit dem Flugzeug, der Bahn, dem Bus oder einem Mietwagen am schnellsten und günstigsten reisen würde. Genau das erledigt seine App nun mit einer einzigen Suche.

Als Shaam nach Berlin zog, sprach er kein Wort Deutsch. Aber er wollte nach Europa. «London war zu teuer.» In Berlin kannte er nur einen einzigen Menschen, einen Freund aus New York, dessen Familie ihm anfangs half, mit der deutschen Bürokratie fertigzuwerden. Heute, fünf Jahre später, beschäftigt GoEuro einhundertachtzig Mitarbeiter aus vierzig Ländern. Jeden Monat nutzen zehn Millionen Reisende den Dienst in dreizehn Ländern Europas. Als Erster hat SAP-Gründer Hasso

Plattner ein paar Millionen in die App investiert. Die üblichen Verdächtigen folgten.

Auch vor einer Branche, die sich bis vor kurzem sicher fühlte, macht die Start-up-Szene nicht halt. Die Banken, hieß es lange Zeit, seien zu reguliert, als dass sie von Neulingen angegriffen werden könnten. Das Heer der Fintechs, wie sich die Start-ups nennen, die sich einzelne Bereiche der Banken herauspicken und ein digitales Angebot schaffen, hat sich davon allerdings nicht abschrecken lassen.

Begeben wir uns deshalb zu «N26» in die Klosterstraße am Rolandufer, in den Ballsaal des ehemaligen Fernmeldeamts der DDR. Die beiden Gründer Valentin Stalf und Maximilian Tayenthal, beide aus Wien stammend und seit ihrer Jugend befreundet, haben sich einen Ruf als «Bankenschreck» erarbeitet, ohne dass sie eine einzige Bankfiliale besitzen, nicht einmal einen Bankautomaten, dafür aber seit dem Sommer 2016 eine Banklizenz von der Finanzaufsicht. In ihrer Digitalbank N26 kann und soll der Kunde alle Services eines Girokontos auf seinem Smartphone abrufen können. Die Jugend fährt auf so was ab. Darauf spekulieren zumindest die beiden N26-Erfinder.

Valentin Stalf war nach seinem Finanzstudium in St. Gallen und Tokio nach Berlin gekommen und hat ein Jahr harte Schule im Rocket-Reich hinter sich. Mehr aus Zufall hat er dort junge Finanzfirmen betreut und Blut geleckt: «Bei Rocket lernt man, keine Angst vor den etablierten Playern zu haben.» Denn dort heißt es: «Du willst eine Bank gründen? Just do it.» Gesagt, getan, gekündigt. Ende 2017 hat N26 mehr als eine halbe Million Kunden und ist in siebzehn europäischen Ländern aktiv. Das ist lächerlich im Vergleich zu den Großbanken, die Sparkassen bringen es auf fünfzig Millionen Privatkunden, die Deutsche Bank auf achtundzwanzig Millionen. Aber bei den Direktbanken sieht das anders aus: Marktführer ING-DiBa kommt auf gerade einmal acht Millionen Kunden, Comdirect auf zwei

Millionen. Das einzige dauerhafte Problem, das Stalf und Tayenthal umtreibt? N26 verdient kaum Geld. Erstaunlicherweise schreckt dies die Investoren nicht: Einer der reichsten Männer Asiens, der Chinese Li Ka-Shing, ist mit an Bord, PayPal-Mitgründer Peter Thiel und die Zalando-Gründer. Rentabel soll die Sache dadurch werden, dass N26 mit anderen Apps kooperiert, um am Ende alle Bankgeschäfte – Kredit, Girokonto, Sparplan – abzuwickeln. Ob es sich damit gegen die traditionellen Banken durchsetzen kann, bleibt offen.

VON DINNERRUNDEN UND ANDEREN ZIRKELN

Unter Gründern geht es immer ums Geld. Weil sie von Haus aus keines haben und die Millionen so schnell ausgeben sind. Das Geld hat oder vergibt in Berlin ein Kreis von geschätzt einhundert Leuten. Um sie dreht sich alles. Sie halten den Zirkus am Laufen, mit Partys, Dinners und Konferenzen. Sie stellen die nötigen Kontakte her zwischen Gründern, Investoren, Old Economy und Politik. Sie bringen die Ideen zum Fliegen.

Einer, der das Treiben maßgeblich bestimmt, ist Klaus Hommels. Hommels ist ein sogenannter «Business Angel» und Wagniskapitalgeber. Professionelle Engel sind bei Unternehmen in der Frühphase zur Stelle, sie borgen ihnen die ersten 200 000 oder 500 000 Euro, helfen mit Wissen und Kontakten aus und sichern sich im Gegenzug einen Anteil am späteren Gewinn. Die meisten dieser wohlhabenden Männer – und, viel seltener, Frauen – waren einst selbst Gründer, sind durch den Verkauf eines oder mehrerer Start-ups zu Geld gekommen und stecken dies nun wieder in die Szene.

Klaus Hommels hat als kleiner Engel angefangen, heute ist er einer der wichtigsten Investoren. Ein Rheinländer, der in Zürich lebt und in der Berliner Münzstraße sein Büro hat – ein nobles Hinterhofloft, versteht sich. Hier ist alles sehr edel, dunkles Massivholz, grau getünchte Backsteinwände. Hommels trennt nur eine Glaswand von seinen Mitarbeitern. Doch das ganze alberne Start-up-Equipment vom Tischkicker bis zu den knallbunten Sitzsäcken fehlt. Alles strahlt eine hohe Seriosität aus, der Chef selbst sowieso. Hommels ist groß und schlank, sitzt immer kerzengerade, spricht ruhig und bedächtig. Es ist nicht die Sprache des Pitches, in dem die Start-up-Jungs in drei Minuten so schnell wie möglich mit ihrer Idee beeindrucken müssen. Hommels ist es gewohnt zuzuhören, die richtigen Fragen zu stellen und im richtigen Moment mit einem Scheck zuzuschlagen.

Der ehemalige Bertelsmann-Manager gründete 2001 eine Fondsgesellschaft namens «Lakestar», um auf frisch geschlüpfte Firmen zu wetten. Ein zähes Geschäft damals. «Zehn Jahre wollte niemand in Deutschland etwas von mir wissen», erinnert er sich. Dafür wurde er im Ausland fündig, und zwar nicht zu knapp: Facebook, Skype, Airbnb heißen die Firmen, an denen er sich ganz früh beteiligte. Das hat ihm ein Vermögen beschert. Und einen Ruf wie Donnerhall. «Der Hommels, der hat ein echtes Händchen», raunt man sich in der Branche zu. Inzwischen vertrauen ihm sogar Leute wie Jack Ma Geld an, der Alibaba-Gründer aus China, auf dass Hommels es in junge Firmen stecke und so vermehre. 35 Millionen Euro pro Unternehmen maximal. Bei den größeren Fischen kommen hauptsächlich amerikanische Fonds zum Zuge. Das wurmt Hommels sehr: «Die Früchte der Arbeit hier fahren nicht Deutsche ein, sondern Amerikaner. Und die vertreten naturgemäß keine deutschen, keine europäischen, sondern US-Interessen.» Das muss sich ändern, wenn Deutschland vorne mitmischen will.

Deshalb hat Hommels neben seiner Mission als Investor auch eine politische. Er ist das Bindeglied zwischen Start-up-

Industrie und politischem Betrieb. Unbeirrt spricht er in Berlin und in Brüssel vor. «Gegen Amerika und China haben wir nur eine Chance, wenn die Politiker hier mit der flachen Hand mal voll in den Apfelmus hauen.» Da wird der sonst so ruhige Hommels fast schon emotional. Er fordert viel schnellere und härtere Strafen für die Amerikaner, wenn sie «mit ihren oligopolartigen Tech-Unternehmen die Regeln der freien Märkte aushebeln». Die Milliardenstrafe, welche Brüssel 2017 gegen Google verhängt hat, nennt er winzig. «Das entspricht einem Monatsgewinn. Oder 0,3 Prozent der Marktkapitalisierung.» Ein Witz. Russen und Chinesen dagegen machen vor, wie aktive Industriepolitik funktioniert: das eigene Ökosystem stärken, die eigenen Industrien schützen. Ganz einfach.

In Europa ist Emmanuel Macron für Investor Hommels der Mann der Stunde. Der französische Präsident gehe das richtig an, meint er, wenn er Frankreich zur «nation des startups» erklärt. Nicht, dass Frankreich sich in der Vergangenheit als Start-up-Nation hervorgetan hätte, aber das ändere sich jetzt. «Macron setzt sich in Paris mit den richtigen Leuten zusammen.» Unter anderem mit Xavier Niel, dem Strippenzieher in der Pariser Tech-Szene. Auch Hommels hat sich schon mit Macron getroffen, als dieser sich in der Berliner Start-up-Szene umgeschaut hat. So jemanden braucht Deutschland, sagt Hommels voller Bewunderung. Jens Spahn könne so jemand sein, vielleicht auch Christian Lindner. Beide verfechten die europäischen Interessen der Tech-Elite.

Spahn und Lindner gehören zu den Politikern, die sich am häufigsten unter das Gründervolk mischen. Sie sind gerngesehene Gäste bei den vielen privaten «Dinner»-Abenden, bei denen Investoren eine Handvoll Auserwählter zu sich nach Hause einladen. Dort mischen sich aufstrebende Gründer mit Investoren und alter Industrie. Andreas Winiarski, ehemals «Bild»-Journalist und Sprecher von Rocket Internet, der zum

Wagniskapitalgeber «Earlybird» gewechselt ist, lädt einmal im Monat zum «Wednestech Club» in sein Wohnzimmer nach Grunewald. Nach dem Sektempfang hält ein Gastredner eine Keynote, es folgen Diskussion und Fingerfood vom Caterer. Einmal erzählt Jens Spahn hier vor vierzig Personen von den Mühen einer Regierungsbildung, beim nächsten Mal kommt Peter Leibinger vom schwäbischen Maschinenbauer Trumpf. Sie treffen auf Gründertypen wie Ijad Madisch oder Florian Meissner, der eine Foto-Plattform namens EyeEm betreibt. Der Einzige, der sich bei so etwas nie blickenlässt, ist Oliver Samwer. Er hat weder Nerv noch Zeit dafür.

«Invitation only»-Events finden überall statt. Mal heißt Jan Beckers – auch so ein junger Multimillionär – die Gäste bei sich willkommen, mal grillt Florian Heinemann, ein Rocket-Geschöpf, der sich schnell von Oliver Samwer verabschiedet hat, um sein eigenes Ding zu machen. Dort treffen die Jungspunde auf jemanden wie Gerhard Cromme, einen gediegenen Herrn, Jahrgang 1943, der über Jahrzehnte die Geschicke von ThyssenKrupp und Siemens bestimmte. Kaum jemand steht so für die Industrie des letzten Jahrhunderts wie dieser frankophile, hochgebildete Mann, der den inoffiziellen Titel «Ruhrbaron» trug, sich im Élysée-Palast in Paris fast noch heimischer fühlte als bei Kaminplaudereien mit deutschen Kanzlern und zuletzt Angela Merkel. Mehr Old School geht nicht.

Nun, da Cromme sich altersbedingt von den prestigeträchtigen Ämtern in der Old Economy verabschiedet – im Januar 2018 endete seine Zeit als Aufsichtsratschef bei Siemens –, taucht er frisch und munter in der neuen Welt der Wirtschaft auf. Auf die Siemens AG folgt ein Aufsichtsratsposten bei «Auto1». Auto was? Die 2012 gegründete, europaweit agierende Plattform für Gebrauchtwagen ist eines der wertvollsten Start-ups Europas und trotzdem noch ein ziemlich unbekannter Name. Deshalb holen die Gründer sich nun Cromme ins Boot. Denn der alte Industrieboss verfügt über Renommee, Bekanntheit und Kontakte zur Industrie, welche die Jungs mit den abgenutzten Jeans ab einer gewissen Start-up-Größe brauchen. Auto1-Gründer Hakan Koç war nicht mal geboren zu Crommes bester Zeit als großer Zampano der Deutschland AG.

Koç ist wie fast alle ein Samwer-Schüler, mit Stationen bei Rocket Internet, Zalando und Home24. Er vertraut auf den Rat vom «Gerhard», wie er Cromme nennt. Vor jeder wichtigen Entscheidung ruft er ihn an.

Cromme, ein Hüne mit Einstecktuch, hat sich schnell zurechtgefunden in dieser Welt, die ihm so fremd ist – im Stil, im Umgang, in der Art und Weise, wie hier Geschäfte gedacht und gemacht werden. «Manch ein Millionen-Investment wird in einer WhatsApp-Gruppe ausgehandelt», erzählt Investor Winiarski.

Wie sonst auch erscheinen zu den Dinners alle in Sneakers, Hoodie oder Hemd. Schlips und Anzug sind fehl am Platz. Wer hätte je gewagt, den steifen Herrn Cromme zu duzen? Wer hat ihn je im legeren Pulli bei einem Geschäftsessen gesehen? In Berlin alles kein Problem. Cromme mischt überall mit, hat sich an das Management der Noah-Konferenz angedockt. Die Tech-Konferenz selbst ist dabei Nebensache, wie die Veteranen wissen: «Vom ‹inner circle› lässt sich da nur blicken, wer auf dem Panel sitzt.»

Wichtig sind die informellen Treffen am Rande, zu denen man nur auf persönliche Einladung gelangt. Da lassen sich auch der «Dieter» blicken, ehemals Dieter Zetsche, der auf so gut wie jeder Tech-Konferenz den launigen netten Onkel aus der Autoindustrie mimt, der «Herbert» alias McKinsey-Urgestein Herbert Henzler, der «Heinrich», also Heinrich Hiesinger von ThyssenKrupp oder der «Joe» (Kaeser) von Siemens.

Die grau melierten Herren mit den tiefen Taschen sind gerne gesehen, haben sie doch die Kontakte, Fabriken und Produkte sowie das nötige Kleingeld, das den Jungen abgeht. Fast jedes Dax-Mitglied hat in den vergangenen Jahren in Berlin ein Labor, ein Innovationszentrum eröffnet und seine Späher ausgeschickt, um zu klären: Was treiben die da? Was davon ist für uns relevant? Und immer häufiger kommen die Vorstände selbst.

Das bestvernetzte Urgestein der Old Economy, das Start-up-Berlin zu bieten hat, ist Gisbert Rühl, geboren 1959, ein Wirtschaftsingenieur vom alten Schlag aus dem Ruhrpott. Er hat sich zum Sprachrohr der Old Economy aufgeschwungen, als all die anderen Lenker der Großkonzerne (oder «Corporates», wie sie im Gegensatz zu den Start-ups genannt werden) die frechen Grünschnäbel noch belächelten. Feiner Anzug und Krawatte weisen Rühl stets als Fremdling in der Start-up-Szene aus. «Das gehört zur Gisbert-Show», sagen die Berliner. Sie schätzen ihn, weil er weiß, woher er kommt und wohin er gehört. Der Mann ist Chef des in Duisburg ansässigen Stahlhändlers Klöckner – älter geht Old Economy nicht.

«Für das Jungvolk in Berlin bin ich der Opa», erzählt Rühl. «Aber Berührungsängste gab es nie. Wenn ich heute in deren Alter wäre, ich wäre hier dabei.» Er hat ein Büro in der Nähe der Bernauer Straße, in einem Hinterhofgebäude. Ein kleines Team, ohne Sekretärin, ohne jeden Chefprotz. Von hier aus will er das Amazon des Stahlhandels entwickeln. Ein Multi-Metall-Shop, ein Industrieportal, irgendetwas in dieser Art schwebt ihm vor. Rühls Phantasie reicht weit. «Tun wir nichts, kommt einer dieser jungen Wilden, und wir sind eines Tages überflüssig.» Den Satz würde heute jeder CEO eines Großkonzerns unterschreiben, egal ob Autobauer, Banker oder Versicherer.

Wer von den jungen Wilden in Berlin etwas erreichen will, der muss jemanden kennen, der jemanden kennt. Die Erfahrung hat Florian Meissner, der schon erwähnte EyeEm-Gründer, gleich zu Beginn seiner Zeit in der Hauptstadt gemacht.

Meissner will etwas bauen wie Google für Bilder, eine Konkurrenz zu Getty Images, dem global agierenden Flaggschiff unter den Fotoagenturen.

Für die Plattform brauchte er am Anfang zwei Dinge: Mitstreiter und Geldgeber. Nur wie findet man diese Leute in Berlin? Seine Mitgründer lernte er schließlich bei einer Pokerrunde kennen. Die organisierte der Libanese Ramzi Rizk regelmäßig bei sich zu Hause, Meissner und Lorenz Aschoff stießen zufällig dazu, weil sie einen kannten, der Ramzi kennt. Der Gastgeber erinnert sich später an das erste Treffen: «Erst nahmen sie beim Poker mein Geld und tranken meinen Whiskey.» Dann erzählte Meissner von der Idee mit der Foto-Community. Rizk sagte sofort zu, Aschoff auch, schon waren sie zu dritt.

Sie mieten ein Büro in einem Hinterhofgebäude in Kreuzberg, typisch halbfertiger Berliner Start-up-Chic, und legen los. Als Nächstes brauchen sie Geld. Florian Meissner hat Glück. Sein Finanzchef, den er wie in einem Großkonzern als «Chief Financial Officer» tituliert, kennt einen Business Angel, noch dazu einen mit klangvollem Namen: Christophe Maire, ein charmanter Schweizer mit französischem Zungenschlag, leicht zu identifizieren an seiner Schirmmütze und den bunten Turnschuhen. Maire siedelte vor vielen Jahren nach Berlin um und gründete Firmen, die ihm Nokia und andere Großkonzerne abkauften. Dem erzählen die EyeEm-Gründer nun von ihrer Geschäftsidee und laden ihn zu einem Pitch ein – ins Betahaus, einer Institution in Berlin, der erste Treff für alle, die neu in die Stadt kommen.

Im Kreuzberger Betahaus mischt sich unten im Café oder draußen auf den Bierbänken das Start-up-Volk, Leute mit Kapital und solche mit Geschäftsideen oder auch nur Hirngespinsten. Jeder hat einen Laptop vor sich und irgendetwas in der Mache. Einmal in der Woche dürfen Start-ups hier ihre Ideen vor Investoren präsentieren, Florian Meissner hatte Erfolg. Maire kommt und steigt ein, steht ihm fortan mit Rat und Tat zur Seite und macht die wichtigen «Intros» zu den richtigen Leuten für die zweite, dritte Runde. Denn spätestens nach sechs Monaten brauchen die Start-ups die nächste Finanzspritze. Es ist so schnell ausgegeben, das viele schöne Geld. Wer wie Meissner die ersten Finanzierungsrunden überstanden hat, lässt auch das Betahaus hinter sich.

Einen Klaus Hommels trifft man an einem gediegeneren Ort. Der «Pauly-Saal», das edle Lokal in einer ehemaligen jüdischen Schule, kommt für ein solches Treffen in Frage, die Promi-Kantine «Borchardt», das «Grill Royal», ein exklusives Steakhaus, oder das «Soho House», Berlins erster «Private Member Club» in der Torstraße. Zutritt ist Clubmitgliedern und ihren Freunden sowie Hotelgästen vorbehalten. 1500 Euro kostet die Mitgliedschaft im Jahr, Nutzung des Dachpools mit Blick auf den Fernsehturm inklusive. Mit etwas Glück speisen Promis wie Til Schweiger, Madonna oder George Clooney am Nachbartisch.

Ja, das neue Berlin zieht auch Weltstars an. Das Einzige, was fehlt, sind Frauen. Das lässt sich nicht beschönigen: Auch die Start-up-Elite ist ein Boys' Club. Schon in den Gründerteams sind selten Frauen anzutreffen, nur bei jedem zehnten ist eine dabei. Lea-Sophie Cramer gehört dazu, sie hat 2013 den Online-shop «Lovetoys» entwickelt, da war die angehende Beraterin mit den vielen Sommersprossen gerade dreiundzwanzig Jahre alt. Mit einem Geschäftspartner vertreibt sie alles rund ums Liebesleben, von Massageölen und Duftkerzen bis zu Dildos und Strapsen. Sie wurde vom Wirtschaftsministerium ausgezeichnet, sitzt im Verwaltungsrat von Conrad, dem Elektronikhändler aus der Oberpfalz, und konnte die Drogeriemarktkette dm als Partner gewinnen.

Eine der wenigen reinen Mädels-Gründungen ist «Kitchen Storys». Die Freundinnen Mengting Gao und Verena Hubertz, die bis heute zusammen in einer WG wohnen, garnieren in ihrer Koch-App Rezepte mit persönlichen Geschichten. Das Konzept hat Apple-Chef Tim Cook so beeindruckt, dass er in Berlin im Büro der beiden vorbeischaute, 2017 ist «Bosch Hausgeräte», Europas Marktführer für weiße Ware, groß eingestiegen.

Noch seltener denn als Gründerinnen tauchen Frauen unter den Geldgebern und Gastgebern auf. Eine Ausnahme sind die Dinner-Runden von Franziska von Hardenberg, einst Rocket-Frau, dann Gründerin eines Online-Blumenabos, das allerdings am Markt gefloppt ist. Und – auch sie meist allein unter Männern – Verena Pausder, die überall ihre Hände im Spiel hat, als Gründerin einer App für Kinder, Netzwerkerin mit gutem Draht zur FDP, eifrige Fundraiserin für ebenjene Partei sowie für die CDU, und natürlich als Business Angel. Sie selbst richtet zwei-, dreimal im Jahre ein «Ladies Dinner» für Unternehmerinnen aus, «women only» heißt es dann. Für unzählige Events wurde sie schon angefragt, damit wenigstens ein weibliches Gesicht unter den Teilnehmern zu sehen ist. Denn viel mehr Lady-Charme ist in der Start-up-Elite nicht zu finden, schlimmer als in den Altherrenclubs der Old Economy.

Überhaupt ist in der Tech-Szene nicht alles Gold, was glänzt. Schaumschläger gibt es hier zuhauf: viel Show, viel «Big brain»-Gerede, wenig Substanz. Einer, der seinem Ärger über die «elitären Hipster» und ihr Gehabe Luft gemacht hat, ist CDU-Politiker Jens Spahn. Man könne in Berlin keinen Kaffee mehr auf Deutsch bestellen, mokierte er sich einmal, weil alle meinen, Englisch reden zu müssen. «Das ist nicht weltoffen, sondern provinziell.» Hier schotte sich eine Gruppe vom Rest der Gesellschaft ab, vom Normalbürger, weil sie sich für internationaler, weltoffener halte. In Wahrheit sei dies jedoch eine «Selbstverzwergung». Spahn befürchtet, dass sich in Berlin «eine völlig neue Form von Parallelgesellschaft entwickelt: junge Leute aus aller Welt, die unter sich bleiben». Sie halten sich für etwas Besseres und signalisieren das den anderen, indem sie immer und überall locker auf Englisch unterwegs sind. Dem Jungpolitiker geht die Überheblichkeit der jungen Burschen auf die Nerven. Das sei wie im 18. Jahrhundert, schimpft er los, wo man überall zu Hofe französisch sprach – eine feine Form der Distinktion zu den niederen Klassen, Bediensteten, Handwerkern, Bauern. «Heute erleben wir in den Biotopen unserer Großstädte eine neue Form dieser höfischen elitären Kultur.»

Dazu passt eine ganz andere, aber ebenso unschöne Beobachtung, die der Gastronom Ansgar Oberholz gemacht hat: Internet-Gründer denken groß, ihre Träume sind riesig. Aber wenn es ans Bezahlen geht, zeigen viele von ihnen sich äußerst kleinlich. Seit zehn Jahren betreibt er das bereits erwähnte «St. Oberholz». Die Soundcloud-Gründer haben an seinen Tischen ihr Geschäftsmodell à la Spotify ersonnen, Brand4Friends ihren Shoppingclub entworfen, die Zalando-Jungs Millionendeals abgeschlossen.

Heute klagt der Wirt: «Leider denken die Menschen, es gibt alles umsonst, nicht nur das WLAN.» Die Gäste verzehren bei ihm ihr mitgebrachtes Essen – ohne die Spur eines schlechten Gewissens. Sie bitten an der Theke um eine Tasse heißes Wasser, kostenlos natürlich, um ihre Fünf-Minuten-Terrine aufzubrühen, und essen Döner von nebenan. Manche bringen eine Club Mate aus dem Supermarkt mit. Der Dreistigkeit sind keine Grenzen gesetzt. Der Schaumschlägerei auch nicht. Nur wo trennt sich die Spreu vom Weizen? Wer taugt etwas, wer fabuliert das Blaue vom Himmel herunter?

Ein sicheres Indiz für allzu große Aufschneider sind die Gründer-Floskeln. Je häufiger Sätze fallen wie «wir sind das neue Amazon der Gastronomie», «das neue Uber für die Bahn», «das neue Airbnb für Haustiere», desto mehr Vorsicht ist geboten. Genau wie bei den von Gründern gerne verbreiteten

Mythen. Ein Klassiker: «Scheitern ist etwas Tolles.» Und in der Tat schafft es auch nur eines von zehn Start-ups, auf dem Markt zu bestehen. Von den Amerikanern haben wir gelernt, dass das nicht schlimm sein muss. Nur kann hinter einem solchen Spruch auch jeder seine Unfähigkeit verbergen. Nicht scheitern ist also immer noch besser als scheitern.

«Wir sind alle eine Familie», stimmt in den meisten Fällen genauso wenig. Die Gründer eines Start-ups bestimmen in der Regel alles: den Kurs des Unternehmens, das Betriebsklima, die Bezahlung. Sie werden reich, wenn alles gutgeht, die Mitarbeiter nur in den seltensten Fällen.

Und schließlich: «Uns geht es nicht um Geld. Wir wollen nur die Welt besser machen.» Bullshit. Es geht immer um Geld, Macht und Einfluss, nur erwähnen das die selbsternannten Weltverbesserer nicht gerne. Wo nur hat die deutsche Tech-Elite das abgekupfert? Im Silicon Valley natürlich. Da, wo alle an der Zukunft der Menschheit basteln, um sie besser und schöner zu machen. Oder nicht? Werfen wir einen Blick ins Zentrum der globalen Wirtschaftselite.

SILICON VALLEY: EIN ABSTECHER ZU DEN HERRSCHERN DER WELT

Wie lässt sich das Silicon Valley kurz und knapp beschreiben? Die Schwärmer sehen in dem nordkalifornischen Tal den «Hort bahnbrechender Ideen», einen «zukunftsweisenden Technologie-Hub», einen Schmelztiegel an Genialität. Andere verorten dort ein übles Piratennest, bevölkert von Spinnern, gierigen Aufschneidern und machtbesessenen Wüstlingen. Das Böse an sich.

Sicher ist: Das Silicon Valley ist außergewöhnlich. Dort kommen extrem schlaue Menschen mit verdammt viel Geld und völlig verrückten Ideen zusammen. Hier basteln Apple, Facebook, Google an der Zukunft.

Wir haben uns deshalb aufgemacht nach Kalifornien, haben Vordenker, Neulinge und Milliardäre getroffen, um das Elite-Biotop zu erforschen, das Tal, das sich in den vergangenen vierzig Jahren zum Gegenpol der etablierten Eliten der USA entwickelt hat. In Washington lebt die politische Elite, traditionell eng verwoben mit der Oberklasse der Ostküste und den Familien der alten Industrie-Elite, sprich den Öl-Magnaten, den Rockefellers und Automobil-Industriellen. Aus diesen Kreisen rekrutiert sich auch die Finanz-Elite, die Herren der Wall Street. Im Wettbewerb dazu hat sich die Technologie-Szene in Kalifornien zum neuen Kräftezentrum aufgeschwungen. Dabei waren es zunächst nur ein Haufen junger Computer-«Nerds» gewesen, die ihr Glück beim Schopfe packten, oft ihr Studium abbrachen, um die Welt mit ihrer Idee umzukrempeln – ein Griff nach den Sternen, nach dem ewigen Leben. Ihre Konzerne überziehen heute die gesamte Bay Area zwischen San Francisco und San Jose, siebzig Kilometer lang, dreißig Kilometer breit. Hier kann man nicht wie in Berlin zu Fuß von Start-up zu Start-up spazieren. Aber auch hier trifft sich die Szene in Clubs, auf Partys, beim Barbecue. Und in den richtigen Cafés.

In San Francisco schwören die Techies auf die «Creamery», und so wollen wir unsere Expedition dort beginnen. Den Tipp hat uns Netflix-Chef Reed Hastings bei einem Treffen in Berlin mit auf den Weg gegeben. In dem unscheinbaren Bistro setzt man sich zum leichten Lunch zusammen. Crêpe, Salat oder Veggi-Burger kosten um die 10 Dollar. Es duftet nach italienischem Kaffee. Alles recht unspektakulär, abgesehen von den Millionendeals, die an den Holztischen geschlossen werden. Denn das Bistro liegt optimal. Mitten in SoMa, dem Stadtteil, der vor Start-ups überquillt, und gegenüber der Endstation des Caltrains, der von San Francisco ins Silicon Valley fährt, also die kleinen Gründer mit Google, Facebook, Apple und potenziellen Investoren verbindet. «In dem Bistro dreht sich alles um Start-ups», hatte Hastings gesagt. Die «Creamery» sei der perfekte Ort, um ein Gefühl für den Goldrausch im Valley zu bekommen.

Genau so ist es. Draußen sitzen zwei Techies, leicht zu identifizieren an ihren Sneakers und ihrem Hoodie, und präsentieren Investoren, klassisch im Anzug, ihre «Revolution für das Internet». Wenn es nach ihnen ginge, müssten Kunden auf der ganzen Welt für einen Internetzugang künftig nicht mehr bezahlen als notwendig, erklären sie. Jeder zahle das, was er verbrauche, Vielsurfer mehr als Minisurfer. Das Ganze ließe sich später auf alle möglichen Branchen übertragen, bis hin zur Autoversicherung, die schließlich auch nach gefahrenen Kilometern berechnet werden könne. Das skaliert durch die Decke, meinen die Jungs und untermalen ihre Rede mit bunten Graphiken am Laptop. Auf diese Idee wartet die Welt bestimmt.

Oder auf die am Nachbartisch? Dort entwerfen zwei Jungspunde – eine Frau, ein Mann – die neue Welt des Fliegens. Eine Revolution des Flugverkehrs steht unmittelbar bevor, glaubt man dem eloquenten Paar. Natürlich hätten sie ihre Idee längst verkaufen können, verraten sie dem Investor. Aber sie suchen noch nach dem besten Weg, um aus ihren Algorithmen «ein Millionen-Dollar-Geschäft» zu machen. Da lassen sie sich nicht unter Druck setzen von potenziellen Geldgebern, nur weil in Europa angeblich «ein paar Jungs an etwas Ähnlichem tüfteln». Sollen sie doch, das Paar strotzt vor Selbstbewusstsein. Wir sind schließlich im Valley, dem «digitalen Morgenland».

Jedem hier geht es um das große Ganze. Um die Zukunft der Menschheit, eine bessere Welt, das ewige Leben. Und Investoren aller Art drängen herbei auf der Suche nach dem «next big thing», der einen Idee, die alles verändert. Längst pumpen nicht mehr nur Wagniskapitalgeber Geld in die Start-ups. Auch Staatsfonds, amerikanische Eliteuniversitäten und Private-Equity-Firmen suchen nach versteckten Perlen. Da die Notenbanken, in Amerika wie in Europa, die Zinsen gegen null drücken, sucht das Großkapital weltweit nach Rendite. Das Silicon Valley bietet sich dafür an. Hier herrscht ob der Geldflüsse Euphorie und Goldgräberstimmung, wieder einmal.

Gewachsen ist dieses Machtzentrum aus der Stanford University heraus, gegründet 1891 für begabte Söhne und – außergewöhnlich genug – Töchter. Hier wird vor allem «Computer Science» gelehrt, «Electrical Engineering», «Symbolic Systems» und «Artificial Intelligence». Die Studenten dieser Studiengänge diskutieren aber auch über Nietzsches «Zarathustra» oder die Philosophie des späten Martin Heidegger. Auf die breite Bildung sind sie stolz, auf alles andere sowieso. Dreißig Nobelpreisträger weist die Ahnengalerie der Hochschule auf.

Ein Mann ragt in der Geschichte der Universität als «Talentschmiede» heraus. Der Professor und spätere Dekan Frederick Terman unterstützte 1938 zwei junge Studenten bei der Gründung einer Elektronikfirma – es waren William Hewlett und David Packard. Daraus entstand später mit HP die erste Hightech-Firma, die nicht auf die NASA oder die Navy zurückging. Außerdem legte er neben dem Campus einen Forschungs- und Industriepark an, in dem die Computertechnik ab den sechziger Jahren ihre volle Kraft entfaltete.

Wenige Kilometer sind es von hier nach Palo Alto, um nicht zu sagen nach «Professorville», einem historischen Viertel der Stadt, in dem die Stanford-Professoren sich vor hundertdreißig Jahren Häuser bauen durften. Bis heute stehen hier viele der geräumigen Häuser mit Holzschindeln, gemauerten Kaminen, Giebeln und Erkern. Efeu, Rosen und Flieder wachsen in den Gärten, den Rasen stutzt das hispanische Hauspersonal. Vor einer unscheinbaren Einfahrt halten viele Reisebusse, aus denen Technologietouristen steigen, um die biblische Wiege des

Silicon Valley zu bestaunen, eine Garage mit grünem Tor und Vorhängeschloss, in der Bill Hewlett und Dave Packard ihre Weltfirma erfanden. Ein paar Meter weiter steht das Wohnhaus von Apple-Pionier Steve Jobs, das sich kaum von den schmucken Nachbarshäusern unterscheidet. Wieder ein Stück weiter wohnen sein Nachfolger Tim Cook, Google-Boss Larry Page und etliche andere Tech-Promis, deren gemeinsames Vermögen dem Bruttoinlandsprodukt einer kleineren europäischen Volkswirtschaft entspricht. Hier leben sie in heimeliger Vorstadtidylle, nicht viel anders als der gehobene amerikanische Mittelstand sonst – wenngleich die Immobilienpreise sich im Silicon Valley auf anderen, absurden Höhen bewegen.

Der Erste, der hier richtig klotzte, war Mark Zuckerberg. Der Facebook-Chef hat für 7 Millionen Dollar eine 1903 erbaute Villa erworben und die angrenzenden vier Anwesen für geschätzte 30 Millionen gleich dazu. Die historischen Bauten darauf wollte er abreißen und kleine Gäste- und Partyhäuschen errichten lassen. Die Stadtverwaltung schob den Träumen jedoch – zumindest vorerst – einen Riegel vor.

Ein paar Minuten entfernt, in Los Altos, wartet eine weitere weltberühmte Garage neben einem unscheinbaren weißen Bungalow auf ihre Bewunderer. Hier haben Steve Jobs und Steve Wozniak 1976 den ersten Apple-Computer zusammengebastelt. Und noch eine Garage hat es zur Berühmtheit gebracht: YouTube-Chefin Susan Wojcicki vermietete ihre in Menlo Park 1998 an Larry Page und Sergey Brin, die dort das erste Google-Büro einrichteten.

In diesem Tal residiert also die globale Tech-Elite. Müssen wir Angst vor ihr haben? Oder wenigstens Respekt, weil jede ihrer Ideen unser Leben verändern kann?

Die alten Hasen im Valley – Unternehmer wie Netflix-Gründer Hastings – nehmen so gut wie jeden Frischling ernst, hören zu und stecken ihm eine Million Dollar nach der anderen zu.

Einer, der erklären kann, warum das so läuft, residiert in der Sand Hill Road in Menlo Park. Wer hier wohnt, muss wichtig sein, denn die Sand Hill Road ist eine der teuersten Adressen der Welt. Wir treffen George Roberts, einen der Gründer von KKR, gewissermaßen der Mutter aller Private-Equity-Investoren, die in der deutschen Debatte später zu Heuschrecken mutierten. Gleich nebenan logiert «Sequoia Capital», und auch «Greylock» ist ganz in der Nähe, beides Wagniskapitalgeber erster Güte: Diese Leute sammeln von Pensionskassen, Industriekonzernen oder privaten Milliardären Geld ein, um es mittels Start-ups zu vermehren.

George Roberts, sein Kumpel Henry Kravis und Jerome Kohlberg haben das Private-Equity-Geschäft erfunden, als sie KKR gründeten. Seit 1976 handeln sie mit Firmen, kaufen und verkaufen ganze Konzerne, am besten mit saftigem Profit. Für ihre harschen Geschäftspraktiken sind sie berüchtigt, ja als Barbaren verschrien. Sie selbst sehen sich als «Reparaturbetrieb der Geschichte», als «Retter und Psychiater». Gründer Roberts reagiert gelassen auf alle Vorwürfe: «Wenn wir so übel wären, gäbe es uns längst nicht mehr.»

Auf jeden Fall ist KKR einer der größten Firmensammler der Welt, im Portfolio der Gesellschaft befinden sich Unternehmen im Wert von 115 Milliarden Dollar. In Deutschland haben sie ihr Glück mit dem TV-Konzern ProSiebenSat.1 versucht, dem Turbinenhersteller MTU, mit WMF sowie dem Fußballclub Hertha BSC Berlin und dem Marktforscher GfK. Meist hat es sich gelohnt. In jüngster Zeit steckt KKR das Geld verstärkt in die Start-up-Welt, ein neues Jagdgebiet, wo sie sich auch mit Minderheitsbeteiligungen und etlichen Co-Investoren herumschlagen müssen. Solche Risiken meiden sie sonst: KKR übernimmt in einem Unternehmen für gewöhnlich komplett die Macht, um das Sagen zu haben. Nur im Silicon Valley gelten andere Spielregeln. Hier steht die Firma in Konkurrenz zum Großkapital aus der ganzen Welt. Japaner und Chinesen kaufen sich reihenweise ein. KKR ist da nur eine Gesellschaft unter gleichen.

«Die gesamte Region gleicht einem Hub mit überquellender Energie», erzählt Unternehmer Roberts, Mitte siebzig, der davon überzeugt ist: «In dem Schmelztiegel entstehen viele Winzlinge, die zu großen Konzernen heranwachsen und überdauern werden.» Da wollen er und seine Geschäftspartner dabei sein. Einige gute Gelegenheiten hat er schon verpasst, bei Amazon und Facebook zum Beispiel hat ihn vor Jahren das Geschäftsmodell nicht überzeugt, Uber und Airbnb waren ihm zu teuer. «Ein Fehler», wie er heute weiß. Der alte Haudegen mit weißem Haarkranz und markanter Nase ist ein Mann vom alten Schlag, mehr wettergegerbter Cowboy als schnieker Investor. Die dunklen Holzvertäfelungen und schweren Teppiche seines Hauses passen nicht ganz zum sonst so jungen Stil der Gegend. Roberts bestreitet das nicht. Er mischt mit seinen Milliarden hier mit: lieber einmal zu viel bezahlen als den nächsten großen Coup verpassen.

Der nächste große Coup, das nächste große Ding – dem jagen im Silicon Valley alle nach, die Anfänger wie die vermeintlich unerschütterlichen Giganten. Denn auch den Leuten von Facebook und Google steht die Furcht vor dem nächsten nassforschen Eroberer ins Gesicht geschrieben. «Das nächste Einhorn ist immer nur einen Klick entfernt», sagen sie alle. Gemeint ist: Irgendwo da draußen basteln sie heute an einem Start-up, das womöglich morgen schon eine Milliarde Dollar wert sein wird, weil es eine bahnbrechende Erfindung gemacht hat, die das Geschäft von Facebook, Google oder Apple erschüttert. Wie verträgt sich das mit den Allmachtsphantasien der großen Internet-Konzerne?

Bei einem Termin mit Google wollen wir dem nachgehen. Wir sind spät dran, weil wir im Stau gestanden haben, wie immer zu den Stoßzeiten. Der Verkehr ist eine Katastrophe im Valley. «Nicht mal ein öffentliches Transportwesen kriegen sie hin», höhnen die Kritiker, «aber dann die Welt erobern wollen.» Auf uns wartet Philipp Schindler, seines Zeichens «Vice President Global Business Operations» bei Google. Auf dem Weg zu ihm hetzen wir über den Campus, vorbei an den bunten Google-Fahrrädern, an Beach-Volleyball-Feldern, Cross-Trainern und Steppern, Saft-Stationen und Minigolf-Plätzen. Google, einer der wertvollsten Konzerne der Welt, gleicht einem riesigen Spielplatz. Es gibt sogar einen Bücher-Bus. Jawohl, mit echten Büchern, aus Papier. Will Google dem Buch nicht den Garaus machen? Wir werden es an diesem Tag nicht erfahren. Denn Schindler empfängt zwar häufig Besuch, um zu erklären, was Google umtreibt, aber eigentlich darf er dabei fast nichts sagen. So reden wir über selbstfahrende Autos, das ewige Leben und vieles mehr, werden am Ende aber nur darin bestätigt, dass die Tech-Riesen vor etwas Unbekanntem Angst haben: «Irgendwann kommt ein Kleiner und nimmt uns das Geschäft weg.»

Immer wieder, egal ob bei Google, Adobe oder LinkedIn, fällt das Wort «disruption»: Disruptive Ideen und Technologien zerstören das Alte, schaffen neue Anbieter, ganz neue Märkte. Vorsorglich hat Microsoft deshalb 26 Milliarden Dollar für das Karrierenetzwerk LinkedIn bezahlt, Google 1,6 Milliarden für YouTube. Deshalb hat eBay 1,5 Milliarden für den Bezahldienst PayPal hingeblättert. Und ebendarum hat Facebook den Messenger WhatsApp für 22 Milliarden Dollar gekauft. Mark Zuckerberg hat dies nicht aus Nächstenliebe getan oder um andere Gründer reich zu machen. Er ist auch nicht verrückt geworden oder zahlenblind. Seine Kalkulation ist einfach: Schlägt er nicht zu, sichert sich ein anderer das Geschäft. Und bedroht womöglich Facebook. Es tobt ein ständiger Kampf: Wer gewinnt die Jugend und damit die Macht im Netz? Deswegen gingen WhatsApp und YouTube an Facebook und Google, Punkt für sie.

Es geht also um Macht. Um Geld. Immer. Außer in den Reden, wenn die selbsterklärten Heilsbringer ihr Mantra von einer besseren und schöneren Welt herunterspulen. Schöne neue Welt, ja, aber von ihren Gnaden. Nach ihren Regeln und Vorstellungen, die am besten hübsch unter der Decke bleiben. Wer weiß schon, an was Google hinter hohen Mauern forscht, auf den alten Militärbasen entlang der Route 101? An was wird dort herumexperimentiert – an Drohnen? Fliegenden Autos? Fühlenden Robotern?

Wir nähern uns dem Valley also noch einmal. Diesmal stoßen wir ins Machtzentrum vor. Oder, wie die Verschwörungstheoretiker unter uns sagen würden, mitten ins Böse. Da sitzt die sagenumwobene «PayPal-Mafia». Der Begriff steht für das mächtigste Netzwerk im Silicon Valley. Es geht zurück auf einen engen Zirkel von Freunden, die Ende der neunziger Jahre den Bezahldienst PayPal hochzogen, mit dem Verkauf desselben an eBay 2002 reich wurden, neue Firmen gründeten und verkauften, noch reicher wurden, in die Firmen ihrer Freunde investierten, unvorstellbar reich wurden und seitdem via Geld und Einfluss überall mitmischen, ob direkt oder indirekt.

Der Tesla-Chef Elon Musk gehört zu diesem Kreis, der Investor Peter Thiel, LinkedIn-Gründer Reid Hoffman sowie Max Levchin, ein schmächtiger blasser Junge aus Kiew, der Unternehmen um Unternehmen gründet (die Foto-Plattform Slide, das Bewertungsportal Yelp, den Kreditkarten-Schreck Affirm, eine Fruchtbarkeitsapp), der mit Schachweltmeister Garri Kasparow Bücher schreibt und in diversen Aufsichtsräten (unter anderem Yahoo) sitzt.

Mit von der Partie beim PayPal-Coup waren auch Chad Hurley, Steve Chen und Jawed Karim. Das Trio wird später durch ein Videoportal berühmt werden, das sie 2005 zusammen starten:

YouTube. Am 23. April 2005 lädt Karim das erste Video hoch: «Me at the zoo» heißt es und zeigt den jungen Informatiker im dicken Parka vor einem Elefantengehege, der sagt: «Das Coole an den Elefanten ist, dass sie sehr, sehr lange Rüssel haben.» Es wurde dreiundvierzig Millionen Mal aufgerufen.

Auf einem phantastischen Bild aus dem Jahr 2007 posiert die ganze PayPal-Truppe – dreizehn Männer an der Zahl – als Mafiosi für das amerikanische Magazin «Fortune», mit Whiskeygläsern, Zigarren und Schachbrett, in peinlichen Sportsblousons, Lederjacken, Seidenhemden, mit Schlips und Weste, dicken Armbanduhren, Sonnenbrille oder Goldkette. Irgendwo unter dem Tisch stecken bestimmt noch ein paar Revolver. Zum Glück war das Bild inszeniert, sonst bekäme man tatsächlich Angst vor diesen Männern.

Als wir einen von ihnen, Reid Hoffman, an einem gewöhnlichen Werktag in seinem Büro aufsuchen, haben wir keinen Grund, uns zu fürchten: Nach Weltverschwörung sieht dieser gemütliche Mann, Typ Multimilliardär im Poloshirt, nun wirklich nicht aus. Rundes Gesicht, Brille und Geheimratsecken, ein stattlicher Bauch und eine Stoffhose, die selbst hier im Valley als schlechtsitzend auffällt. Aber wen stört das schon? Hoffman ist schließlich der bestvernetzte Mann des Valleys. Mit dem versilberten PayPal-Einsatz hat er «LinkedIn» gegründet, ein Netzwerk für die berufliche Kontaktanbahnung. 2016 verkaufte er es an Microsoft, für 26 Milliarden Dollar in Cash. Seither darf der Mann mit vollem Recht als Multimilliardär bezeichnet werden, und einflussreich ist er sowieso: Er sitzt unter anderem im Board von Microsoft.

Hoffman grüßt höflich und fragt, was er immer fragt: «Wie kann ich euch helfen?» Wir erwarten nicht mehr als Einblicke aus erster Hand, die Erzählung eines führenden Kopfes der «PayPal-Mafia». Der Begriff gefällt ihm schon mal nicht sonderlich. Das klinge so nach dunklen Hinterzimmern und erpresserischen Methoden. Dabei seien sie doch nur «so ein Haufen junger, elektrisierter Kerle», die der gemeinsame Aufbau eines Unternehmens zusammengeschweißt hat.

Auf diese Leute auch später zu setzen, so findet er, ist einfach clever, nicht mafiös. Die PayPal-Gründer kennen sich nicht nur einfach. Sie haben gemeinsam Firmen gegründet, Nächte durchgearbeitet, gezittert und gejubelt. Nichts schafft mehr Vertrauen: Diese Leute wissen, wer was kann und wem sie trauen können. Was da entsteht, hält viel aus. Es bleibt, wenn sie in verschiedene Richtungen ausschwirren, um neue Dinge voranzutreiben. «Wenn ich heute Rat oder Hilfe suche, dann rufe ich zuerst einen von ihnen an», sagt Hoffman. So funktioniert das Netzwerk im Silicon Valley. Und das ist der Unterschied zu den deutschen Verhältnissen.

Bei uns ist ein Netzwerk im Zweifel anstößig, der Kungelei verdächtig – in Amerika ist es ein «wesentlicher, als positiv empfundener Faktor, tragendes Element des Ökosystems im Silicon Valley», wie Ann-Kristin Achleitner es ausdrückt, als Professorin der TU München Spezialistin auf dem Gebiet der Finanzierung und Firmengründungen und obendrein selbst blendend vernetzt. Die PayPal-Gang ist für sie Kern des Erfolgsgeheimnisses im Silicon Valley: «Immer wieder treffen diese Menschen zusammen, privat wie geschäftlich. Das ist ein absolutes Kennzeichen der Finanzierungsstrukturen in Kalifornien.»

Tatsächlich hat sich die PayPal-Mafia an bald einhundert Tech-Firmen beteiligt (darunter Facebook, der Fotodienst Flickr, die Spielefirma Zynga), und Reid Hoffman, ein Mann von klaren Gedanken, gilt als der «Intellektuelle» der Gang. Eine Art Seismograph, der ausschlägt, wenn sich etwas tut. Bei ihm landet jeder «hot deal» zuerst. Tag für Tag, auch samstags und sonntags, trifft er sich mit Menschen, die im Valley etwas vorantreiben, mit Entscheidern oder Jungunternehmern, von denen er sich interessante Ideen, Geschäfte oder anderen «Input» verspricht. Wer Geld braucht oder einen guten Rat, der versucht es bei Reid. Eine halbe Stunde mit ihm ist Gold wert und kann jede Tür öffnen.

Brian Chesky, einer der Airbnb-Gründer, besucht ihn, als er und seine Kollegen mit der Mitwohn-Plattform nach China wollen. Hoffman hat viele Tipps für die Jungs, er weiß, was sie brauchen: ein Team mit Chinesen vor Ort, einen Webfilter, um die Regierung in Peking ruhigzustellen, vermutlich einen Joint-Venture-Partner, er nennt Chesky auch gleich ein paar Namen. Ja, Hoffmans Einfluss wirkt global, er hat überall seine Buddys und Beziehungen. Er ist Stammgast auf allen wichtigen Konferenzen und organisiert «The Weekend to be named later», eine Zusammenkunft ambitionierter Freunde, die sich Gedanken über eine bessere Welt machen. Und er bekam den «Order of the British Empire» für besondere Verdienste um Wirtschaft und Gesellschaft.

Außerdem verkörpert Reid Hoffman eine hübsche Aufsteigergeschichte. Er stammt aus Berkeley, sein Vater ist Immobilienanwalt, eine typische Mittelklassefamilie. Die Eltern lassen sich früh scheiden, Reid zieht häufig um. Der aufgeweckte Junge liest mit fünf Jahren schon «Lord of the Flies» – und hört nie wieder auf zu lesen. In seiner Schule stellen die Schüler Ahornsirup her, treiben Ochsen auf die Weide und beschäftigen sich mit Epistemologie. Er hat keine herausragenden Noten, erzählt er, bringt Zweien und Dreien nach Hause. Nur Computerspiele faszinieren ihn früh. Mit zwölf stellt er sich einem Spiele-Entwickler vor und verdient bei ihm sein erstes Taschengeld. In Stanford studiert er dann Symbolsysteme und Kognitionswissenschaften und lernt Peter Thiel kennen, der ihn später zu PayPal holen wird. Die beiden, obwohl politisch aus ganz verschiedenen Ecken kommend, verbringen viel Zeit miteinander und diskutieren die großen Fragen der Politik, Wirtschaft und Philosophie. Noch heute sagt er: «Wenn ich über Makroökonomie diskutieren will, rufe ich Peter an.» Nach seinem Bachelor wechselt Hoffman 1990 nach Oxford, um Philosophie zu studieren. Sein Ziel ist eine Laufbahn als Hochschulprofessor, er träumt von einer Karriere als Intellektueller. Dann entdeckt er das Web für sich. 1994 geht er zu Apple, 1996 zu AOL, 2000 dann zu PayPal.

Vom Silicon Valley aus beobachtet er heute die Welt, wie sie sich ändert, wo sie aus den Fugen gerät. Kein Klein-Klein mehr, nur die großen Fragen treiben ihn um, nur der globale Maßstab interessiert ihn. «Berlin ist spannend», sagt er, nur gebe es leider keinen Direktflug dorthin. Deshalb schafft er es oft nur nach München oder London. Aber wenn es eines fernen Tages mal einen Flughafen in Berlin geben sollte, der direkt von San Francisco aus zu erreichen ist, dann sei mit ihm zu rechnen, witzelt er.

Trotzdem hat Hoffmans Macht, und mit ihr die Macht der ganzen Elite, auch im Silicon Valley ihre Grenzen, Milliarden hin oder her. Das Tech-Establishment konnte den Aufstieg Donald Trumps nicht verhindern, obwohl Leute wie Hoffman nichts lieber getan hätten. Schließlich ist er schon immer ein politischer Mensch gewesen, «a strong socialist», wie der libertäre Peter Thiel, sein politischer Gegenpart im Valley, ihn mal bezeichnet hat. Den Wahlkampf von Barack Obama, den er zu privaten Abendessen traf, hat er 2012 mit einer Million Dollar unterstützt, auch Hillary Clinton durfte auf ihn zählen. Am Wahlabend im November 2016 wollte er zum Workout, berichtet er, «und anschließend mit meiner Frau feiern». Als er nach dem Sport sein Smartphone checkte, hat sie geschrieben: «Komm zu uns, komm schnell!» Da weiß er: Es gibt schlechte Neuigkeiten. Bei Freunden verfolgen die beiden dann Clintons Wahldebakel. Hoffman hatte Trump nicht ernst genommen, hatte die Vorstellung von dessen Einzug ins Oval Office als absurd abgetan – wie so viele. Jetzt hält er gegen, steckt angeblich viele hundert Millionen Dollar in eine Kampagne gegen den Präsidenten. «Ich habe meine Bestürzung überwunden und denke nun an meine Verantwortung als Bürger», sagte er im Sommer 2017. «Wenn man wie ich das Glück hatte, reich zu werden, verleiht einem das Macht. Und mit der Macht ist es wie bei Spider-Man – mit ihr kommt die Verantwortung.»

Das Silicon Valley steckt voller Trump-Gegner. Elon Musk gehört dazu, Apple-Chef Tim Cook, die Facebook-Heroen Sheryl Sandberg und Mark Zuckerberg. Den letzten beiden werden sogar eigene politische Ambitionen nachgesagt – für die Demokraten selbstverständlich.

Der Einsatz der Tech-Elite gegen Trump hat nichts gebracht, die Digitalkapitalisten, angeblich Herrscher über die Welt, schaffen es nicht einmal, Washington unter Kontrolle zu halten: eine erschreckende Nachricht für die Freunde der Verschwörungstheorie. Oder hockt da im Silicon Valley noch jemand, der mächtiger ist als sie alle zusammen? Es gibt nur einen, der dafür in Frage käme: Peter Thiel. Er ist der bekannteste Deutsche im Silicon Valley, Selfmade-Milliardär, PayPal-Strippenzieher der ersten Stunde und der einzige Tech-Unternehmer von Rang und Namen, der sich als Anhänger von Trump outet. Hoffman hasst ihn dafür, schätzt aber nach wie vor den scharfen Verstand seines Freundes.

Geboren ist der sagenumwobene Investor in Frankfurt am Main, woran er sich nicht erinnern kann, da er ein Jahr alt war, als die Familie mit ihm nach Kalifornien zog, den beruflichen Ambitionen des Vaters zuliebe. Der Sohn studiert in Stanford Philosophie und Jura. Nach dem bereits geschilderten PayPal-Abenteuer geht er als der erste Kapitalgeber für ein soziales Netzwerk namens Facebook in die Geschichte ein. 2004 vertraut er der jungen Firma eine halbe Million Dollar an, nach dem Börsengang ist sie eine Milliarde Dollar wert. Und wer hatte ihm von Facebook erzählt, wer hat ihn mit dem schüchternen Mark Zuckerberg zusammengebracht? Reid Hoffman.

Seither ist Thiel im Silicon Valley immer mit dabei, wenn Geschichte geschrieben und dabei eine Milliarde nach der anderen verdient wird: Ob Airbnb oder Uber, Thiel ist als Teilhaber an Bord. Wer als Gründer von so einem Mann Geld bekommt, macht drei Kreuze: Fortan spielt er in einer anderen Liga.

Die Heimat seiner Eltern war Thiel, dem Anhänger radikal liberaler Ideen, lange zu popelig. Zu langweilig und lahm ging es ihm in Deutschland zu. Mit Hingabe hat er gelästert über die «pessimistischen Nichtstuer» und das «sozialdemokratische Denken». Berlin? «Da entsteht nichts Spannendes. Die kupfern nur ab.» Ein Stich gegen die Samwers. Allmählich revidiert Thiel seine Meinung, kauft sich hierzulande in junge Firmen ein, bringt es inzwischen auf sieben Beteiligungen in Deutschland: EyeEm, ResearchGate und N26, das Kölner Trading-Portal Nextmarkets, die Hamburger Fintechs Zinspilot und Kreditech sowie das auf Eis gelegte Sternekoch-Portal Eating with the Chefs.

Thiels Nähe zu Trump ist bekannt. Wie weit sein politischer Einfluss wirklich reicht, ist so unklar wie alles, was mit dem amerikanischen Präsidenten zu tun hat. Thiels Angestellte nennen ihn spaßeshalber den «Schattenpräsidenten», für den Posten des US-Botschafters in Deutschland war er zeitweise ernsthaft im Gespräch. Diese Pläne haben sich zerschlagen. Ohnehin ist zweifelhaft, ob eine so kontroverse, schillernde Figur wie Thiel sich für das diplomatische Parkett eignet.

Der Investor injiziert sich Fremdblut, hat die neuseeländische Staatsbürgerschaft erworben und unterstützt das Seasteading Institute, das auf dem Ozean schwimmende Inselstaaten gründen will. Schlagzeilen machte er auch damit, die Opfer von Hollywoods Sex-Ekel Harvey Weinstein bei einem

Gerichtsverfahren finanziell zu unterstützen. Und seine Verbindungen zum US-Geheimdienst bieten reichlich Stoff für Spekulationen. Das Data-Mining-Unternehmen Palantir, das Thiel 2004 mitgegründet hat und dessen Großaktionär er ist, gilt als «mächtigste Spionage-Maschine der Welt» und soll für die NSA spioniert haben. Aber wer weiß?

Sicher ist so viel: Die PayPal-Mafia hat bisher noch jede weltanschauliche Differenz ausgehalten, ihre Verbindung ist stärker als die politischen Gegensätze, wenn etwa Elon Musk sich als grandioser Welt- und Klimaretter inszeniert. Der Tesla-Mann ist der Letzte aus der PayPal-Gang, dem wir uns zuwenden. Er ist zugleich der Verrückteste unter all den Hitzköpfen des Valleys.

Elon Musk ist 1971 in Südafrika geboren, nach der Scheidung der Eltern wächst er beim Vater auf. Seine Kindheit muss schrecklich gewesen sein: An der Schule wird er permanent gemobbt und verprügelt. Ein Albtraum, sagt er. «Und wenn ich nach Hause kam, war es dort genauso schlimm.» Mit siebzehn Jahren wandert er nach Kanada aus, in Philadelphia studiert er VWL und Physik, bevor er 1995 nach Stanford wechselt, um einen Doktor in Physik zu machen. Doch schon nach zwei Tagen auf dem Campus beschließt er, mit seinen angesparten 2000 Dollar ein Internet-Unternehmen zu gründen: Zip2. Das verkauft er 1999 an Compaq, 22 Millionen Dollar landen auf seinem Konto. Nun kann es richtig losgehen bei Musk, einem hochgradigen Workaholic. Mitarbeiter sagen über ihn: «Wir alle haben zwanzig Stunden am Tag gearbeitet, aber Elon hat es auf dreiundzwanzig Stunden gebracht.» Seit frühster Kindheit an liest er, was ihm unterkommt, wo und wann immer sich eine Gelegenheit bietet, auch auf Partys. Während alle feiern, hockt er mit einem zerfledderten Buch in der Ecke und arbeitet sich durch obskure russische Raketen-Handbücher, berichten Gäste nach einer Betriebsfeier in Las Vegas.

Musk hat eine Mission, die ihn treibt: Er will eine ganz neue Form der Mobilität schaffen. Die Elektroautos von Tesla, Schrecken der traditionellen Autoindustrie, sind da nur der Anfang. Sein «Hyperloop» soll die Menschen künftig mit über 1225 Stundenkilometern durch Röhren jagen, der bisherige Bahn-, Bus- und Flugverkehr würde obsolet. Und «SpaceX» soll dem Menschen im ersten Schritt die Reise ins All und später die Besiedlung des Mars ermöglichen, wenn es auf der Erde zu eng und zu warm geworden ist. Anfangs lachte man über Musk und seine verrückten Projekte, heute wagt das kaum noch jemand.

Privates hat wenig Platz im Leben eines dermaßen Besessenen. Einem Tesla-Mitarbeiter, der einst einen Termin absagte, um die Geburt seines Kindes mitzuerleben, hat Musk angeblich eine Mail geschrieben: «Das ist keine Entschuldigung. Ich bin sehr enttäuscht. Du musst Dich entscheiden, wo Du Deine Prioritäten setzt. Wir verändern hier die Welt, wir verändern die Geschichte, und entweder bist Du dabei oder eben nicht.» Da wundert es kaum, dass Musk selbst sich schwertut mit der Liebe. Er war mehrfach verheiratet, hat mit seiner ersten Frau Drillinge und Zwillinge, seine zweite Frau hat er gleich zweimal geheiratet und sich scheiden lassen. 2017 tauchte er kurz mit einer Hollywood-Schönheit auf, dann war wieder Schluss. Musk ist als Partner sicher schwer zu ertragen. Früher hat er oft überlegt, so erzählte er einem Reporter des Magazins «Bloomberg Businessweek», dass eine Freundin ja schon nett wäre. Nur: «Wie viel Zeit muss ich dafür opfern? Vielleicht fünf oder zehn Stunden? Wie viel Zeit will eine Frau in der Woche haben? Sind zehn Stunden genug? Ich weiß es nicht.»

Dass seine genialen Projekte im Detail gelegentlich gewaltig hapern und knirschen, steckt er weg. Ein Start ins All missglückt, die Rakete fängt Feuer – dumm, aber kann passieren. Hier oder da geht auch ein Tesla in Flammen auf – ärgerlich. Ein selbstfahrender Tesla rast in einen Lastwagen, der Fahrer stirbt – tragisch. Der Chef zeigt sich bestürzt. Aber dafür werde die Technik der selbstfahrenden Autos, wenn sie erst einmal ausgereift ist, ja viele Unfälle und Tote verhindern, so Musk.

Die permanenten Verluste stören keinen seiner vielen Fans, auch nicht die gewaltigen Probleme in der Produktion. Das «Model 3», Teslas erstes Massenmodell, bleibt in den hergestellten Stückzahlen weit hinter dem ursprünglichen Plan zurück. Schuld seien die «ineffizienten Methoden» eines Zulieferers von Teslas gigantischer Hightech-Batteriefabrik «Gigafactory». In der muss ganz steinzeitmäßig manuell nachgearbeitet werden. Willkommen in der Realität einer Großfabrik!

Musk selbst ist als Feuerwehrmann vor Ort und schickt Instagram-Videos, wie er nachts auf dem Fabrikdach ein Lagerfeuer zündet und «Ring of Fire» von Johnny Cash singt, einen Drink in der einen, einen Stock mit Marshmallows in der anderen Hand. Das soll wohl beruhigen. Die «Financial Times» berichtet derweil, dass Autos in der Produktion nicht nur unvollständig vom Fließband rollen, sondern manchmal auch so ausgeliefert werden. Da fehlt dann ein Computermodul, ein Sitz oder ein Teil der Anzeige. Die Anleger werden nervös, der Aktienkurs sinkt, aber bisher haben sie Musk derartige Kleinigkeiten stets verziehen und weiter an die große Idee hinter seinem Unternehmen geglaubt.

Vom Mythos der «großen Idee dahinter» lebt die gesamte Tech-Elite im Silicon Valley. Sie wollen ins Weltall reisen, fliegende Autos kreieren, Mensch-Maschinen erschaffen. Sie wollen die Welt besser machen und gerieren sich als die größten Philanthropen auf Erden. So spenden sie die Hälfte ihres Vermögens (der Initiative «The Giving Pledge» von Bill Gates sind viele Tech-Milliardäre beigetreten) oder noch mehr (Zuckerberg will sich von 99 Prozent seines Geldes trennen), um Krankheiten auszurotten, Bildung zu fördern und die Armut zu besiegen. Dabei legen die Milliardäre fest, was ihnen richtig und wichtig erscheint. Ob das selbstlos ist, gönnerhaft oder einfach nur selbstherrlich? Im Zweifel wissen die Milliardäre jedenfalls besser, wie man Geld gewinnbringend investiert. Steuern zu zahlen ist nicht ihr liebstes Hobby.

Wer so viel Gutes tut, wer so viel Großes schafft, der hat auch ein Recht zu feiern. «Work hard, party hard», heißt das Motto. Zu den legendären Partys der Szene zählen die von Salesforce-Gründer Marc Benioff, ein enger Freund des verstorbenen Steve Jobs, für den er seit 1984 gearbeitet hat. Benioff besitzt eine Villa auf Hawaii, eine Villa in der historischen Presidio-Gegend in San Francisco und in der «Billionaire's Row» in Pacific Heights. Er liebt Yoga, Meditation und Hunde, ist ganz dick mit Uma Thurman, mit dem britischen Unternehmer Richard Branson, Colin Powell, Sheryl Sandberg, Marissa Mayer und dem Dalai Lama. In der Cloud zu Milliarden gekommen, hat er für Präsident Obama im Wahlkampf eine seiner schillernden Fundraising-Partys bei sich zu Hause geschmissen. Stevie Wonder schrieb dafür eigens einen Song und trug ihn dort vor. François Hollande hat ihn zum Essen in den Élysée-Palast eingeladen, Metallica, deren Gitarrist Kirk Hammett ein direkter Nachbar von Benioff ist, spielt für ihn, er hat die Foo Fighters und Neil Young auf die Bühne der viertägigen Dreamforce-Convention gebracht. Er spendet Unmengen und setzt sich vehement für die Rechte von Schwulen und Lesben ein. Dass er dabei nicht davor zurückschreckt, auf andere per Mail, am Telefon oder auf einer Hausparty Druck auszuüben, gefällt nicht jedem. Dass er soziale Netzwerke wie Facebook «wegen ihres Suchtpotenzials» offen kritisiert und eine strenge Regulierung «wie in der Zigaretten-industrie» fordert, gefällt noch viel weniger Menschen.

Für gewöhnlich berauscht sich die Elite im Silicon Valley an sich selbst und ihren genialen Ideen. Und es wird immer abgefahrener: Schon plant sie komplette «Städte der Zukunft», Bill Gates hat für eine solche IT-gesteuerte «smart city» Brachland in der Wüste von Arizona erworben. Knapp zweihunderttausend Menschen sollen dort einmal leben und in Fabriken neue Fertigungstechniken erproben. Die Tech-Spezialisten versprechen, jedes Problem zu lösen, eine Welt jenseits der physikalischen Grenzen zu schaffen. Der Tod? Auch der ist für sie nicht mehr als ein Problem, das es zu überwinden gilt, ein technischer Defekt. «Man kann den Tod akzeptieren, man kann ihn aber auch leugnen – oder ihn bekämpfen», sagt beispielsweise Investor Peter Thiel. Google-Gründer Sergej Brin will «den Tod heilen». Und der Oracle-Gründer Larry Ellison konstatiert: «Er ergibt keinen Sinn für mich. Der Tod hat für mich nie Sinn ergeben.»

Sind das die Worte von Verrückten? Vielleicht. Nichtsdestotrotz haben sie sehr konkrete Vorstellungen, wie dem Problem Tod zu Leibe zu rücken ist: mit einem Code. Oder auch mit einer Diät. Vermeintlich «gesunde Ernährung» hilft beim Kampf gegen den Tod, meinen viele im Valley. Und Jungblut. Peter Thiel nimmt, wie bereits erwähnt, an einem Ambrosia-Experiment eines gleichnamigen Start-ups teil. Er bekommt also Blut junger Menschen gespritzt, um für ewig jung zu bleiben. Falls er eines Tages doch stirbt, will er nach seinem Tod bei minus 196 Grad eingefroren werden, um wiederbelebt zu werden, sobald eine Lösung für den Tod gefunden ist. Kosten: zwischen 50 000 und 130 000 Dollar. Die beiden Google-Gründer Page und Brin haben ihrerseits bereits eine Milliarde Dollar in das ewige Leben investiert – in das von den beiden gegründete Start-up «Calico», was für «California Life Company» steht. Auch hier wird an der Unsterblichkeit geforscht. Ohne Zellsterben kein Altern. Ein Algorithmus soll es richten, sich durch riesige Datenmengen arbeiten und Zellvorgänge aufspüren, die zum Tod führen. Sind die Bösewichte erst einmal entdeckt, so lassen sich die Schwachstellen in der Zellteilung beseitigen. Ein Gründer, Arram Sabeti, dreißig Jahre jung, von seinen Eltern

zu Hause unterrichtet und ohne Hochschulabschluss, formuliert es ganz einfach: «Das ewige Leben verstößt nicht gegen
die Gesetze der Physik – also werden wir es auch erreichen.»

9

DIE ELITE UND IHR NETZ

DAS POWERPAAR ACHLEITNER ALS KLEINSTMÖGLICHES NETZWERK

Streng genommen, also geometrisch, können zwei Menschen kein Netz bilden, außer, ja: außer sie heißen Achleitner und knüpfen einzeln und getrennt Verbindungen an zahllose Endpunkte. Genauso machen es Prof. Dr. Dr. Ann-Kristin und Dr. Paul Achleitner, das Powerpaar der deutschen Wirtschaft. Die beiden sind somit die kleinste Einheit für ein Netzwerk: Er, ein Österreicher, Jahrgang 1956, ist Aufsichtsratsvorsitzender der Deutschen Bank. Sie, die gebürtige Rheinländerin, Jahrgang 1966, ist Professorin für Unternehmensfinanzierung in München. Mandate und Einfluss haben sie beide im Übermaß, Kontakte sowieso: So ist Ex-Außenminister Joschka Fischer beispielsweise Patenonkel des ersten ihrer Söhne.

Kennengelernt hat sich das Paar 1990 in St. Gallen auf einer Bewerbermesse der Studentenorganisation Aiesec. Paul Achleitner, zehn Jahre älter und selbst St.-Gallen-(und Harvard-) Absolvent, war da schon Investmentbanker, während sie als

Studentin noch auf der Suche nach der passenden Karriere war. Zueinandergefunden haben sie, so will es die Familienlegende, drei Jahre später. Noch mal ein Jahr später, 1994, wird geheiratet.

Studiert haben sie beide Wirtschaft in St. Gallen (sie darüber hinaus Rechtswissenschaften, deswegen der doppelte Doktor). Beide sind sie brennend ehrgeizig. Ann-Kristin, die Tochter eines Aachener Medizinprofessors, vielleicht noch etwas mehr als ihr Mann, der der Sohn eines einfachen Linzer Bankangestellten ist. Zumindest durfte sie als «Global Leader For Tomorrow» schon früher zum Elitetreff nach Davos als er, im Jahr 1998 war das. «Die ersten Male war ich noch auf dem Ticket als ihr Begleiter», erzählt Paul Achleitner, der als Erster in seiner Familie studiert hat und sich nach der Promotion auch eine wissenschaftliche Karriere hätte vorstellen können. Die absolviert dafür seine Frau, nach einer anderthalbjährigen ersten Station bei McKinsey: Ann-Kristin Koberg, so ihr Mädchenname, ist die erste Frau, die sich in St. Gallen habilitiert und die an der European Business School in Oestrich-Winkel Deutschlands jüngste Professorin wird mit den Themen «Banking und Finance».

Biss und Durchsetzungskraft hat sie sich womöglich im ständigen Messen mit Jungs angeeignet, es ging nicht anders: Sie war das einzige Mädchen in ihrer Klasse an ihrem Gymnasium in Aachen. «Im Nachhinein war das wohl eine gute Übung», sagt sie selbst. Akzeptanz verschafft sie sich damals, indem sie mit sechzehn den 1b-Führerschein macht, der es erlaubt, leichte Motorräder zu fahren: Da staunen die halbstarken Jungs.

Eine Karriere im operativen Geschäft, wie sie ihr Mann zunächst als Deutschland-Chef von Goldman Sachs und dann als Allianz-Vorstand absolvierte, verhinderten bei ihr die drei Kinder (heute im Teenager-Alter). Insofern gerät die Rollenverteilung im Hause Achleitner doch klassisch. Papa geht mit den

Söhnen samstags zum Fußball in die Allianz-Arena, Mama ist die Woche über zu Hause in München-Bogenhausen, dem Manager-Biotop in der bayerischen Landeshauptstadt. Deswegen hat sie auch keine volle Stelle an der Technischen Universität in München, die Professur ist auf 20 Prozent reduziert. Ann-Kristin Achleitner muss haushalten mit ihren Kräften, und ganz besonders mit ihrer Zeit: «An erster Stelle bin ich vor allem auch noch Mutter.»

Gemeinsam bringen es die Achleitners auf sechs Mandate in Dax-Konzernen, schön paritätisch aufgeteilt. Er hat drei (Deutsche Bank, Daimler, Bayer), sie ebenfalls drei (Linde, Deutsche Börse, Munich Re). Das bedeutet: Ein Fünftel der wichtigsten deutschen Unternehmen wird kontrolliert von dem «Powerpaar» Achleitner; ein Wort, das sie übrigens überhaupt nicht mögen. «System» Achleitner aber klingt nicht besser, höchstens verschwörerischer.

Jedenfalls ist damit der innerste Ring ihres Netzes gezeichnet, die Fäden spinnen sich weiter in Richtung diverse ehrenamtliche Ämter (etwa Paul Achleitners Sitz in der Washingtoner Brookings Institution) und Kontrolleur-Aufgaben im Ausland: Ann-Kristin Achleitner zum Beispiel lernt täglich französische Vokabeln für den Energiekonzern Engie, ein in Deutschland unbekannter Riese.

Der nächste Ring geht von ihrer Bürogemeinschaft in München aus, einer Art Topmanager-WG im noblen Münchner Palais Preysing, direkt hinter der Feldherrnhalle gelegen. Das «Dalfa» Munich Office ist die «mächtigste Bürogemeinschaft» der Republik, meint jedenfalls das «Handelsblatt». D steht für Diekmann (Michael, Ex-Allianz-Chef), das erste A für Achleitner, das L für Löscher (Peter, Ex-Siemens-Chef), das F für Faber (Joachim, Aufsichtsratschef Deutsche Börse), das zweite A wieder für Achleitner, wobei zu klären wäre, welches A weiblich und welches männlich gemeint ist.

Da die drei anderen Herrschaften, also die Nicht-«As», auch gut vernetzt sind, summieren sich auf den beiden Etagen im Palais Preysing zwölf Mandate der deutschen Großindustrie: Neun Dax-Konzerne, also knapp jeder Dritte, wird von hier aus kontrolliert. Nach bestem Wissen und Gewissen selbstverständlich, wie die WG-Bewohner betonen. Soll nur niemand auf die naheliegende Idee der Kungelei kommen. Alles sauber, alles getrennt. Die Akten werden voreinander weggeschlossen. Und was in der gemeinsamen Kaffeeküche geredet wird, ist selbstredend harmlos: Natürlich würden sie hier nie darüber beratschlagen, welcher Topmanager der nächste strahlende Held von ihren Gnaden werden soll und welchen Vorstand sie demnächst in die Wüste schicken werden. Nein, niemals – hier sind schließlich Profis am Werk. Und deshalb haben sie «Chinese walls», Mauern der Geheimhaltung, errichtet, die jeden Fluss von Insiderwissen aufhalten. «Die Vertraulichkeit wird gepflegt und gelebt», sagt Ann-Kristin Achleitner, die ihr Büro zwischen dem von Faber und dem ihres Mannes eingerichtet hat. Die Etage drüber, über eine schmale Treppe zu erreichen, teilen sich Michael Diekmann und Peter Löscher. Der Österreicher hat damals, als er aus Amerika zu Siemens gekommen war, zunächst privat bei den Achleitners gewohnt. Das Paar ist nicht nur klug und effizient in der Arbeit, sondern gastfreundlich, den Menschen zugewandt, durchaus sympathisch und einnehmend.

Man hat schon deutlich steifere, großkotzigere Banker erlebt als diesen Paul Achleitner, zeitweise mit Hipster-Vollbart unterwegs; ein smarter Typ, dem die Selbstironie aus den Augen blitzt, wenn ihm ein flotter Spruch gelingt, vorgetragen in österreichisch eingefärbtem Wall-Street-Schmäh. Finanzielle Sorgen sind ihm längst fremd, denn als früherer Goldman-Sachs-Partner hat er beim Börsengang der Investmentbank ausgesorgt: Das hilft zur Lässigkeit. Das verleiht Souveränität.

Nichts scheint dem Mann all die Jahre etwas anzuhaben, Niederlagen perlen an ihm ab, höchstens mosert mal die Wirtschaftspresse, etwa als die Allianz, wesentlich von ihm als Vorstand mit verantwortet, mit dem Kauf der Dresdner Bank ein Fiasko erlebt. Immerhin gelingt es, die giftige Last rechtzeitig nach Frankfurt an die Commerzbank weiterzureichen – und somit an den Staat, der das neue Gebilde retten muss, da es zu groß ist, um unterzugehen. Achleitner bekommt davon nur ein paar Spritzer ab, ein paarmal hört er das hässliche Wort «Kapitalvernichter». Das steckt er weg.

Wenn im Zusammenhang mit der Finanzkrise von ihm die Rede ist, beschränkt sich das meist auf seine Erlebnisse als Allianz-Mann, der in den Rettungseinsätzen während der Finanzkrise 2008 an vorderster Front in den USA kämpft. Er ist in den legendären Sitzungen dabei, als Finanzminister Hank Paulson, auch ein Ex-Goldman, den Bank-Chefs der Wall Street die Pistole auf die Brust setzt: Hier unterschreibt ihr, dass ihr freiwillig Staatshilfe beantragt. Mit Rechtsstaat oder feiner diplomatischer Art hat das nichts zu tun, es wirkt trotzdem oder gerade deshalb.

Die Lage gerät wieder unter Kontrolle, die Banken in Amerika kommen schneller aus der Finanzkrise als die Deutsche Bank, wo sich ein Josef Ackermann rühmt, keinen Cent vom Staat genommen zu haben.

Das alles geschah, bevor Achleitner im Jahr 2012 einrückt in den 33. Stock der Frankfurter Doppeltürme: Aufsichtsratsvorsitzender der Deutschen Bank ist sein neuer Titel, ein Amt, das legendäre Gestalten wie Hermann Josef Abs ausgefüllt haben. Achleitner ist in den hundertvierzig Jahren der Deutschen Bank der «erste Externe», wie er sagt, der diese Aufgabe annimmt, also ohne dort vorher Vorstand gewesen zu sein.

Sein Blick richtet sich nun auf den 150. Geburtstag des Konzerns, im Jahr 2020, den will er feiern in einem Haus, das sich wieder sehen lassen kann. Dafür arbeitet er hart, härter wohl, als er es sich vorgestellt hat, weil die Lage komplizierter ist als befürchtet. Abzulesen schon am Aktienkurs, der seit Jahren ein einziges Trauerspiel ist. Das Feuern und Heuern von Vorständen hat nicht viel mehr gebracht als die Erkenntnis: Paul Achleitner hat nun keinen Schuss mehr frei. Wenn noch mehr schiefgeht, stellen die Investoren auch ihm den Stuhl vor die Tür. Das zehrt. Selten wird ein Manager die Weihnachtsferien so herbeigesehnt haben wie jener Paul Achleitner, mit dem wir Mitte Dezember 2016 im Gästehaus der Deutschen Bank zu Abend essen. Über Wochen war da gerade mal wieder spekuliert worden, wie nah der Konzern dem finalen Absturz sein könnte, Kunden zogen aus Angst Milliarden ab, ein etwaiger Rettungseinsatz der Regierung wurde diskutiert. Alles sehr unschön. Achleitner wirkt müde an diesem Abend, angespannt, dünnhäutig und einigermaßen ratlos. Fünf Wochen später, als wir uns in Davos auf dem Weltwirtschaftsforum wiedersehen, sieht die Welt schon wieder anders aus: Der Himmel über der Deutschen Bank hat sich aufgehellt, der Streit mit der amerikanische Justiz wurde mit Milliarden einigermaßen geheilt, von dort droht nun keine existenzielle Gefahr mehr. Achleitner kehrt erleichtert in den «Business as usal»-Modus zurück, erholt vom Winterurlaub in einem Taucherparadies. Auf ihn wartet noch viel Arbeit, aber der Mann hat Steherqualitäten. Im nächsten Kapitel treffen wir ihn gleich wieder. Paul Achleitner gehört einem Zirkel an, dem allerhöchste Verschwörungskompetenz zugetraut wird: den sogenannten «Bilderbergern».

DIE BILDERBERG-TREFFEN ALS MUTTER
ALLER VERSCHWÖRUNGSTHEORIEN

Wenn die «Weltherrschaft der Superelite» beklagt wird, regt nichts die Phantasie mehr an als das sogenannte Bilderberg-Treffen, «die mächtigste Verschwörung auf dem Planeten». Paul Achleitner ist dabei, aktuell sogar als Schatzmeister des Clubs. Er versichert aber glaubhaft, von Geheimplänen nichts mitbekommen zu haben, und schwört, kein Teil einer geheimen Weltregierung zu sein: Hätte er sonst all die Mühsal der Deutschen Bank zugelassen?

Gewiss, diese jährlich stattfindende Bilderberg-Konferenz, bestückt mit den Eliten aus Politik und Wirtschaft (vielen Bankern darunter), schmeichelt denjenigen, die dazu eingeladen werden. Dem Gefühl der eigenen Wichtigkeit hilft das enorm. Oder wie der Machtforscher Andrew Kakabadse schreibt: «Mit einigen der wichtigsten Leute in der Welt zu fraternisieren ist wie eine Droge. Es befördert die Teilnehmer in die am meisten bewunderten Zirkel der Macht.»

Wie geheim ist dieser Bilderberg-Bund wirklich? Tatsächlich kann man sich nicht für ein Einlassticket bewerben: Etwa hundertzwanzig bis hundertfünfzig Teilnehmer werden jedes Jahr ausgesucht von den Mitgliedern des Organisations-Komitees, die wiederum für vier Jahre gewählt werden. Chance auf Zutritt haben Leute, die etwas zu sagen haben, Mitglieder der globalen Eliten, von denen man denkt, sie könnten, aus unterschiedlichem Blickwinkel, Sinnvolles zu den Debatten beitragen.

Bezahlt wird die Konferenz von denjenigen Mitgliedern des Auswahlkomitees, in deren Land sie jeweils stattfindet. Dies entspricht dem privaten Charakter des Treffens, doch schließt es eine staatliche Mit-Finanzierung nicht aus.

Richtig ist ferner: Der Debattier-Club ist verschwiegen,

Journalisten sind nicht zugelassen (es sei denn als eingeladene Teilnehmer). Was geredet wird, unterliegt der Chatham House Rule: Nach außen darf transportiert werden, was gesagt wurde – aber nicht, von wem. Diese Regel gilt für viele Veranstaltungen, auch für das Weltwirtschaftsforum in Davos. Nach allem, was an Recherche menschenmöglich ist, scheint bewiesen: Es wird hinter den verschlossenen Bilderberg-Türen weder die nächste Zinserhöhung beschlossen noch der nächste Wahlsieger, nicht mal der Fußball-Weltmeister wird dort vorab ausgeknobelt.

Die Bilder von der Bilderberg-Verschwörung gerieten auch deswegen so bunt, weil jahrelang viel Geheimniskrämerei darum getrieben wurde. Noch 2011 etwa wollte das Luxushotel Suvretta House in St. Moritz nicht einmal zugeben, Austragungsort der Konferenz zu sein. Diese Verschwiegenheit fördert das Geschäft der Verschwörungstheoretiker: Die einen beschuldigen die Bilderberger, die Interessen skrupelloser Kapitalisten zu vertreten, die anderen fürchten gar den Aufbau einer globalen Diktatur. Die Bilderberger stellen demnach die heimliche Weltregierung. Darauf muss man erst mal kommen.

Um etwas Transparenz herzustellen, existiert mittlerweile eine eigene, wenn auch spärliche Homepage (so ganz geheim ist die Sache folglich nicht mehr). Dort werden die Themen der Konferenz vermerkt, die Orte der Treffen und die Namen der Teilnehmer; etwaige Beschlüsse finden sich dort nicht – weil es die nicht gibt. Das durchschaut der geübte Verschwörungstheoretiker allerdings sofort: Natürlich stellen sie geheime Absprachen, wie sie die Weltherrschaft zu erringen gedenken, nicht ins Netz, hören wir ihn rufen. So blöd sind die nicht! Nur, was konkret haben die Bilderberger an verschwörerischen Taten vorzuweisen? Höchste Zeit, ein paar Fakten zu klären.

Erstens zum Namen: Die Bilderberger sind keine obskure Sekte, auch kein ideologisch festgefügter Block, sondern ein vornehmer Debattier-Club mit (wechselnden) Teilnehmern einer jährlich stattfindenden Konferenz. Der Name stammt vom Gründungsort, dem «Hotel de Bilderberg» in Oosterbeek, nahe des niederländischen Arnheim, wo im Mai 1954 die erste Konferenz stattfand. Elf Amerikaner trafen damals auf fünfzig Delegierte aus elf westeuropäischen Ländern – Politiker, Unternehmer, Journalisten und Gewerkschafter. Man diskutierte die Perspektiven der Weltwirtschaft knapp zehn Jahre nach dem Krieg. Bankier David Rockefeller vertrat die – optimistischere – amerikanische Sicht, der ehemalige britische Schatzkanzler und Labour-Politiker Hugh Gaitskell die europäische Auffassung, die ungleich düsterer und trostloser ausfiel.

Zweitens zu den Initiatoren: Einberufen wurde die Konferenz zum ersten Mal von Prinz Bernhard der Niederlande auf dringende Bitte von Joseph Retinger, einem Mann, dessen Vita zweifelsohne die Phantasie anregt: ein Pole «aristokratischer Herkunft, der während des Zweiten Weltkriegs für den britischen Geheimdienst gearbeitet hat». So beschreibt ihn David Rockefeller, vom ersten Tag an dabei und über Jahrzehnte ein prägender Bilderberger. Dieser Retinger war demnach ein «dynamischer und energischer Mann, der mit einem sehr schweren Akzent sprach und beim Gehen deutlich hinkte». Seine Motivation laut Rockefeller: Er machte sich Sorgen um die angespannte Situation innerhalb der atlantischen Gemeinschaft. Deswegen überzeugte er Prinz Bernhard davon, eine Gruppe prominenter Zeitgenossen einzuladen, um über derartige Spannungen zu diskutieren. Diese Risse zwischen Amerikanern und Europäern prägten die ersten zwanzig Jahre der Bilderberg-Treffen, so berichtet Rockefeller über den «scharfen Zusammenprall der gegensätzlichen Ansichten».

Und ja, es gab auch einen handfesten Skandal. Einen Fall von Korruption und schwarzen Kassen. Er erschütterte die Bilderberger zutiefst, ja, sie befürchteten gar den Zusam-

menbruch: 1976 kam heraus, dass Prinz Bernhard dem Flug-
zeugbauer Lockheed angeboten hatte, die niederländische
Waffenbeschaffung zu beeinflussen, gegen ein ansehnliches
Schmiergeld. Die Beweise dafür wurden immer erdrückender,
und es sprach etliches dafür, dass er eine Bilderberg-Konferenz
genutzt hatte, um sich mit Mittelsmännern zu treffen. Daraufhin wurde das Treffen 1976 abgesagt. Es schien vorbei zu sein
mit dem Forum. Ein eigens ernanntes Komitee aber empfahl,
die Tradition fortzusetzen, woraufhin Lord Alec Home, der frühere britische Premier, 1977 den Vorsitz übernahm. Zu seinen
späteren Nachfolgern zählte unter anderem, als bisher einziger Deutscher, Walter Scheel, Ex-Außenminister und späterer
Bundespräsident, der gerne das Lied «Hoch auf dem gelben
Wagen» trällerte. Weltverschwörerische Qualitäten wurden
ihm eher nicht zugetraut.

Wie diese Weltregierung aussehen soll, welche die Bilder-
berger angeblich anstreben, mag man sich gar nicht vorstellen:
Der Grüne Jürgen Trittin gehörte schon zu dem Kreis, Verdi-
Chef Frank Bsirske ebenso – da hätten sich dem internationalen
Kapitalismus andere Namen stärker aufgedrängt. Immerhin
waren im Sommer 2017 die Spitzenleute von Airbus, Allianz,
Bayer, Deutscher Bank, Springer-Konzern beim 63. Bilderberg-
Treffen in Virginia, dazu aus der Politik unter anderem der
CDU-Mann Jens Spahn. Für die im Internet vagabundierenden
Weltdeuter war das der endgültige Beweis: Spahn wird Bun-
deskanzler, weil die Bilderberger es so wollen. Die Argumenta-
tion geht folgendermaßen: Das Forum hat die Herrschaft über
die Massenmedien – und damit über die Köpfe der Menschen.
Wahlen zu manipulieren ist ihre geringste Übung. Solcher Non-
sens findet sich massenhaft im Netz, der Hass auf die Eliten
stützt sich auf die obskursten Quellen.

So behauptet allen Ernstes der Bestseller-Autor Gerhard
Wisnewski, amerikanische Präsidenten und erst recht deut-

sche Kanzler würden von den Bilderbergern nach Gutdünken eingesetzt und wieder ausgetauscht. Alles nur Marionetten. Demnach holte sich Bundeskanzler Gerhard Schröder beim Treffen im Mai 2005 im Hotel «Überfahrt» am Tegernsee «seine Papiere». Heißt unter Verschwörungstheoretikern: Dort wurde Schröders Ende beschlossen. Jawohl. Der Beleg dafür: Im selben Jahr noch hat der SPD-Politiker die vorgezogenen Neuwahlen verloren – angeordnet und ausgezählt von den Bilderbergern, so wird zumindest insinuiert. Ach ja – und nicht zu vergessen: Im Mai 2005 ist auch Angela Merkel kurz zu Gast am Tegernsee – warum wohl? Logisch, sie erhält von den Bilderbergern den Marschbefehl. Nur Monate später ist sie Bundeskanzlerin. Das kann kein Zufall sein.

Stutzig macht, warum die deutschen Topmanager Carsten Kengeter und Klaus Kleinfeld, beides Bilderberg-Besucher 2017, in ebendiesem Jahr ihre Jobs verlieren als Chefs von Deutscher Börse und dem amerikanischen Konzern Arconic: Wer hat da aus welchem Grund auf der Konferenz den Daumen gesenkt? Oder warten im Gegenteil höhere Aufgaben auf die beiden? Diese Verschwörung harrt noch der Aufklärung.

David Rockefeller, der jüngst verstorbene Jahrhundertbankier (12. Juni 1915 bis 20. März 2017), mokierte sich zeitlebens darüber, was dem Bilderberg-Treffen an Geheimplänen angedichtet wurde: «Das ist ein Fest für Verschwörungstheoretiker.» Omnipotente internationale Banker hecken mit skrupellosen Regierungsvertreten raffinierte Pläne für eine ignorante und ahnungslose Welt aus, so karikierte er die Vorwürfe, und gab zu, noch mehr Gesprächskreise initiiert zu haben, was beweist: Der Mann hatte mehr Humor als diejenigen, die ihn als Finsterling darzustellen versuchen.

Es ist schon ein paar Jahre her, dass wir im Frühling 2008 den David Rockefeller in München zum Gespräch treffen. Ein paar Wochen später wird er auf dem Bilderberg-Treffen in

Chantily, Virginia, mit Josef Ackermann zusammenkommen sowie mit Joschka Fischer, Mario Monti, Mario Draghi, etlichen Prinzen und Prinzessinnen, dem Investor Peter Thiel aus dem Silicon Valley und dem Milliardär Jacob Wallenberg aus Schweden. Noch ein bisschen später, am 15. September des gleichen Jahres, wird die Pleite der Investmentbank Lehman Brothers einen Börsencrash auslösen. Damit beginnt die Bankenkrise: Da müssen die Bilderberger etwas übersehen haben, sonst hätten sie das per Geheimbeschluss verhindert.

Bei unserem Gespräch mit Rockefeller ahnen wir noch nichts von der kommenden Bankenkrise, wenngleich die «Gier an der Wall Street» schon Thema ist. Zweiundneunzig Jahre hat Rockefeller damals auf dem Buckel, doch trotz des stolzen Alters ist er extrem pfiffig und von vollendeter Höflichkeit (auch das wahrscheinlich nur ein Kniff, würden Verschwörungstheoretiker behaupten). Gerade hat er seine Biographie abgeschlossen. Siebenhundert Seiten sind es geworden. «Ich habe viel erlebt», sagt er fast entschuldigend. Drei Jahrzehnte lang hat er für die Chase-Bank in New York gearbeitet. Da kommt eben einiges zusammen – etwa 10 000 Geschäftsessen, schätzt er. «Und fünf Millionen Flugmeilen. Dafür können Sie zweihundertmal um die Erde fliegen.» Er hat über einhundert Länder besucht und etliche Despoten kennengelernt, von Mobutu im damaligen Zaire bis zu Saddam Hussein, Marschall Tito und General Pinochet in Chile. Gescholten wurde er dafür von vielen, vor allem von den eigenen Kindern. Die wollten mit kalten Kapitalisten wie ihm über etliche Jahre hinweg nichts zu tun haben. Er selbst fand seinen Kurs immer richtig: «Auch wenn ich den despotischen und autokratischen Stil dieser Machthaber verabscheute, so musste ich für die global expandierende Bank doch auch mit den Gegnern meines Landes verhandeln.» Außerdem war er neugierig und diskutierte für sein Leben gern.

Die schlimmste Phase seines Lebens waren die siebziger Jahre, als die gerade flügge gewordenen Kinder sich von der Familie abwandten und ihr Heil im Sozialismus und in der Rebellion suchten. Zwei Kinder legten gar den Namen ab, «Rockefeller» wollten sie fortan nicht mehr heißen. «Dabei hatten wir uns immer bemüht, verantwortungsvolle Eltern zu sein», beteuert der Weltbankier. In seine Fußstapfen wollte keiner treten. Der älteste Sohn, David jr., studierte zwar noch Jura und Wirtschaft. «Aber hinterher machte er, was ihn wirklich interessierte: Er widmete sich der Musik und der Kunst.» Die anderen setzten sich vor allem für die Frauenbewegung und den Marxismus ein, gegen die Umweltverschmutzung, den Vietnam-Krieg, das kapitalistische System und – auch das verschweigt Rockefeller nicht – «die fortgesetzte Mitschuld unserer Familie daran».

2008, beim Kaffeetrinken unter weiß-blauem Himmel, kann Rockefeller erzählen, dass die Wogen innerhalb der Rockefeller-Familie geglättet sind. Man hat sich über die Jahre zusammengerauft, erzählt der Zweiundneunzigjährige. Die Kinder seien «im Alter milder» geworden. «Ich wohl auch.» Die Ansichten unterschieden sich noch immer, «aber vielleicht haben sie in einigen Fragen auch recht gehabt». Das Vermögen, einst gewonnen aus Erdöl, stecken die Jungen nun «in den Umweltschutz und lauter grüne Ideen». Sie wollen – der neue Kurs bahnt sich damals schon an – raus aus dem Öl-Geschäft, weg von den fossilen Brennstoffen, die Anteile an Öl, Gas und Kohle abstoßen. Was für ein Wandel! David Rockefeller schüttelt den Kopf. Wie soll er eine Weltverschwörung aushecken, wenn er schon seine eigenen fünf Kinder nicht versteht?

DIE ATLANTIK-BRÜCKE UND DIE
DEUTSCH-AMERIKANISCHE FREUNDSCHAFT

Mit der Faszination, die «Bilderberg» auf alle Verschwörungstheoretiker ausübt, vermag die Atlantik-Brücke es nicht aufzunehmen; als karriereförderndes Netzwerk ist ihr Ruf jedoch enorm, auch wenn der offizielle Auftrag des Clubs ein anderer ist. Bei der Gründung in Hamburg 1952 ging es um die Förderung der deutsch-amerikanischen Freundschaft. Bestimmender Kopf war damals Eric M. Warburg, ein deutscher Jude, der 1938 vor den Nationalsozialisten geflohen war und in amerikanischer Uniform zurückkehrte, um seine Heimat zu befreien. Sein Auftrag an den Club: die Beziehungen zwischen Deutschland und den USA nach dem Zweiten Weltkrieg zu erneuern. Dazu führt der elitäre Verein jedes Jahr «Young Leaders» von beiden Seiten des Atlantiks zusammen, ohne Rücksicht auf die politischen Lager. Alexander Graf Lambsdorff (FDP) ist ebenso dabei wie Omid Nouripour von den Grünen, Altkanzler Helmut Schmidt zählte über Jahrzehnte zu den Atlantikern, CDU-Chefaußenpolitiker Norbert Röttgen setzt sich gerne in die erste Reihe. Auch Angela Merkel wird als Mitglied geführt. Ein gemischte Truppe also, die vor allem eines verbindet: die Liebe zu Amerika. Und weniger laut ausgesprochen: die Suche nach nützlichen Kontakten.

Im August 2017 traf sich der ambitionierte deutsch-amerikanische Nachwuchs im kalifornischen Santa Cruz, nicht weit vom Silicon Valley, wo sie sowieso alle hinmöchten. Siebenundvierzig künftige Anführer aus Amerika wie Deutschland gingen gemeinsam auf Entdeckertour: Man traf Francis Fukuyama, der durch seine These vom «Ende der Geschichte» weltbekannt wurde, einst selbst ein Young Leader, sowie Jürgen Klinsmann, den Deutschen im Dienste des amerikanischen Fußballs. Google-Manager gaben sich die Ehre, man sprach mit frühen Facebook-Investoren, aber auch – der Ausgewogenheit zuliebe – mit Gewerkschaftern und Leuten aus der Stadtverwaltung von San Francisco, die sich um die vielen Obdachlosen dort kümmern. Rund fünfhundert Mitglieder zählt der Verein heute, er engagiert sich außer der Nachwuchsförderung mit den Young Leaders auch in Lehrerfortbildungen. Es ist dem Club nicht unangenehm, dass ihn ein gewisser Mythos umhüllt. Mitglieder sind Spitzenpolitiker, Bankiers, Vorstandsvorsitzende aus der Industrie, ehemalige Spitzendiplomaten. Beitreten kann man nicht einfach so, man wird dazugebeten. Auf Mitgliederversammlungen spricht schon mal der Präsident der Bundesbank oder ein leibhaftiger Finanzminister wie Wolfgang Schäuble im Juni 2017 in Berlin, im Weltsaal des Auswärtigen Amtes. Gespeist wurde ganz oben im Ministerium, mit Rundumblick über die Dächer der Hauptstadt.

Dabei kann die großbürgerliche Atlantik-Brücke auch anders, manchmal agiert sie eher im Stil eines Kleingärtnervereins: Der Generationswechsel etwa von Atlantiker Walther Leisler Kiep zu Friedrich Merz, einst das große Talent der CDU, geriet ihr 2009 äußerst rumpelig. Kiep, inzwischen verstorben, hatte Merz zunächst in einsamer Entscheidung alleine ausgewählt, was er später als seinen «größten Fehler» bezeichnete. Der Streit eskalierte wegen Kleinigkeiten wie Spesen und Mitgliedsbeiträgen, als Merz sich an deren Neufestlegung machte: 1000 Euro sollte jeder zahlen (Abgeordnete des Bundestags sind für 300 Euro dabei). Der Ehrenvorsitzende Kiep wollte den Parteifreund daraufhin mit aller Kraft verhindern, was ihm nicht gelang. Am Ende waren alle beschädigt.

Heute regiert Friedrich Merz, der Sauerländer mit Wohnsitz am Tegernsee, den Club unangefochten, der Job als Aufsichtsratschef der deutschen Filiale des amerikanischen Finanzgiganten BlackRock lässt ihm Zeit dafür. Es gibt Synergieeffekte. Gute Beziehungen sind gut fürs Geschäft.

DER McKINSEY-CLUB DER KLEINEN
UND GROSSEN HERRSCHER

Die Berater von McKinsey muss man nicht mögen, ja, man mag ihr Tun sogar verdächtig oder banal und aufgeblasen finden – unter Karriere-Gesichtspunkten jedoch ist McKinsey der Hit: Zuverlässig werden von dort die Vorstände in Industrie und Banken mit Nachwuchs versorgt. Wie keine andere Organisation hat McKinsey in ihrem Heimatland Amerika die Konzerne geprägt: Mindestens siebzig der fünfhundert größten US-Unternehmen hatten oder haben einen Chef, der von McKinsey kam. Deutschland vollzieht diese Entwicklung in großen Schritten nach. Das Netz an Ehemaligen wächst von Jahr zu Jahr, jedes Jahr wechseln etwa dreihundert Berater in die deutsche Wirtschaft bis in die Vorstände wichtiger Firmen hinein. Untereinander formieren sie ein unsichtbares Netz, das ihnen Wissen und Einfluss sichert.

Jüngstes Beispiel: Theodor Weimer, ein früherer McKinsey-Berater, trat im Januar 2018 als Vorstandsvorsitzender der Deutschen Börse an. Der Mann kommt von der Hypo-Vereinsbank in München, seit langem eine Tochtergesellschaft der Unicredit in Mailand. Der erfrischend eloquente und ebenso ehrgeizige Weimer gehört damit zum Club der «Ex-Meckis», die als Vorstandschefs die Allianz (Oliver Bäte), Deutsche Post (Frank Appel), Fresenius (Stephan Sturm) regieren. Unter gewöhnlichen Vorständen finden sich fast überall «Meckis», von Claudia Nemat, Vorzeigefrau der Deutschen Telekom, bis zu Marcus Schenck, Kronprinz der Deutschen Bank. Egal, wohin man blickt: McKinsey ist schon da. Knapp 10 000 aktiven Beratern stehen dreimal so viele Ehemalige gegenüber, verstreut an Führungspositionen in Banken und Industrie.

Ob junge aufstrebende Firmen wie Zalando oder alte wie die Vatinbank: Überall waren oder sind die Chefs Leute, die ihr Handwerk bei McKinsey gelernt haben. In manchen Konzernen, etwa der Post, folgt ein «Mecki» dem anderen an der Spitze, andere sind über alle Hierarchiestufen hinweg von früheren McKinsey-Beratern durchdrungen, etwa die Allianz, der größte Vermögensverwalter Europas, viel mehr als eine Versicherung.

1984 hatte die Allianz den ersten «Ex-Mecki» als Finanzvorstand verpflichtet, seither wuchsen sie nach und nach in der Organisation und haben die Studentenverbindungen als Bindemittel unter den Führungskräften abgelöst: Was früher der Schmiss, ist heute die gemeinsame McKinsey-Vergangenheit.

Kein Wunder, dass Headhunter dem erfolgshungrigen Nachwuchs empfehlen: Versucht es bei McKinsey, das ist die erste Station auf dem Weg in die Chefetage.

Wer sich in der Beratungsfirma bewirbt, durchläuft ein mehrstufiges Verfahren, drei bis fünf Gespräche mit Beratern sind Pflicht. Herauszufinden ist dabei: Um was für eine Person handelt es sich bei dem Bewerber, der Bewerberin? Welche Ansprüche hat sie an sich selbst und andere? Und wie löst diese Person Probleme? Dazu werden im Zwiegespräch Fallstudien besprochen. Ein klassisches Beispiel dafür: Die Stadt San Francisco will ihre berühmte Golden Gate Bridge privatisieren. Voraussetzung, um in den Bewerbungsgesprächen zu überzeugen, sind ein «gesundes Wirtschaftsverständnis und ein klarer Kopf», sagt ein fürs Recruiting zuständiger McKinsey-Partner, «aber ausdrücklich kein Wirtschaftsstudium». Die Hälfte der Leute, die bei ihm anheuern, sind keine Betriebswirte, es finden sich Naturwissenschaftler darunter, Ingenieure, Absolventen diverser exotischer Fächer. Mehr als im Studium erworbenes Fachwissen zählen Eigenantrieb, Biss, Pragmatismus und – ganz wichtig – die Fähigkeit, ein Team zu begeistern. Daran wird die Führungselite gemessen. Dafür kann sie nicht genug üben.

Schließlich will McKinsey Anführer ausbilden: Man trimmt die Berater schon ganz jung, Arbeit und Kapital so effizient wie möglich einzusetzen. «Die Härte der McKinsey-Leute gründet auf dem Geist einer elitären Organisation», schreibt das «Handelsblatt» über die «McKinsey-Republik Deutschland». Die Sitten sind rau, die Arbeit ist anstrengend, die Verweildauer kurz. Das Prinzip dazu heißt: «up or out»: Wer es nicht nach oben schafft, steigt aus. Entweder freiwillig oder auf sanften Druck, wie in allen Beratungsfirmen üblich, nur eben härter, elitärer: «Immer am Limit», so heißt die Autobiographie von Herbert Henzler, der die Firma hierzulande aufgebaut und dort einst mit 4167 D-Mark Monatsgehalt angefangen hat. «Sie müssen mit sechs Stunden Schlaf auskommen, Tag und Nacht erreichbar sein», erzählt er heute über die Sitten. «Und wenn Sie eine neue Aufgabe bekommen, dürfen Sie nie sagen: Ich habe genug zu tun. Das ist bei McKinsey undenkbar. Die richtige Reaktion ist: Gott sei Dank gibt mir einer zusätzliche Arbeit: I feel privileged.»

Neueinsteiger bleiben höchstens fünf Jahre in der Firma, von 1300 Beratern in Deutschland gehen infolgedessen jedes Jahr 20 bis 25 Prozent. Nur jeder Fünfte erreicht die Krone, die hier aus dem Partner-Titel besteht. «Nach drei, vier Jahren sind die Jungen im Schnitt bei McKinsey heute wieder weg», berichtet Veteran Henzler. «Kaum einer sagt am Start: Das ist der Job fürs ganze Leben – schon aus Selbstschutz. Mit 80 Prozent Wahrscheinlichkeit schmeißen sie dich sowieso wieder raus, oder die Leute gehen vorher, weil sie attraktive Angebote bekommen.»

Das Tröstliche daran: Die Firma lässt die Ehemaligen nicht hängen, sorgt sich, nimmt sie auf in die Alumni-Gemeinde. Eine Win-win-Situation: Es lohnt sich auch für den Arbeitgeber, Kontakt zu halten mit den Abgängern, schließlich sind sie es, die in den Unternehmen die Aufträge an Berater vergeben, auch wenn die freihändige Mandatierung an die früheren Kollegen kaum noch möglich ist: Vorsicht, Mauschelverdacht! Die Compliance-Regeln sind strenger geworden heutzutage. Die Arbeit im Netzwerk läuft raffinierter.

Sicher ist: Es ist klug, die Verbindung zur Firma nicht radikal zu kappen, es sich nicht mit den ehemaligen Kollegen zu verderben. Lieber pflegt man soziale Kontakte, sichert sich Karrierechancen: Wo netzwerkt es sich angenehmer als bei der jährlichen Ski-Ausfahrt von McKinsey in Kitzbühel? Kontakte auffrischen in Bergluft: herrlich!

Die globale Datenbank mit Profilen (inklusive Privatadresse und Mobilnummer) dient als Jobbörse. Man hievt sich gegenseitig hoch, man zieht andere nach, hilft sich gegenseitig mit Aufträgen und Kontakten: Jeder vierte frühere McKinsey-Berater gründet sein eigenes Unternehmen, so etwa die Pizza-und-Pasta-Kette Vapiano, seit 2017 an der Börse; Gregor Gerlach, einer der Gründer, war früher bei McKinsey.

Das Prinzip McKinsey prägt nicht nur die Wirtschaft, sondern auch Politik und Gesellschaft. Präsident Barack Obamas damalige Sicherheitsberaterin Susan Rice arbeitete früher für die Berater, auch der erste Job von Präsidententochter Chelsea Clinton führte sie zu McKinsey. In deren Reihen ebenso zu finden sind britische Außenminister, serbische Finanzminister – und in Deutschland zumindest eine Staatssekretärin im Verteidigungsministerium: Katrin Suder, eine promovierte Physikerin, zuständig für die Bundeswehr-Waffenbeschaffung, die auch schon an einer Bilderberg-Konferenz teilgenommen hat: Die Kreise der Netzwerke überschneiden sich, keine Frage. Und alle treffen sich in Davos, auf der McKinsey-Nacht, partymäßiger Höhepunkt des Weltwirtschaftsforums, zu dem sie seit Jahren eine Soul-Band aus New York einfliegen lassen, um zum Tanz der Meckis und Milliardäre aufzuspielen. Angebliche Gage für die Musiker: 100 000 Dollar.

Herbert Henzler, der es vom schwäbischen Bauernhof in Neckarhausen mit vier Kühen – «drei Schweine und vierzehn Gänse waren auch dabei» – in die Elite geschafft hat, der Berater der Kanzler und Konzernbosse, ist auch jenseits des 75.Geburstags noch immer unermüdlich am Netzwerken. Sein Büro hat er im selben Preysing-Palais in München wie die Achleitner-Bürogemeinschaft, nur eine Etage darunter. Auch die Ausflüge nach Davos lässt er sich nicht nehmen: Spätestens zum Abschluss, dem Ski-Rennen der deutschen Manager, ist er im Renndress zur Stelle, drahtig wie eh und je. Skifahren, Segeln, Tennis – das war sein Training, zusammen mit den fünf Kindern an den Wochenenden, die er immer freigehalten hat, so gut es ging.

Mit den «Similaunern» hat er zudem die «mächtigste Seilschaft der deutschen Wirtschaft» («manager magazin») ins Leben gerufen. Seilschaft im wörtlichen Sinn, eine Verbindung von Topmanagern, die gemeinsam Berge besteigen. Auf die Idee kam Henzler 1992 zusammen mit Reinhold Messner, als die beiden am Chimborazo, einem erloschenen Vulkan in Ecuador (6310 Meter), eingeschneit waren. Da hatten sie den Gedanken: Eine exklusive Schar deutscher Topmanager, ganze Kerle, sollte sich zu gemeinsamen Bergtouren treffen, um zu erfahren: «Da gibt es eine Welt, in der wir kleine Wichtel sind.»

Vierzehn Mitglieder zählte der Kreis zu Beginn, unter anderen waren dabei: Hubert Burda vom gleichnamigen Verlag, die damaligen Chefs von Lufthansa und Post, Jürgen Weber und Klaus Zumwinkel, Ulrich Cartellieri von der Deutschen Bank.

Herbert Henzler hat die CEOs organisiert, Messner übernahm die Reiseleitung. Den Bergsteiger lieben die Wirtschaftsführer sowieso, er wird ganzjährig gebucht für Vorträge, die Metaphorik von Bergtour und Karriere sind einfach zu naheliegend, etwa «das Setzen und Erreichen von objektiv unmöglichen Zielen, das rechtzeitige Abbrechen von offensichtlich fehlgeleiteten Expeditionsvorhaben, das Wiederaufstehen nach Schicksalsschlägen, der unbändige Wunsch zu lernen», wie Henzler es mal in einer Geburtstagslaudatio auf Reinhold Messner formulierte.

Der erste gemeinsam bezwungene Gipfel gab der Manager-Gruppe den Namen: der Similauner, mit einer Hütte auf 3019 Metern gelegen, war ihr erstes Ziel. Von da an ging's von Gipfel zu Gipfel, von Hütte zu Hütte, schwere Unfälle waren zum Glück nicht zu vermelden. Ex-Daimler-Chef Jürgen Schrempp musste einmal mit dem Hubschrauber ausgeflogen werden.

Zu den Gepflogenheiten gehört, sich vom ersten Tag an zu duzen, man spricht sich gegenseitig als «Kamerad» an. Abends wird gesungen. Einmal im Jahr treffen sich die Similauner mit Frauen zum Skiwochenende in Kitzbühel, inklusive Rennen.

Bedingung für die Aufnahme ist, dass alle anderen zustimmen. «Diese Abstimmung überstehen nur wenige», sagt Henzler, zudem ist die Größe des Clubs strikt begrenzt. Er beruft sich dabei, wie im richtigen Beraterleben, auf eine MIT-Studie, die herausgefunden haben will, dass erlesene Zirkel am nachhaltigsten im Geiste ihrer Erfinder weiterleben, sofern sie nur ein neues Mitglied im Jahr aufnehmen.

TRAINING BEI DEN BADEN-BADENER UNTERNEHMERGESPRÄCHEN

In Baden-Baden werden Karrieren gemacht. Dort treffen sich die Nachwuchsstars der deutschen Konzerne. Drei Wochen ohne Geschäft und ohne Familie, nur die letzte Woche dürfen die Ehepartner dabei sein. Die Herren (und wenigen Frauen) Spitzenmanager erscheinen ohne Chauffeur, ohne Sekretärin, ohne Stab. Ihr Handy schalten sie auf stumm, drei Wochen lang. So lange klinken sie sich aus, aus Geschäft, Familie und dem Leben überhaupt: Für die meisten ist das eine neue Erfahrung. Als Übungsleiter in diesem Trainingscamp für Hochleistungsträger wirkte lange Zeit ein ehemaliger Offizier. Zweimal im Jahr treffen sich etwa dreißig Manager im schmucken Palais Biron, dem Hauptquartier der «Baden-Badener Unternehmergespräche». Die Liste der Teilnehmer ist so geheim wie das Programm. Die Unternehmergespräche sind kein gewöhnliches Seminar, es gibt keine Fallstudien, keinen Teilnahmeschein. In Baden-Baden pauken die Jungstars (im Durchschnitt sind sie dreiundvierzig Jahre alt) kein Fachwissen, sondern bauen am Netz für ihren beruflichen Erfolg, vom frühen Morgen bis zum Absacker an der Bar. Clubs zur gegenseitigen Förderung der Karriere gibt es viele. Wenige sind so exklusiv wie die Runde in Baden-Baden. Das Netz der Absolventen zieht sich kreuz und quer durch die Chefetagen der deutschen Wirtschaft. Teilnahmeberechtigt ist laut Statuten nur, wer sich schon zwei Jahre in der Leitung eines Unternehmens bewährt hat und zudem die «erkennbare Eignung» mitbringt, es «in absehbarer Zeit» nach ganz oben, also in den Vorstand, zu schaffen. Selbst bewerben kann sich niemand. Ein Vorstandschef muss die erfolgshungrigen Nachwuchskräfte vorschlagen. «Jedes Jahr wird genau beobachtet, wen ich nach Baden-Baden schicke, das ist eine der wichtigsten Auszeichnungen», erzählt der Vorstandsvorsitzende eines Dax-Konzerns. Wer das Ticket in die Kurstadt erhält, der ahnt, dass man noch Höheres mit ihm vorhat. Er muss ja nicht gleich Siemens-Chef werden wie damals Klaus Kleinfeld (2002 in Baden-Baden). Oder Lenker von Weltkonzernen wie Allianz, Bayer oder Daimler-Chrysler; die Talente und späteren Bosse Jürgen Schrempp, Manfred Schneider und Henning Schulte-Noelle trafen sich 1985 in Baden-Baden – ein besonders ertragreicher Jahrgang, wie der damalige Organisator mit Kennerblick sagt.

Veranstaltet werden die Treffen von einem Verein, der «Gesellschaft zur Förderung des Unternehmernachwuchses e. V.». Unter den etwas mehr als einhundert Mitgliedern findet sich die Crème de la Crème der deutschen Wirtschaft; Industrie, Banken, Versicherungen sowie namhafte Mittelständler. Die Unternehmen zahlen zwischen 2500 und 12500 Euro Jahresbeitrag. Damit erwerben sie das Recht, ihren Führungsnachwuchs nach Baden-Baden zu entsenden.

Gegründet wurden die Veranstaltungen 1954 als Reaktion auf den «quantitativen und qualitativen Mangel an Führungsnachwuchs für die deutsche Wirtschaft», wie es nach dem Krieg hieß. An die dreieinhalbtausend Topleute haben seither die Baden-Badener Schule durchlaufen, sie pflegen ihre Kontakte bis ans Lebensende, viele Freundschaften sind daraus entstanden. Nur die Sitten haben sich geändert: Hielt sich die alte Garde der Industriekapitäne ans «Sie», so sind die Neuen rasch beim «Du». Auch mischen sich Partner und Ehefrauen, die in der dritten Woche dazustoßen, in die Debatten ein – früher war das undenkbar. Die Zeiten des Damenprogramms sind vorbei.

In Baden-Baden werden seit jeher spektakuläre Personaltransfers angezettelt, Freundschaften begründet, Ehen gestiftet. «Hier reden die Top-Leute über Dinge, mit denen sie auf ihrer Höhe sonst mit niemandem mehr sprechen können», berichtet ein Teilnehmer. Man trifft sich nicht nur zu Arbeitssitzungen, sondern auch zu Kochabenden oder zu Ausflügen auf den Golfplatz und in die Oper. Eine Absonderung von der Gruppe ist nicht vorgesehen, die Manager sind alle im selben Mittelklassehotel untergebracht. Wenn eine Sekretärin ihrem Chef das nicht zumuten will oder aus purer Gewohnheit ein Luxusbett bucht, dann stuft der meist nach wenigen Nächten zurück und stößt zum Rest des «Lehrgangs».

Die Stimmung hat etwas von einer übermütigen Bande im Landschulheim, auch wenn Muskelspiele und Imponiergehabe unter den Alphatieren nicht ausbleiben. Legendär ist der BMW-

Manager, der beim Anblick der von Daimler bereitgestellten Limousinen spontan zum Handy griff. Kurz darauf fuhr eine zweite Flotte Nobelkarossen vor – dieses Mal mit weiß-blauem Logo.

Die offiziellen Themen spiegeln über die Jahre die Befindlichkeiten in den Chefetagen: So steht mal das angekratzte Image von Managern auf der Agenda, dann das zerrüttete Verhältnis zwischen Wirtschaft und Politik. Außerdem gibt es – als Dauerbrenner – Vorträge zur körperlichen Fitness für Manager.

Eine Garantie für den ultimativen Karriereschub bietet Baden-Baden freilich nicht. Ein Drittel der Teilnehmer schafft es ganz an die Spitze, in den Vorstandsvorsitz, verrät die interne Statistik, ein Drittel in den Vorstand, und ein Drittel bleibt, wo es ist. Und mancher stürzt auch ganz ab aus der Eliteklasse. «Von meinem Jahrgang sind etliche ganz von der Bildfläche verschwunden», berichtet ein Teilnehmer von vor zehn Jahren. So erging es einem in Baden-Baden geformten Banker, der im Cum-Ex-Skandal, dem größten Steuerraub der deutschen Geschichte, belastet wurde: «Dessen Karriere ist zerstört, da hilft auch kein Baden-Baden-Netzwerk mehr.»

DER EVIAN-KREIS DER DEUTSCH-FRANZÖSISCHEN FREUNDSCHAFT

Immer am ersten September-Wochenende treffen sich Deutsche und Franzosen, etwa fünfzig Chefs der größten Unternehmen der beiden Länder, in Evian am Genfer See. Die Öffentlichkeit ist unerwünscht, hochkarätige Politik herzlich willkommen. Deutsche Kanzler von Helmut Schmidt bis Angela Merkel waren schon da, französische Präsidenten ebenso. Powerpoint-Präsentationen sind verboten, ebenso Englisch.

1991 hat Edzard Reuter, damals Chef von Daimler, die

Treffen begründet, zusammen mit den Chefs von Bosch und Danone. Zwei Jahrzehnte hat der exklusive Club im Verborgenen gewirkt, die Öffentlichkeit nahm nie groß Notiz von dem deutsch-französischen Wirtschaftszirkel Evian. Den beteiligten Managern war dies ganz recht: Hochkaräter in «informeller, unspektakulärer Atmosphäre zusammenzubringen», das war schließlich die Idee von Edzard Reuter. Öffentlichen Rummel veranstaltet die Gruppe bis heute nur in Ausnahmefällen. Im Herbst des Jahres 2011 etwa, als sie mit ganzseitigen Anzeigen Alarm schlug. Überschrift: «Der Euro ist notwendig.» Eine Aktion geboren auf dem Unternehmertreffen in Evian, initiiert wesentlich von Gerhard Cromme, dem frankophilen Topmanager mit Gardemaß, ehedem Aufsichtsratsvorsitzender von Siemens wie ThyssenKrupp, der bis heute die Ansicht vertritt, dass es zu den Pflichten eines Managers gehört, in der politischen Debatte Stellung zu beziehen.

Der Industriekapitän hat im Revolutionsjahr 1968 in Paris studiert, später mit Familie in Nancy gelebt, als Manager für St. Gobain gearbeitet – nur der Gründer des Evian-Clubs, als der er bisweilen hingestellt wird, ist er nicht. So viel historische Gerechtigkeit muss sein. Da erinnert Edzard Reuter sich genau. Er, Reuter, habe Cromme damals angerufen, ob er mitmache in dem neuen deutsch-französischen Club. «Cromme hat sich für die gleichen Grundgedanken begeistert, aber nicht von Anfang an mitgewirkt. Dazu hatte er damals als Krupp-Chef zu viel zu tun», erzählt Reuter. Der langjährige Sozialdemokrat legt heute Streitschriften gegen die Gier im Management vor.

Um Evian-Fahrer betteln musste er von Beginn an nicht. Die illustren Gründungskonzerne, auf deutscher Seite Bosch neben Daimler, bürgten von Anfang an für reges Interesse der Spitzenmanager. «Wir wollten Deutsche und Franzosen ins Gespräch bringen, da die Mentalitäten in den Unternehmen so unterschiedlich waren», sagt Reuter: Die Franzosen mit der traditionellen Nähe ihrer Konzerne zum Staat, die Deutschen – frisch wiedervereinigt – auf der Suche nach ihrer Position im globalen Wettbewerb.

Abgesehen von der bis heute hochgehaltenen europäischen Idee ging es in Evian natürlich von Anfang an auch ums Geschäft: Mercedes wollte in Frankreich Autos verkaufen, Danone in Deutschland Joghurt. Und dann bastelte Daimler-Stratege Reuter in jener Zeit noch grenzüberschreitend am integrierten Technologiekonzern – das deutsch-französische Luftfahrtunternehmen Airbus (vormals EADS) kündet bis heute davon.

Die Organisation des Evian-Clubs regelte in den Anfangsjahren Reuters damalige Assistentin, eine junge Volkswirtin, Kirstin Hegner mit Namen, die spätere (und inzwischen wieder geschiedene) Ehefrau von Ex-Mercedes und Ex-Metro-Chef Eckhard Cordes, zu dem sie in dessen Zeit bei Daimler gefunden hatte.

Der Stuttgarter Autokonzern hat sich nach Reuters Abschied, unter Jürgen Schrempp, Stück für Stück von seiner maßgeblichen Rolle in den deutsch-französischen Gesprächen entfernt: «Die anfängliche Begeisterung meines Nachfolgers für Evian ist sehr schnell erkaltet», sagt Reuter dazu knapp (den Namen des verhassten Nachfolgers meidet er, so gut es geht).

Die Pioniere auf französischer Seite sind unvermindert vertreten, allen voran Danone: Der Konzern verkauft nicht nur Sprudelwasser mit dem Namen «Evian», ihm gehört dort auch das Fünf-Sterne-Hotel «Royal» – mit spektakulärem Blick auf den Genfer See. Dort zelebriert der Evian-Kreis sein jährliches Wochenende nach dem immer gleichen Ritual: Freitagabend geht es los mit einem Dinner samt hochrangigem Gast aus der Politik (wohl kein deutscher Kanzler oder französischer Präsident hat die Einladung je ausgeschlagen), am Samstag tagen die Arbeitsgruppen (alles hübsch deutsch-französisch austariert). Den Sonntag hängen viele aus touristischen Gründen an.

Bewerben kann man sich für den Evian-Club – wie für all die anderen Elite-Bündnisse – übrigens nicht. Kandidaten müssen für würdig befunden werden von den Koordinatoren auf deutscher wie französischer Seite. In Frage kommen nur die obersten Ränge, Vorstandsvorsitzende und Aufsichtsratsvorsitzende. Sich durch einen gewöhnlichen Vorstand vertreten zu lassen sei nicht gestattet, berichtet der Vorstandschef eines Dax-Konzerns, seit Jahren Gast in Evian. «Und wer einmal schwänzt, wird nie wieder eingeladen.»

VON DER ISNY-RUNDE, DEM ANDENPAKT UND DEN AUTOKUMPELS

Netzwerke, so geheim und effizient sie sein mögen, kommen und gehen. Der «Andenpakt» junger Unions-Politiker etwa hat in seiner Wirkmacht nicht lange überdauert, nachdem er vor einigen Jahren allgemein bekannt wurde, er lebt nur noch rudimentär und zu wenigen Anlässen auf. Etwa jedes Jahr im Herbst, in den Allgäuer Bergen.

Wenn die Tage düsterer, die Nächte länger und die Gipfel weißer werden, fahren schwere Limousinen, vorwiegend mit den Luxusmarken aus dem VW-Konzern, ins schwäbische Allgäu, zu einem intimen Stelldichein von Politik und Wirtschaft: «Isny-Runde» nennt sich der institutionalisierte Gedankenaustausch, seit 1979 immer Ende November, Anfang Dezember organisiert vom schwäbischen Unternehmer Helmut Aurenz (ASB Grünland), seines Zeichens «König der Blumenerde», mit CDU-Parteibuch und knallig buntem Lamborghini unterwegs.

Helmut Aurenz, ein gelernter Gärtner, hat es nach acht Jahren Volksschule mit nichts als Dreck und Erde zu Vermögen und einem Platz auf der Liste der reichsten Deutschen gebracht, nebenbei kam er zu Mandaten in den Aufsichtsräten von Audi, Scania, Lamborghini – und damit an die tollsten und neuesten Sportwagen zum Test.

Blumenerde jeder Art ist sein eigentliches Metier, Flüssigdünger, Rindenmulch, solche Sachen. Der Mann ist ein Global Gärtner sozusagen, einer der größten Hersteller von Blumenerde weltweit, vielleicht sogar der größte. Genaues weiß man nicht. Analysten, zuständig für derartige Kennzahlen, beackern diese Ecke der Wirtschaft nicht.

Diesem Selfmade-Millionär Aurenz gehört praktischerweise ein Vier-Sterne-plus-Hotel samt Wildgehege, genauer gesagt der «Jägerhof», unweit der Kurkliniken in den Hügeln von Isny gelegen, mit Blick auf Bregenzer Wald und die Gipfel der Schweizer Alpen. Dort kommt Aurenz für Kost und Logis seiner hochmögenden Gäste auf: einhundertfünfzig ehrenwerte Mitglieder der politisch-wirtschaftlichen Elite. Für gewöhnlich ist der Treff «restlos ausgebucht», sagt Aurenz.

Als «Mini-Davos» tituliert er im Überschwang den Ausflug ins Allgäu, was trotz des «Mini» doch arg vermessen ist. Aber immerhin: Jeder Bundeskanzler war bisher mindestens einmal dort. Die Besetzung ist, zumindest für deutsche Verhältnisse, erstklassig, wenn auch stark Auto- und CDU-lastig: Ferdinand Piëch, begleitet von Gattin Ursula, hielt hier als Stammgast Hof, seit damals ist das Wochenende Pflicht für das Management des VW-Konzerns. Daneben andere Großindustrielle wie die Quandts sowie die Großkopferten von Chemie (BASF) bis Handel (etwa Edeka), hin und wieder dürfen sogar Banker, wie der Chef von Goldman Sachs, sprechen.

Lothar Späth ist seinerzeit hierher geflohen nach dem missglückten Putsch gegen Kanzler Helmut Kohl. Kanzlerin Angela Merkel war geladen, als sie noch nicht Kanzlerin war. Ihr ging es darum, die Bosse zu gewinnen, die Gefallen gefunden hatten am Genossen Gerhard Schröder im Kanzleramt, der den Titel «Autokanzler» als Ehrentitel begriffen hat. Der war selbstredend auch schon im «Jägerhof» – sozusagen im Feindesland für einen Sozialdemokraten, da der Gastgeber nicht nur strammer CDU-Mann, sondern darüber hinaus Mitglied des Andenpaktes, jenes sagenumwobenen «abgekapselten Geheimbunds» innerhalb der Partei ist.

So hat der ewige Kohl-Minister Norbert Blüm einst den Andenpakt bezeichnet, einen Männerbund innerhalb der Partei, gegründet zur gegenseitigen Förderung der Karriere. Am 25. Juli 1979, so geht die Legende, hätten ein gutes Dutzend Nachwuchspolitiker der Jungen Union auf einem Nachtflug von Caracas nach Santiago de Chile im Scherz ein Bündnisdokument aufgesetzt. Im Laufe der Zeit seien neue Mitglieder zu dem Netzwerk gestoßen. Aus Spaß wurde so eine Seilschaft, die sich gegenseitige Loyalität schwor: Kein Mitglied des Paktes kandidiere gegen ein anderes Mitglied des Paktes oder fordere öffentlich dessen Rücktritt. Zeitweise wurde dem Andenpakt fast mystischer Einfluss innerhalb der CDU nachgesagt, was sich erst änderte, als Angela Merkel, Feindbild des Männerbundes, zur unangefochtenen CDU-Parteivorsitzenden emporstieg. Einer nach dem anderen ihrer Widersacher wurde erledigt, die Mitglieder des Andenpaktes verschwanden aus dem Zentrum der Macht, bis der Pakt sich mangels Perspektive aufgelöst hat. Seine Vorkämpfer hatten in der Merkel-CDU den Boden unter den Füßen verloren: Roland Koch, Friedrich Merz, Christian Wulff, Friedbert Pflüger, Christoph Böhr, Matthias Wissmann, Günther Oettinger und wie sie alle heißen.

Auf dem Isny-Gipfel trifft man sich wieder. Für die CDU-Prominenz bürgt nicht zuletzt Matthias Wissmann, zuerst ihr Verkehrsminister, dann als VDA-Präsident Lobbyist der Autoindustrie – wenn man so mag, hat dieser Teil der Karriere mit der Blumenerde begonnen. Im «Jägerhof» hat er Kontakte geknüpft zu den wichtigen Männern der Branche, er moderiert die Isny-Gipfel von Anbeginn an, setzt die Themen, sucht die

Referenten aus und gibt klare Anweisungen: «Niemand darf länger als zehn Minuten reden, damit es zu einer Debatte mit den kompetenten Gästen kommt.»

Mit dem gastgebenden Blumenerde-König verbindet Wissmann eine lange Freundschaft, gewachsen quasi auf Ludwigsburger Dung, wo sie beide herkommen, wie überhaupt der Großraum Stuttgart stark vertreten ist in diesem Netzwerk. EU-Kommissar Günther Oettinger, ehemals baden-württembergischer Ministerpräsident und ein Kumpel Wissmanns, gehört zu der Clique und hatte seinerzeit dasselbe Gymnasium besucht in Korntal, vor den Toren der Landeshauptstadt, wie Martin Winterkorn, der vom Flüchtlingsbuben zum VW-Chef aufgestiegene Autofanatiker.

Mit dem Dieselbetrug hat «Wiko», wie er ehrfürchtig gerufen wurde in Wolfsburg, alle Ämter verloren und damit auch die Einladung zu Runden wie im Allgäu. Ausgestoßene dürfen wenig Gnade von der Elite erwarten. Man muss sich Martin Winterkorn, auf den einst ein riesiger Hofstaat hörte, der im Kanzleramt ein und aus ging, heute als einen einsamen Menschen vorstellen: Ihm bleibt nicht viel mehr als der Fußball, der FC Bayern München (wo er noch im Aufsichtsrat sitzen darf) und die Besuche in der Allianz-Arena.

In Isny währt das traute Verhältnis zwischen den Männern mit Benzin im Blut und aus Berlin angereisten Volksvertretern fort. Runden wie diese sind es, die den Eindruck begründet haben, da kungeln zwei Bereiche, die so eng eigentlich nicht zusammengehören sollten: Automobilindustrie und Politik.

Auch wenn die Kumpanei nie so innig war, wie die Gegner der Branche argwöhnen, wahr ist doch: Deutschlands Vorzeigeindustrie genoss seit jeher bevorzugte Behandlung, und damit ist noch nichts juristisch Verwerfliches gesagt: Wenn eine Industrie jeden siebten Arbeitsplatz stellt, hört sich jede Regierung deren Argumente an. Und in Formaten wie der Isny-

Runde kommt man sich besonders nahe, schließlich sind die Organisatoren im Allgäu explizit angetreten, um die «Ressentiments zwischen Wirtschaft und Politik aufzulösen» (O-Ton Matthias Wissmann).

Im Herbst 2017 diskutiert beispielsweise die Runde die Lage nach der Wahl in Deutschland und Frankreich. Für die Franzosen spricht der Bankier Philippe Oddo, für die Deutschen BMW-Aufsichtsratschef Norbert Reithofer – ein Automann, kein Wunder!

In Isny debattiert die Elite seit jeher die Großwetterlage im rustikalen Stübchen. Finanzminister Wolfgang Schäuble (CDU) darf hier knurren von Pleite-Griechen und den «höllischen Schwierigkeiten» der Brexit-Briten, ohne dass gleich jedes Wort nach draußen dringt und die Märkte verunsichert. Hochmögende Konzernchefs können von den Herausforderungen der Globalisierung sprechen. Das alles tut niemand weh. Alle fühlen sich geschmeichelt, zuvörderst die gastgebende Familie, wo das Tagesgeschäft inzwischen übergegangen ist in die Hände von Tochter Michaela, geboren am 20. November 1984 in Isny natürlich. Die Juniorchefin ist das erste Kind aus zweiter Ehe des Torf-Barons und bestens präpariert für ihre Aufgabe. So wie es gute Übung ist in der Unternehmerelite im Land.

Mit fünfzehn geht es für sie ins Internat nach St. Gallen, auch weil sie flüchtet vor dem distanzierten Umgang mit den Gleichaltrigen daheim und deren Neid: Wenn die anderen Teenager vom Urlaub am Boden- oder Gardasee erzählen, dann berichtet Michaela Aurenz von den Bahamas oder Singapur.

In der Schweiz ist ihre Schule derartig exklusiv, dass das Vermögen der Eltern kein Thema, sondern Voraussetzung ist. Unerkannt bleiben wollende Familienunternehmer lassen die Kinder dort erziehen, auch diverse Stammgäste der Klatschspalten sind mit ihrem Nachwuchs vertreten. Zu viert sitzen die Schüler in der Klasse. Nach einem halben Jahr sind sie deshalb mit dem Lehrbuch durch. Zum Leistungskurs – französische Literatur – treffen sie sich dann nur noch zu zweit mit der Lehrerin.

Im Fall von Michaela Aurenz folgt ein BWL-Studium in Amerika, am «College of William and Mary» in Williamsburg (Virginia), der zweitältesten Hochschule in den Vereinigten Staaten (nach Harvard). Auslandssemester in St. Petersburg und diverse Praktika, unter anderem in Paris, runden die Ausbildung ab, und doch hat die ehrgeizige junge Frau ein Problem: Egal, wie wacker sie sich schlägt, die Taten des Vaters kann sie nicht übertreffen. Das Los teilt sie mit den meisten Erben von Familienkonzernen, wie auch deren Verachtung für angestellte Manager: «Die machen High Life, auch wenn die Zahlen schlecht sind. Wir sind mit allem, was wir haben, in der Firma investiert», sagt Michaela Aurenz, die jetzt mit Nachnamen Aurenz Maldonado heißt. Im Jahr 2014 hat sie in der Kirche in Isny einen Abkömmling von venezuelanischem Fabrikantenadel geheiratet: Samuel Dario Maldonado Degwitz, dessen Clan wiederum verbandelt ist mit einem Konglomerat namens GEM in Venezuela, dem hoffnungslos heruntergewirtschafteten Land: ein Beispiel dafür, was der Staatssozialismus anrichten kann. Verglichen damit herrschen sogar im VW-Konzern mit dem Land Niedersachsen als Großaktionär paradiesische Zustände, wie klebrig eng dort die Bande zwischen Landesregierung, Gewerkschaftern und VW sind, hat Michaela Aurenz im Praktikum in der Staatskanzlei in Hannover erfahren. Hinterher war ein für alle Mal klar: Politik ist nichts für sie. «Ernüchternd» nannte sie die Station im Nachhinein.

10

FRAUEN IN DER ELITE

NICOLA LEIBINGER-KAMMÜLLER
UND DIE QUOTE

E s ist ja wahr: Männer geben den Ton an in der deutschen Elite. In der Politik immerhin hat sich die Welt daran gewöhnt, von Angela Merkel regiert zu werden. Es soll Kinder geben, die vor dem Fernseher die Eltern fragen, ob es überhaupt erlaubt ist, dass ein Mann Bundeskanzler wird. Die Wirtschaft tickt anders, da entscheiden über Macht, Karrieren, Geld zum großen Teil noch immer Männer, allen Gleichstellungsbeauftragten und Frauenförderungsprogrammen zum Trotz. Gleichwohl machen wir uns auf die Suche: Wo verstecken sich die Heldinnen der Wirtschaft?

Die wohl strahlendste kommt aus dem Maschinenbau und liebt Thomas Mann: eine unschlagbare Mischung. Wer verstehen will, wie das zusammenpasst, muss nach Ditzingen fahren, zu einem deutschen Vorzeige-Mittelständler, zu Trumpf, dem Weltmarktführer für Lasertechnik. Hier regiert Nicola Leibinger-Kammüller, eine der Frauen mit dem größten Einfluss in der deutschen Industrie und Politik. Konzerne wie Siemens, Axel Springer oder Lufthansa kontrolliert sie als Aufsichtsrätin. Die Türen ins Kanzleramt stehen ihr offen, Angela Merkel hört auf ihren Rat, und so kann sie es sich sparen, dort aufzutauchen, wenn mal wieder die angeblich wichtigsten einhundert Frauen der deutschen Wirtschaft sich zum Gruppenfoto aufstellen. Jemand wie sie hat es nicht nötig, im Pulk zu Fototerminen ins Kanzleramt zu fahren, für so was fehlt Nicola Leibinger-Kammüller schlicht die Zeit; Firma, Familie, vier Kinder wollen gemanagt werden.

Hätte der Tag mehr Stunden, fänden in ihrem Leben noch ein paar Mandate mehr Platz. An Talent, Ehrgeiz oder Disziplin mangelt es der Frau nicht. An der Nachfrage seitens der Industrie auch nicht, die ist immens: Fähige Frauen sind gesucht. Das Land dürstet nach Heldinnen in der Wirtschaft. Und Nicola Leibinger-Kammüller, seit 2005 Chefin des Maschinenbauers, ist der Star im weiblichen Teil des deutschen Unternehmertums.

Zu ihr pilgern Kanzler und Könige, wenn sie eine Vorzeigefirma suchen: ein Champion des Weltmarktes, der nicht mit Bangladesch-Löhnen antritt, sondern mit technologischer Eleganz glänzt – und mit schwäbischem Akzent aufwartet. Den vermag die Hausherrin stufenfrei zu dosieren, je nach Gesprächspartner. Dies gehört ebenso zur Masche wie der kokette Hinweis, ihr politischer Einfluss werde überschätzt. Diese Unternehmerin muss nicht prahlen mit ihrem Zugang zur Macht, sie hat ihn. Das hat sich herumgesprochen unter den Hoffnungsträgern der Union. Besser, man hat Nicola Leibinger-Kammüller auf seiner Seite. Wenn die Kanzlerin aus Berlin anruft, um zu erfahren, was schiefläuft mit den Christdemokraten im Südwesten, Nicola Leibinger-Kammüller liefert ihre Einschätzungen über Talente, Versager und Intrigen, klar und offen im vertraulichen Gespräch, aber bisweilen mit schmerzhaften Folgen für den betreffenden CDU-Mann (oder Frau). Öffentlich hält sie sich zurück. Wenn sie sich zur Politik äußert, dann bewundert sie Merkels Regierungskünste; «eine gescheite Frau» hat sie sie einmal genannt. Widerspruch gegen die Kanzlerin ist von ihr kaum zu erwarten. Die Ausnahme von der Regel besteht – ausgerechnet – in der Frauenfrage. Als Angela Merkel seinerzeit die Frauenquote für Aufsichtsräte durchboxte, stand Leibinger-Kammüller, CDU-Mitglied seit jungen Tagen, auf der anderen Seite. Gegen eine Quote in jeder Form kämpft sie bis heute, und das vehement. Die Quote diskriminiere Frauen, die es aus eigener Kraft geschafft haben. «Wer will schon Quotilde sein?», spottet die Trumpf-Chefin – und wird dafür von Feministinnen angegriffen: Die hat leicht reden, die hat ihren Betrieb geerbt. Da treffen unversöhnliche Welten aufeinander, denn mit der Gender-Fraktion kann die Unternehmerin aus Schwaben nichts anfangen. Männerbünde, die Frauen an gläsernen Decken die Köpfe einschlagen lassen? Aus ihrer Sicht alles grober Unfug: «Männer können scheitern, Frauen können scheitern – und am schlimmsten ist es, wenn Frauen wie Männer werden und deshalb scheitern.» Auch in ihrer eigenen Firma prämiert sie Abteilungsleiter dafür, dass sie Frauen nach oben ziehen, nur hapert es am weiblichen Nachwuchs unter Ingenieuren. Da helfe keine Quote, sagt die Frau, die auf Erfolg abonniert ist. Konjunktureinbruch, Abschwung, Krise? Nicht in Ditzingen. Nicht mit ihr. «Es ist wichtig für die Firma, Erfolg zu haben, schön ist es außerdem», sagt die Frau, die das wohl hübscheste Fabrikgelände des deutschen Maschinenbaus regiert: ausgewählte Architektur (von der Schwester erdacht), Grünflächen auf Wimbledon-Niveau und auch der Rest schwäbisch akkurat. Leibingers dulden keinen Schlendrian. Leibingers sind Schwaben, pietistische Schwaben. Rumgammeln, chillen, abhängen – all das hat in dieser Welt nichts zu suchen. Wem der Sinn nach Muße steht, dem empfiehlt die Chefin Lyrik: «Ein Gedicht zu lesen dauert fünf Minuten.» Will sagen: Und hinterher wieder flott ans Werk. Wem vom Schöpfer Talente gegeben sind, der hat mit seinen Pfunden zu wuchern. Alles andere ist Sünde. Frau Leibingers protestantischer Glaube ist insofern keine Privatsache, als er zum Markenkern der Familie gehört, der sonntägliche Kirchgang, die Morgenlosung für die Kinder genauso wie die Verehrung für Bach und Schiller. Zum 500. Reformationstag, am 31. Oktober 2017, predigt sie in ihrer Heimatkirche in Gerlingen über Martin Luther, den Rebell und Reformator.

Dies lehrt: Für den Aufstieg zum Star und den gesellschaftlichen Rang einer Nicola Leibinger-Kammüller braucht es mehr als zweistellige Renditen und solides Wirtschaften. Trumpf ist zwar ein überragend erfolgreicher Global Player, aber einer von der kleineren Sorte – elftausend Angestellte, drei Milliarden Euro Umsatz. Da haben Schwergewichte wie VW oder Daimler ein Vielfaches zu bieten, trotzdem hat es die zierliche Frau Leibinger-Kammüller im Zweifel leichter, gehört zu werden, als die großen Jungs aus den Dax-Vorständen: «Uns Familienunternehmern glaubt man mehr, wir haben ein höheres Ansehen.» Erst recht, wenn die Firma zurückgreifen kann auf eine so hübsche Geschichte wie die Leibingers: Der Vater, Berthold Leibinger, hat die Firma Trumpf (gegründet 1923) eben nicht geerbt, sondern mit eigenen Ideen Stück für Stück erworben. Und das ging so: Nach dem Krieg hat Berthold Leibinger als Lehrling dort angefangen und sich mit brillanten Ideen hervorgetan. Statt von der Firma Geld für die dadurch erlangten Patente zu verlangen, ließ der junge Pfiffikus sich vom Gründer mit Anteilen am Unternehmen bezahlen, bis ihm am Ende der Laden gehörte: ein Triumph der Kreativität!

Geprägt hatte den Vater, der drei Jahre alt war bei Hitlers Machtergreifung, der Pietismus im schwäbischen Korntal und die Jugend im Nationalsozialismus. «Mein Elternhaus stand den Nazis fern», sagt er, «NS-Gedanken wurden dort nicht verbreitet.» Liberal ging es zu, die Kinder hatten ihren Freiraum. «Als Bub war ich begeistert im Jungvolk, ganz naiv.» Nach dem Krieg haben dann auch in seiner Umgebung alle so getan, als wäre keiner für Hitler gewesen, berichtet der Senior, dabei waren auch die frommen Christen anfangs durchaus empfänglich für die NS-Propaganda. «Die vermeintliche Askese, das Frugale bei den Nazis war den Pietisten sympathisch.» Die Lehrer hätten es gern gehabt, wenn der Junge, der schon als Kind Wiking-Schiffe nachgegossen hat, Theologe oder wenigstens Arzt geworden wäre, kein fader Ingenieur. «Nach dem Krieg waren wir hungrig, geschlagen, verfemt. Das Land war zerstört. Gleichzeitig war da dieser unbändige Wille zu überleben», sagt Leibinger, «die enorme geistige Bereicherung.» 1948 hat er zum ersten Mal Thomas Mann gelesen: «Daraus könnte ich heute noch zitieren.» Diese Freude an der Literatur hat sich auf die Tochter übertragen. Ist es das, was Nicola Leibinger-Kammüller abhebt von anderen tüchtigen Frauen in den Unternehmen? Oder ist da mehr?

Erst mal: Ganz oben ist die weibliche Konkurrenz noch immer überschaubar. Auch wenn Frauen im Management den Zeitgeist im Rücken spüren, Headhunter bereits darüber klagen, dass im Wettstreit «Qualität oder Geschlecht» im Zweifel die Frau im Vorteil ist – so viele Frauen sind es nicht, die sich Chefposten erkämpft haben, eine Handvoll ansatzweise prominenter Aufsichtsrätinnen kontrolliert Großkonzerne. Einer der Stars ist die bereits behandelte Wirtschaftsprofessorin Ann-Kristin Achleitner, die sich öffentlich zurückhält, seit ihr Mann Paul Achleitner als Aufsichtsratschef die Deutsche Bank steuert und die «Powerpaar»-Geschichten in den Zeitungen überhandnahmen. Dann ist da Allensbach-Chefin Renate Köcher, ebenso mit klangvollen Aufsichtsratsmandaten betraut, sowie aus der Reihe der alten vermögenden Familien Simone Bagel-Trah, das zurückhaltende Oberhaupt des Henkel-Clans, dem wir uns noch nähern werden. Leibinger-Kammüller hat Spaß an gesellschaftlichen Debatten, am wirtschaftspolitischen Schlagabtausch. Sie genießt es, wichtige (nicht zu verwechseln mit wichtigtuerischen) Leute zu treffen. Und ja, sie gibt zu: «Vielleicht spielt auch Eitelkeit eine Rolle.» Damit offenbart sich der nächste Grund für ihre unangreifbare Position: Sie unterläuft jeden potenziellen Vorwurf, noch bevor er geäußert ist, mit Selbstironie. Die Frau weiß, was sie tut, in jedem Moment. «Es wäre ungeschickt, meinen Charme nicht einzusetzen», sagt sie selbst.

Wenn das Bild von ihr allzu perfekt gerät, ist da noch immer diese «Fünf» in Mathe, die sie dann herauskramt aus den Erinnerungen an die neunte Klasse: Statt zum Segeln an den Bodensee steckte der Vater sie daraufhin übers Wochenende ins Kloster zur Nachhilfe. Im Rennen um die Nachfolge überholte sie aber dann den zeitweise favorisierten Bruder Peter, obwohl er der Ingenieur und sie die Geisteswissenschaftlerin ist. Die Phase war nicht einfach für die Familie.

Vom Vater hat sie sich in der Rolle als Chefin schnell emanzipiert, ohne sich zu distanzieren. Nur die Verbindungstür zwischen ihren beiden Büros ist zugemauert, der Senior muss jetzt erst über den Flur, ehe er ihr einen Rat geben kann. Was nichts daran ändert, dass die Tochter auch mit Mitte fünfzig noch den koketten Kleine-Mädchen-Blick draufhat. Eine Rede auf dem Bankentag, wo sie als Gaststar aus der Realwirtschaft gebucht war, begann sie damit, was der Papa ihr einst aufgetragen habe: «Mädle, halte dich von Banken fern.» Großes Gelächter. Selten wurde Bankerbashing leichtfüßiger vorgetragen. Die vorgeführten Männer sind Monate später noch verzückt, wie Milliardärin Leibinger-Kammüller ihnen erklärt hat, wie sie, die angeblich kleine Mittelständlerin, die Sache selbst in die Hand genommen und eine eigene Bank gegründet hat: um Kunden Geld zu leihen, damit die sich Trumpf-Maschinen kaufen

können. Denn nie haben die Leibingers behauptet, ein Sozial-
werk zu leiten: «Wir sind ein Hochleistungsunternehmen.» Ein
Hightech-Betrieb, an dessen Spitze nur keiner dieser Dutzend-
typen sitzt, sondern eine promovierte Literaturwissenschaft-
lerin, die nur deshalb nicht für Talkshows taugt, weil sie sich
nach der letzten ihrer vier Schwangerschaften das Fernsehen
abgewöhnt hat. Manager-Literatur verabscheut die Frau ebenfalls, dafür hat sie mehr als zwanzigmal die «Buddenbrooks»
gelesen. Auch das ist ein echtes Alleinstellungsmerkmal unter
Managern.

GEGEN MACHOS UND CHAUVIS

Vor 225 Jahren wurde in Frankreich eine Frau geköpft.
Olympe de Gouges hieß sie, ein paar Gedenktafeln in ihrer
Heimat in Südfrankreich und ein Platz in Paris erinnern neu-
erdings an sie. De Gouges war die uneheliche Tochter einer
Wäscherin, wurde mit siebzehn gegen ihren Willen mit einem
Pariser Wirt verheiratet und brachte sich nach dessen frühem
Tod selbst Lesen und Schreiben bei.

Sie schrieb politische Bücher und kämpferische Theater-
stücke. Vor allem verfasste sie die «Erklärung der Rechte der
Frau und Bürgerin», in der sie 1791 – als erste Frauenrechtlerin Europas – forderte: «Die Frau hat das Recht, das Schafott
zu besteigen. Gleichermaßen muss ihr das Recht zugestanden werden, eine Rednertribüne zu besteigen.» Freiheit und
Gleichheit waren in der Französischen Revolution jedoch
nur für die Männer, nicht für Frauen vorgesehen. Olympe de
Gouges, hingerichtet 1793 unter Robespierres Terrorregime als
Royalistin und unbequeme Frauenrechtlerin, war zu früh mit
ihren Ideen.

Im Jahr 2017 sieht die Welt etwas anders aus: Frauen erkämpfen sich ihre Position in der Elite, ob in der Politik, den Medien oder der Wirtschaft, im Showbusiness (von Adele bis Lady Gaga und Beyoncé) sowieso. Noch nie standen ihnen die Türen so weit offen wie heute. Politiker verlangen Quoten, die Gesellschaft nach weiblichem Esprit, Unternehmen nach Ingenieurinnen: Die Führungselite muss weiblicher werden. Wer als Abteilungsleiter seinen Bonus nicht verspielen möchte, befördert eine Frau, solche Programme sind heute gang und gäbe. Schon die Schule tut vieles, um Mädchen zu fördern und in karriereträchtige Bahnen zu lenken: «Studiert Mathe, Mädels», empfiehlt Siemens-Personalvorstand Janina Kugel. Lernt «Coding», Kinder, tönt es aus allen Ecken. Und wenn ein Konzernchef eine Top-Position zu besetzen hat, hört er sogar von den harten Jungs vom Kapitalmarkt: Wo bleibt die Frau? Also sucht er eine. Alles andere, das heißt ein Mann, wäre peinlich. Frauenfeindlich. Nicht tragbar – gesellschaftlich wie moralisch! So weit ist es gekommen, 225 Jahre nach Olympe de Gouges!

Das allerdings ist nur die eine, die erfreuliche Seite. Auf der anderen Seite gibt es die Weinsteins und vergleichbare Sex-Scheusale. Die sind, gottlob, selten. Fast jede Frau aber weiß Geschichten zu erzählen, wie Männer sie im Beruf herabwürdigend oder zumindest nicht geschäftsmäßig ebenbürtig behandelt haben. Als Janina Kugel, damals junge Volkswirtin und Berater-Anfängerin, in ihr erstes wichtiges Meeting ging, war sie früh dran. Die wichtigen Männer, die nach und nach in den Raum strömten, ignorierten sie oder behandelten sie als Service-Kraft: «Ich trinke meinen Kaffee ohne Milch», wurde ihr aufgetragen.

Nun ließe sich einwenden, das passiere nur in konservativen deutschen Konzernen und sei auch schon ein paar Jahre her. Nur: Im Silicon Valley, wo täglich der Fortschritt frisch gebacken wird, wo «Diversity» zum Standardvokabular gehört und die Bosse sich brüsten mit ihrer Führungskultur, ist es nicht besser, im Gegenteil. Erschreckende Fälle von Frauenfeindlichkeit werden dort aus den Chefetagen gemeldet.

Beim Taxi-Schreck Uber muss im Sommer 2017 der Gründer zurücktreten, nachdem eine ehemalige Programmiererin ihm «systematische Diskriminierung» vorgeworfen hat. Sie war von ihrem Vorgesetzten belästigt worden, hatte sich mehrfach bei der Personalabteilung beschwert – doch nichts passierte. Erst auf die folgende mediale Empörung reagiert Uber mit internen Ermittlungen. Zwanzig leitende Mitarbeiter werden daraufhin entlassen, sieben werden verwarnt. Dutzende müssen «Nachschulungen» über sich ergehen lassen, Oberchef Travis Kalanick gar ist draußen, abgesetzt unter dem Druck der Investoren. Sein Nachfolger – wieder ein Mann.

Nur Wochen später taucht das «Manifest» eines Google-Mitarbeiters auf, das flugs die Runde macht. Der Programmierer beschimpft seine Kolleginnen als «neurotisch» und «mehr auf Gefühle und Ästhetik als auf Ideen ausgerichtet». Wegen «biologischer Differenzen» seien sie fachlich schwächer und könnten schlechter programmieren als Männer, seien schlechtere Manager und könnten – als logische Folge – seltener in einem Tech-Konzern aufsteigen als Männer. Der Mann konnte gleich seine Sachen packen. Sundar Pichai, der Google-Chef, hatte die Brisanz sofort erkannt und den Urlaub abgebrochen. Das Schreiben sei «beleidigend und nicht okay», stellt er die politisch korrekte Linie im Hause wieder her.

An den Tatsachen ändert dies nichts: Das Silicon Valley ist noch immer «a man's valley». Chefinnen tauchen dort nur selten auf – und dann auch oft wieder ab, so wie zuletzt Yahoo-Chefin Marissa Mayer und das Tech-Urgestein Meg Whitman, die lange Jahre Hewlett Packard leitete. Die Firmen wollen perfekte Arbeitgeber junger High Potentials sein und geben vor, die Welt besser, bunter und schöner zu machen. Und dann greifen die Programmierer den Tech-Mädchen unter dem Tisch an die Beine? Machen schlüpfrige Angebote, pfeifen Manager Frauen hinterher wie Bauarbeiter? Das verträgt sich nicht mit den Imagebroschüren der Konzerne, wohl aber mit dem Ergebnis einer 2016 veröffentlichten Studie namens «Elephant in the Valley», die unter anderen zwei Forscherinnen der Universität Stanford veröffentlicht haben. Sie haben zweihundert Frauen, die bei Start-ups oder Tech-Konzernen wie Google oder Apple in Führungspositionen arbeiten, nach ihren Erfahrungen mit der Männerkultur befragt. Die Antworten waren eindeutig: Fast zwei Drittel von ihnen berichteten von ungewollten sexuellen Annäherungen am Arbeitsplatz. Fast immer kamen die Avancen von den Vorgesetzten.

So chauvinistisch also geht es zu in der Tech-Elite im 21. Jahrhundert, und das nicht nur im Silicon Valley. Auch bei uns dominieren, allen Beschwörungen zum Trotz, in den Führungsetagen die Männer. Den zwei Dutzend Frauen, die es in den Vorstand eines Dax-Konzerns geschafft haben, sitzen zweihundert Männer gegenüber. Nur wenige dieser Großunternehmen kommen auf zwei Vorstandsfrauen, in etlichen (E.ON, Beiersdorf, Fresenius, Linde) ist gar keine Frau vertreten. Und manche haben richtig Pech: Kaum haben sie nach langem Suchen eine Frau gefunden, da wirft die wieder hin oder zieht weiter. Auf die erste weibliche Vorstandsvorsitzende müssen wir sowieso noch warten.

An der Bildung kann es nicht liegen. Mehr Mädchen als Jungen machen heute das Abitur, meist haben sie die besseren Noten. Niemand versperrt ihnen den Weg an die Universitäten, in den Maschinenbau, zur Mathematik oder Informatik. Landen sie trotzdem in den «Frauenfakultäten», den Geisteswissenschaften, dann aus freien Stücken. Shakespeare prickelt mehr als jedes Nanoteilchen, Monet sticht jeden Algorithmus.

Früher war das anders. Die Großmütter würden die jungen

Mädchen heute um ihre Freiheit und ihre Möglichkeiten beneiden. Glühbirne, Eisenbahn, Auto und elektrische Webstühle – das konnten nur Thomas Alva Edison, David Carnegie, Richard Ford und Gottlieb Daimler erfinden. Als John D. Rockefeller, der reichste Mensch der Neuzeit, im Jahr 1858 ins Ölgeschäft einstieg, war er achtzehn Jahre alt und hatte eine schlichte Büroausbildung hinter sich. Damals war alles möglich – vorausgesetzt, man war ein Mann. Die Frauen mussten Socken stopfen, Garne spinnen, Kühe melken, Kinder aufziehen. Immer waren es die Männer, die den Takt der globalen Wirtschaft vorgaben. Das war so in der Industrialisierung im 19. Jahrhundert, das war so im aufziehenden IT-Zeitalter mit den Herren Bill Gates (Microsoft), Steve Jobs (Apple) und Dietmar Hopp (SAP) einhundert Jahre später. «Weiblich, ledig, jung» blieb ein Nachteil für die ambitionierte Karriereplanung.

Heute haben Bewerberinnen erstmals in der Geschichte einen Gender-Bonus bei der Jobsuche. Trotzdem arbeiten die meisten Frauen Teilzeit, doppelt so viele Männer wie Frauen gründen ein Unternehmen. Und ganz selten treten die Gründerinnen mit dem Anspruch an, die Welt aus den Angeln zu heben oder zumindest Facebook-Chef Mark Zuckerberg mit einer revolutionären Idee einzuheizen. Stattdessen eröffnen sie Friseursalons, Cafés und Modeboutiquen oder machen sich selbständig als Anwältinnen, Ärztinnen, Architektinnen.

Alles fein, nur: «Think big» – das ist nach wie vor Spezialität der Männer. Frauen haben andere Prioritäten, so erklären dieses Phänomen jedenfalls die einschlägigen Gründer-Studien: kleine Kredite, kleine Brötchen, kleine Gewinne. Außerdem hassen sie es offenbar mehr als Männer zu scheitern: Je jünger, desto größer ist diese Angst vor dem Flop. Mit zwanzig wagt sich noch fast keine Frau an die eigene Firma. Ein nassforscher Typ wie Mark Zuckerberg hatte schon mehrere Fehlschläge abgeliefert, als er mit neunzehn Jahren Facebook erfand. Auch ein Lars Hinrichs, als Gründer von Xing zu Ruhm und Reichtum gekommen, kennt sich aus mit Flops: Frühe Geschäftsideen sind gescheitert, aber das hat ihn nur mäßig beeindruckt. Solche Leute geben nicht auf, sondern rennen zum nächsten Investor, mit der nächsten Idee. Die klassische weibliche Gründerin fragt schon beim ersten Banktermin, was passiert, falls ihr Projekt scheitert. Sie sind Realisten. New Economy wäre Frauen nie passiert. Das war ein männlicher Kreativ-Exzess, frei von Ängsten.

Deshalb beschränkte sich die Rolle der Frauen bisher oft auf das des Korrektivs hinter oder neben einem Gründer. Als Rockefellers Frau 1915 starb, sagte der Milliardär: «Ihr Urteil war immer besser als meines. Ohne ihren scharfsinnigen Rat wäre ich heute ein armer Mann.» Er aber war es, der die gesamte Ölindustrie Amerikas aufmischte und an sich riss. Das haben die Männer den Frauen voraus: Sie sind unglaublich selbstsicher, ja dreist. Sie überschätzen sich und ihre Fähigkeiten sogar permanent. Forscher an der Erasmus-Universität Rotterdam beschreiben das so: Gründer «überschätzen sich selbst und die Erfolgschancen ihrer Geschäftsideen». Und: «Männer neigen viel eher zur Selbstüberschätzung als Frauen.»

Daran wird sich allem Anschein nach so schnell nichts ändern. Eine Studie der Technischen Universität München unter Berufseinsteigern hat herausgefunden: Dreimal so viele Männer wie Frauen wollen später Unternehmer werden, doppelt so viele Männer träumen von einem Posten im Vorstand. Solche Zahlen lassen Frauenförderer schier verzweifeln. Sie hatten immer gepredigt: Wenn die Frauen erst so können, wie sie wollen, dann holen sie sich, was ihnen zusteht – also auch die Hälfte der Macht.

Dies ist bis heute definitiv nicht der Fall. Frauen sind in die Elite vorgestoßen, haben manche Bühne erobert, ja, aber bei weitem nicht die Hälfte aller Chefposten. Zum Teil, weil sie nicht wollen, zum Teil, weil man sie nicht lässt. Denn der Macho lebt weiter. Selbst wenn wir nichts von ihm ahnen. Vorurteile schlummern in uns allen, in Männern wie Frauen. Dies hat niemand besser erforscht als die Wissenschaftlerin Iris Bohnet, eine in Harvard lehrende Schweizerin. Ihr Spezialgebiet sind Stereotype, denn, so lautet ihre Kernthese, unser ganzes Denken und Verhalten wird bestimmt von unbewussten Vorurteilen («unconscious biases»). Gegenwehr sinnlos. Diese Vorurteile, unbewusst eingesogen seit der Kindheit, prägen uns, egal, wie fest wir uns vornehmen, neutral und sachlich-rational an eine Sache heranzutreten. Bohnets Buch mit dieser Erkenntnis (Titel: «What works») ist in Amerika ein Bestseller, die Wissenschaftlerin dadurch weltweit gefragt, als Rednerin, Beraterin für Politik und Wirtschaft sowie als Aufsichtsrätin einer Schweizer Großbank.

Wir treffen sie mehrfach, zuletzt im Herbst 2017 auf der Frankfurter Buchmesse, wo sie die deutsche Ausgabe ihres Buches präsentiert. Bohnet ist groß, blond, trägt ein taubenblaues Kostüm und High Heels. Sie spricht sehr bestimmt, mit einem dezenten Schweizer Dialekt. Keine Frage, sie beherrscht die Sprache der Mächtigen, das hat sie spätestens eingeübt, seit Konzernchefs sie um Rat bitten, wenn sie nicht mehr weiterwissen in der Frauenfrage. «Die tun alles, legen Förderprogramm nach Förderprogramm auf und verstehen nicht, warum sie keine Frauen bekommen», erzählt Bohnet. Ihre Empfehlung an die Manager ist simpel: «Schaut euch die Porträts an den Wänden eurer Firma an. Wenn da nur Männer hängen, nehmt sie ab! Oder hängt Frauen dazu. Frauen müssen sichtbar sein.» Als sie an die Eliteuniversität kam, war es dort das Gleiche. «Das war abschreckend. Zum Glück hat sich das in Harvard mittlerweile geändert.»

Schafft es eine Frau doch nach ganz oben, schlägt ihr das Klischee entgegen, machtbesessen und kalt, also unsympathisch zu sein. Männer mit ähnlichem Aufstieg dagegen werden als «sympathische Spitzenperformer» hofiert. Diese Ungerechtigkeit untermauert Bohnet mit einer Fallstudie. Studenten haben den Lebenslauf einer erfolgreichen Gründerin im Silicon Valley bewertet. Einmal wurde der richtige Namen verwendet – Heidi Roizen. Einmal ein falscher – Howard Roizen. Die winzige Änderung machte einen großen Unterschied: «Für den tollen Howard wollten alle arbeiten, für die schwierige Heidi kaum jemand», berichtet Iris Bohnet.

Das im Betrachter wohnende Vorurteil macht den Unterschied. Wer dies nicht glaubt, sollte sich an ein Beispiel aus der klassischen Musik halten. In den Spitzenorchestern in Amerika spielten bis in die siebziger Jahre fast ausschließlich Männer. «Die Frauen scheiterten regelmäßig am Vorspiel.» Dann aber kam das Symphonie-Orchester in Boston auf die Idee, die Bewerber hinter einem Vorhang vorspielen zu lassen. Der Anteil der Frauen stieg danach schlagartig von fünf auf fast 40 Prozent: in Boston wie in den anderen Orchestern, die diese Praxis übernahmen.

Der legendäre Komponist und Dirigent Leonard Bernstein von den New Yorker Symphonikern hat sich lange dagegen verwahrt, Opfer irgendwelcher Vorurteile zu sein. Er würde nur auf die Musik hören, beteuerte er, das Geschlecht und alles andere spiele bei ihm keine Rolle. Auch er wurde durch dieses Experiment eines Besseren belehrt. «Der gute Wille hilft überhaupt nicht», weiß Ökonomin Bohnet. «Im Gegenteil: Er macht es oft noch schlimmer.»

Was aber hilft dann? Es gibt nur einen wirksamen Weg, glaubt man Iris Bohnet: Das sind anonymisierte Bewerbungen, ohne Fotos, ohne Namen und Alter. «Wenn die besten Bewerber gefunden sind, kann ganz am Schluss ein persönliches Gespräch folgen.» Spätestens dann sieht der Chef natürlich, wer ihm gegenübersitzt. «Da hat er sich aber schon ein Bild von den Fähigkeiten der Bewerber gemacht, und es ist nicht mehr so wichtig, ob die Person eine Frau ist, schwarz, weiß oder vielleicht behindert. Je später ich einen Nasenring entdecke, desto weniger Bedeutung messe ich ihm zu.» Sie selbst hat ihre neue Assistentin nach diesem Verfahren ausgewählt und sich gezielt gegen die entschieden, die ihr am sympathischsten war, und für diejenige, die die Arbeiten in dem Auswahlverfahren am besten erledigt hat. «Unser Bauchgefühl ist einfach ein schlechter Ratgeber.»

Die gute Nachricht von Frau Bohnet lautet also: Man kann den «unconscious bias» austricksen. Man muss nur die Spielregeln so ändern, dass die tief in uns wurzelnden Vorurteile nicht zum Tragen kommen. Ansonsten, so sagt die Schweizerin und schüttelt dabei die langen blonden Haare, bleibt alles beim Alten: «Wie die Frau es macht, ist es falsch: Betont sie ihre Kompetenz, mag man sie nicht; hält sie sich weiblich vornehm zurück, wird sie nicht respektiert.»

Gegen ihre These spricht nur ihre eigene Karriere. Und die anderer weiblicher Superstars, die es trotz Machos und unbewussten Vorurteilen geschafft haben. Ein paar dieser Frauen hat die Welt ja doch hervorgebracht, schauen wir uns diese Elite an!

DIE WELTSTARS CHRISTINE LAGARDE UND SHERYL SANDBERG

Facebook-Star Sheryl Sandberg hat eine Botschaft für alle Manager und Managerinnen dieser Welt: «Nennt eure Töchter nie wieder ‹bossy›! Sie haben einfach nur ‹executive leadership skills›.» Sie selbst war schon als Kind eine Bestimmerin, «bossy» schimpften sie deshalb alle, sie sei vorlaut und frech. «Einem Jungen wäre das nie passiert.»

Dabei hatte Sandberg immer nur gewusst, wonach sie strebt, nämlich nach einer großen Karriere. Und die hat sie gemacht. Einen Harvard-Abschluss mit «summa cum laude» hat sie vorzuweisen, danach Stationen in der Weltbank, wenig später als Stabschefin im Finanzministerium. Es folgt der Wechsel an die Westküste zur Tech-Industrie. Bei Google lassen die Gründer sie nicht in die erste Reihe, also zieht sie weiter zu Facebook. Ein gewagter Schritt, denn 2008 war die Firma kaum mehr als ein aufstrebendes Start-up mit 550 Mitarbeitern. Aber das Risiko hat Sandberg nie gescheut. Heute ist Facebook eins der wertvollsten Unternehmen der Welt, hat 20 000 Mitarbeiter und bald 2,5 Milliarden Nutzer, wie die Kunden in der Social-Media-Welt heißen. Und Sandberg, die bei Google und Facebook mit Anteilen bezahlt wurde, hat seit den Börsengängen ausgesorgt.

Sandberg ist Multimilliardärin, eine der mächtigsten und reichsten Frauen unserer Zeit, zudem eine der ganz wenigen, die ein Vermögen nicht geerbt und dann vermehrt oder gehalten, sondern selbst erarbeitet haben. Das amerikanische Wirtschaftsmagazin «Forbes» zählt sie zu den wichtigsten fünf Frauen der Welt. Dazu gehören auch die IWF-Chefin Christine Lagarde sowie Bundeskanzlerin Angela Merkel. Drei weibliche Weltstars – zwei Managerinnen, eine Politikerin. Sie kennen sich, sie schätzen sich und begegnen sich regelmäßig, wo immer die internationale Elite zusammenkommt. Alle drei haben sich in der Männerwelt behauptet, jede auf ihre Art und Weise. Vor allem Merkel hat einen ganz eigenen Weg eingeschlagen. Eines aber ist der Amerikanerin, der Französin und der Deutschen gemein – sie sind alle drei ziemlich «bossy».

Der Popstar unter ihnen ist schnell gefunden: Sheryl Sandberg liegt die Welt zu Füßen, wo immer sie auftritt. Um zu verstehen, was die Menschen so an dieser Managerin aus dem Silicon Valley fasziniert, haben wir uns während einer ihrer

Deutschland-Reisen im Herbst 2017 an ihre Fersen geheftet. Drei Tage, drei Kongresse, unterbrochen durch Gespräche mit den Wichtigen der Republik.

Los geht die Tour in Köln: Sandberg ist Stargast der Digitalmesse dmexco, eines Treffs von Werbern und IT-Menschen, sozusagen Kerngeschäft für Facebook und eigentlicher Anlass für ihren Deutschland-Trip. Die anderen Termine hat sie sich penibel darum organisieren lassen, ein gewöhnlicher Staatsbesuch ist dagegen ein Kinderausflug. Dabei ist nicht immer angenehm, was sich die Managerin, Jahrgang 1969, zumutet. In Köln etwa trifft sie auf ausgemachte Gegner. Lage und Stimmung im Online-Marketing sind nicht danach, Facebook zu bejubeln. Mit Google schöpft der Konzern aus dem Silicon Valley 70 bis 90 Prozent der Umsätze in der Online-Werbung ab, und das weltweit. Alle anderen teilen sich den mickrigen Rest. Zweieinhalbtausend Menschen drängen in die Halle, mehr gehen nicht rein. Zweieinhalbtausend Handys blitzen auf, als der Star die Bühne betritt. Alle wollen ein Foto von der Frau mit dem dunklen Pagenschnitt. Ein dunkelrotes Bolerojäckchen trägt sie, enges knielanges Kleid, ebenfalls rot, und beige Stilettos. Bevor die Managerin auch nur ein Wort sagt, hat sie schon ein Zeichen gesetzt. Allein der Stöckelschuh spricht für sich, glaubt man dem Schuh-Designer Stuart Weitzman: «Ein High Heel verleiht Frauen Macht.» Sie zeigen damit, wer der Boss ist.

In Köln ist «Wachstum» das offizielle Thema für Sandbergs Rede. Was folgt, sind zwanzig Minuten Werbung für Facebook. Sandberg streut Persönliches ein: «Ich habe meine dreizehnjährige Nichte dabei, weil sie hier mehr lernt als an einem Schultag in der achten Klasse.» Dazu mixt sie menschelnde Geschichten über Arbeitslose, die sich dank Facebook selbständig machen können. Und natürlich erzählt sie von ihrer «Mission». Das macht sie bei jedem Auftritt. Für gewöhnlich dauert es keine fünf Minuten, bis sie darauf zu sprechen kommt, wie sie mit

Facebook die Menschheit beglücken will: «We are making the world a better place.»

Der Vortrag ist immer perfekt inszeniert. Manche Zuhörer sind enttäuscht. «Wir sind doch alle vom Fach, uns muss sie nichts vormachen», beschwert sich ein Werber aus Irland. Konkrete Einblicke in die künftige Strategie hatte er sich erhofft, vergebens; Sandberg hält sich fern von den Niederungen des Geschäfts. «Facebook ist gespenstisch verschwiegen», meint eine Start-up-Gründerin aus Berlin, die der Firma nichts abgewinnen kann, der Chefin aber sehr wohl. Die ist ihr Vorbild, «das beste ‹role model› für junge Frauen, das die Welt zu bieten hat». Allein deshalb sei es wichtig, dass sie auftritt, wo sie kann.

Denn noch lieber als über Facebook spricht der Weltstar über Frauen. Sandberg ist es kein bisschen peinlich, auf dem Podium über Karriere und Kinder, den richtigen Ehemann und Frauen als Vorbilder zu dozieren. Was Kanzler Gerhard Schröder einst als «Gedöns» abtat, verzückt das auserwählte Publikum, wenn die Facebook-Topmanagerin darüber redet. Ob auf einer Tech-Konferenz, vor Hochschulprofessoren oder der Weltwirtschaftselite, sie plaudert locker über ihre Schwangerschaft, während der sie so dick und schwerfällig war, dass Kollegen bei Google ein Projekt «Wal» nach ihr benannt hätten. Sie berichtet, wie peinlich es war, als sie während einer Telefonkonferenz für ihr Baby Milch abpumpte und ein Kollege sich über das merkwürdige Geräusch wunderte. Sie fordert Männer auf, zu Hause ihren Teil der Aufgaben zu erledigen – «fifty fifty». «Wenn Männer bügeln, klappt es auch mit dem Sex.»

2011 wurde sie in Davos nach einem Vortrag für ihre Gedanken, die sie «eine Art feministisches Manifest» nennt, mit Standing Ovations gefeiert, von lauter Wirtschaftsbossen. Obwohl sie für deren Ohren heftige Dinge sagte wie: «Wenn ein Land zur Hälfte von Männern und Frauen regiert würde, wäre das besser für das Land und seine Bewohner. Das Gleiche gilt in Unternehmen.» Oder auch: «Ich sehe in Deutschland keinen einzigen weiblichen CEO in einem Dax-Konzern. Das kann doch nicht sein, oder? Das muss sich ändern.»

Wenn solche Sätze Beifall ernten, so dachte die bekennende Feministin Sandberg vor Jahren, wird es Zeit, darüber ein Buch zu schreiben. «Lean in» heißt es, frei übersetzt: «Hängt euch rein, Mädels». Für Scharen von jungen Frauen auf der ganzen Welt ist es eine Art Karrierefibel, in der sie in kniffligen Situationen immer wieder nachlesen, was Sheryl wohl an ihrer Stelle gemacht hätte.

Frauen lieben die Facebook-Frontfrau. Manche umarmen sie nach ihren Auftritten, feiern sie als neue Stimme des Feminismus, die es schafft, Jung und Alt zu bestärken. Sie haben Tausende von «Lean in»-Gruppen gegründet, um sich auszutauschen, zu vernetzen, ihrem Idol nachzueifern. Männer achten sie, blicken bewundernd zu ihr auf. Trotz des in ihren Augen doofen Frauenthemas. Viele hatten Sandberg davor gewarnt, sich in der Gender-Debatte zu exponieren. Sie hat alle Warnungen in den Wind geschlagen und hatte recht: Das Frauenthema hat sie international berühmt gemacht.

Geifernde Gender-Beauftragte nimmt die Elite nicht ernst. Aber wenn dieselbe Botschaft von erfolgreichen Frauen kommt, ist Feminismus für sie in Ordnung. Sie dürfen die Frauenkarte spielen, ernten dafür Beifall von beiden Geschlechtern.

Das hat auch Christine Lagarde schon sehr früh entdeckt. Sie hat den männerdominierten Internationalen Währungsfonds (IWF) im Sommer 2011 von Dominique Strauss-Kahn übernommen, ausgerechnet von diesem Macho alter Schule, der zurücktreten musste, weil ein New Yorker Zimmermädchen ihn der Vergewaltigung bezichtigt hatte. Seither hat Lagarde den Laden gewaltig umgekrempelt, den Herrenwitz aus den Büros verbannt und viele Frauen eingestellt. Wenn sie unterwegs ist, trifft sie sich immer mit Frauengruppen. Das gehört zum festen

Ritual ihrer Auslandsreisen. «Girls Out» nennt sie das, Männer haben dabei nichts zu suchen. «Die stören da nur.» Für ihren Geschlechterkampf nutzt sie jede Bühne, auch die ungewöhnlichen. Im Jahr 2013 war die Finanzexpertin dazu auserkoren, die Zukunft der Weltwirtschaft auf der Eröffnungsrede in Davos zu skizzieren. Diese Ehre war bislang den Herren der Schöpfung vorbehalten. Und was tut die Finanzfrau? Sie eröffnet das Forum vor versammelter Wirtschaftselite mit den Worten: «Ich widme diesen Moment Malala, der Tochter Pakistans, und einer Tochter Indiens.» Zwei jungen Frauen also, deren Schicksal kurz zuvor die ganze Welt schockiert hatte. Dem Mädchen Malala, das in den Kopf geschossen wurde, weil sie in Pakistan für das Recht auf Bildung demonstrierte, und einer dreiundzwanzig Jahre alten indischen Studentin, die in einem Bus vergewaltigt wurde. Es sei Aufgabe des Forums, so fuhr die Französin mit dem silbernen Haarschopf streng fort, die Erwartungen der jungen indischen und pakistanischen Frauen an die Gleichberechtigung zu erfüllen.

Das war ein bedenkenswerter Einstieg für einen Ausblick auf Schuldenkrise, Weltkonjunktur und Jugendarbeitslosigkeit. Ein sehr emotional-weiblicher Einstieg, könnte man auch sagen, den die beinharte Politikerin gezielt gewählt hat. Und das Erstaunliche: Die Zuhörer des Wirtschaftsgipfels waren ergriffen. Niemand hat sich daran gestört, dass die Keynote-Speakerin eine Frau war und Davos 2013 den unterdrückten Frauen widmete. Im Gegenteil: Wo immer Lagarde in Davos das Podium betritt, und das tut sie mehrfach in dieser Woche, füllt sich umgehend der Saal.

Einmal sitzt sie zusammen mit Sheryl Sandberg auf der Bühne. Sandberg gibt eine ihrer Anekdoten zum Thema «bossy girl» zum Besten. Die geht so: Auf ihrer Hochzeit hielten Bruder und Schwester eine Rede, über die die Gäste sich trefflich amüsierten. «Die beiden erzählten, dass sie sich nicht nur als meine Geschwister, sondern als meine ersten Mitarbeiter gefühlt hätten.» Verpflichtet wurden sie von der großen Schwester im Alter von vier und sieben Jahren. Sandberg hat sie dann so weit gedrillt, dass sie ihr überallhin folgten und immer laut «Bravo» riefen, wenn sie es hören wollte. «Angeblich habe ich nie mitgespielt. Ich habe mir immer nur Spiele für andere ausgedacht, die ich dann anleiten und kommentieren konnte.»

Christine Lagarde nickt während dieser Anekdote die ganze Zeit über zustimmend. Sie weiß, wovon Sandberg spricht. Die beiden Managerinnen sind sich in vielen Punkten ähnlich. Sie sind fix im Kopf, unerbittlich in der Sache und haben eine politische Vergangenheit. Sandberg arbeitete im Finanzministerium in Washington, Lagarde war sogar vier Jahre lang, bis 2011, Wirtschafts- und Finanzministerin in Paris. Möglicherweise hegen beide weiterhin politische Träume. Sandberg werden hartnäckig Ambitionen auf das Präsidentenamt in Washington nachgesagt.

Je heftiger die Kritik an Facebooks Geschäftspraktiken wird, desto denkbarer ein Abgang der Topmanagerin. 2017 bekommt das soziale Netzwerk erstmals massiven Gegenwind zu spüren. In Washington muss Sandberg Abbitte leisten wegen einer möglichen Einflussnahme russischer Hacker auf den US-Wahlkampf. In Brüssel und Davos muss sie schwere Versäumnisse in Bezug auf Hasskommentare und Datenschutz einräumen. Wieder und wieder gelobt sie reumütig Besserung: «We will do better.» Aber ein Machtmensch wie Sandberg kettet sich an nichts und niemanden auf ewig.

Ihr Wille ist eisern, genau wie der von Lagarde. Ihr beider Auftreten so elitär, wie man es eigentlich nur daheim in der Familie oder an einer Eliteuniversität erlernen kann – wobei Lagarde die Aufnahmeprüfungen an der französischen Eliteschule ENA nicht bestanden hat und sie beide nicht der Oberschicht, sondern der gehobenen Mittelschicht entstammen.

Beide sind es gewohnt, alleine unter Männern zu sein, sich durchzusetzen und aufzufallen. Ihr Stil ist bewusst weiblich. Im strengen, engen Kleid oder Kostüm, hohen Schuhen, perfekter Frisur. Hier passt alles, der Lippenstift sowieso. Ihre Show ist perfekt, die Botschaften sind klar und knapp. Die Tage werden durchgetaktet bis zum Äußersten. Leerlauf ertragen beide nicht, und Schlaf scheinen sie – wie alle Topmanager – nicht zu brauchen. Tut sich bei Christine Lagarde unvermittelt ein freier Slot auf, weil sich Termine verschieben, zaubert ihr Tross umgehend eine Alternative aus dem Hut: Mit wem täte noch ein Hintergrundgespräch gut oder ein Kennenlern-Kaffee? Wieder etwas abgehakt, ein Kontakt mehr, das kann nie schaden.

Sandbergs Touren sind genauso minuziös geplant. Als der Moderator auf der dmexco-Messe in Köln sie nach dem Vortrag kurz auf der Bühne zu halten versucht, lässt sie ihn winkend stehen. Die selbsternannte Weltverbesserin muss weiter. Fragen sind nicht eingeplant. Keine Zeit. Viele Dax-Manager, die sich um einen Termin bei der Facebook-Managerin bemühten, sind abgeblitzt: «So sorry», heißt es dann bei ihrer Assistentin, «but Sheryl is fully booked.» Dabei ist sie bei Facebook eigentlich nur COO, Chief Operating Officer, also die Nummer zwei hinter Gründer und Chef Mark Zuckerberg.

In Frankfurt am Main wartet jetzt bei ihrer Deutschland-Tour die deutsche Kanzlerin auf sie. Die beiden eröffnen die IAA in Frankfurt. Das ist neu. Zwei Frauen, die über Autos reden? Eine davon Amerikanerin? Noch dazu eine, die als Erstes betont: «Ich kann Sie beruhigen: Wir sind die einzigen im Silicon Valley, die kein eigenes Auto bauen.» Sie verdankt die Einladung dem Zweiklang: Frau und Tech. Zwei Top-Frauen unter lauter Männern mit Benzin im Blut, schöner kann man nicht ablenken von Dieselbetrug und all den anderen unleidigen Dingen, die die Autoindustrie bedrücken. Sandberg erwähnt in ihrer Rede den Dieselskandal auch mit keinem Wort. Stattdessen erzählt sie, dass die Mobilität sich wandelt, Digitalität einzieht, und hier ist sie Expertin. Sie sieht denn auch «viele Parallelen zwischen Tech- und Autoindustrie»: Beide wollen Menschen verbinden. Jobs schaffen. Gutes tun. Und Deutschland ist ein wichtiger Markt für Facebook, «ein sehr wichtiger». Deshalb sucht sie starke Partner. Ob BMW oder Mercedes, ist ihr dabei nicht wichtig, Sandberg erweist beiden Marken ihre Gunst auf der Messe. Ein Partner steht indes schon fest: Zur Kanzlerin hat sie einen guten Draht. Wie Schulmädchen tauschen die beiden Blicke aus, während die Alpha-Männer reden. Einer holt zu weit aus, kommt nicht zum Punkt, die beiden Frauen rollen die Augen. Das würde ihnen nie passieren. Sie haben ihr Programm im Griff, sind absolute Profis, auch im Zeitmanagement.

Sandberg hat Merkel schon im Kanzleramt besucht, sie kennt sie von etlichen anderen Gesprächen, und sie bewundert die Politikerin, daraus hat sie nie ein Geheimnis gemacht. Vor Jahren schon hat Sandberg uns bei einem Treffen in Berlin erzählt, dass Merkel ihr Vorbild sei seit dem Tag ihres Amtsantritts: «Ich erinnere mich noch genau: Wir in Amerika waren sprachlos und dachten: Das ginge hier nicht, eine Frau als Kanzlerin!» Noch immer hofft sie, dass es irgendwann in Amerika auch so weit sein könnte. Natürlich hat sie deshalb Hillary Clinton im vorigen Wahlkampf unterstützt.

Anders als Sandberg und Lagarde konnte Angela Merkel ihre Karriere nicht fein säuberlich planen, dazu musste erst mal die Weltgeschichte mitspielen und die DDR untergehen. Nach dem Mauerfall ergriff sie ihre Chance, wurde sehr schnell Bundesministerin. Als «Kohls Mädchen» wurde sie anfangs verspottet. Der große elegante Auftritt lag ihr damals nicht, sie mag ihn bis heute nicht. Die einnehmende Ausstrahlung einer Sheryl Sandberg ist ihr nicht gegeben. Heruntergezogene

Mundwinkel, Hosenanzug und flache Schuhe sprechen eine eigene Sprache: Merkel mag es unauffällig und praktisch – auch so kann Karriere funktionieren, zumindest in Deutschland. Ihr Leben lang ist Merkel von den wichtigen Männern unterschätzt worden, das hat sie genutzt. Sie hat – wie Sandberg – Biss, Witz und ein feines politisches Gespür für Stimmungen. Ist der Weg versperrt, räumt sie ihn fei, kalkuliert und zäh. Eine starke, einsame Frau unter Männern. Die Frauenfrage lässt sie links liegen, in die Quoten-Debatten schaltet sie sich kaum ein. Deshalb wird ihr oft vorgeworfen, nicht ernsthaft genug für die Sache der Frauen zu streiten. Sandberg teilt diese Kritik nicht. «Angela Merkel und Margaret Thatcher waren ganz wichtig für die Frauen meiner Generation», sagt sie. «Sie haben einen harten, einsamen Kampf geführt. Ich verdanke ihnen so viel wie Alice Schwarzer. Ohne diese Feministinnen wäre ich heute nicht, wo ich bin.»

Sollte Sandberg je in die Politik zurückkehren, dann müsste einem um das deutsch-amerikanische Verhältnis mit einer Kanzlerin Merkel nicht bange sein. «Europa hat großartige Anführer in der Politik», lobt die Facebook-Managerin auf der IAA-Bühne. Dabei lächelt sie Merkel an, als könnte es nicht besser stehen zwischen Konzern und Politik. Und die Kanzlerin lächelt zurück. Für strittige Punkte ist auf dieser Tour keine Zeit. Die Kanzlerin eilt weiter zu den Ständen der Autohersteller, auch Sandberg muss los Richtung Messeturm. Im Raum Gamma wartet dort eine Gruppe Rentner aus Berlin auf die Selfmade-Milliardärin. Solche Begegnungen im kleinen Kreis gehören zum Standardrepertoire einer Sandberg-Tour, sie sind ihr wichtig, sagt sie. Die Rentner erhalten eine Smartphone-Einführung, zwei junge Flüchtlinge helfen dabei. Facebook fördert das Projekt «Digitale Lernwerkstatt» in Berlin, und da Sandberg es dieses Mal nicht in die Hauptstadt schafft, hat sie den Kurs nach Frankfurt eingeladen. Eine halbe Stunde ist hier vorgesehen. Sandberg möchte von den Rentnern wissen, warum sie den Kurs machen. Eine Zweiundachtzigjährige antwortet: «Ich will nicht abgehängt sein, wenn ich alt werde.» Ein anderer sagt: «Das Smartphone ist ein Teufelsding, aber ohne es sind wir aufgeschmissen.» Sandberg lächelt. Fünfundzwanzig Minuten sind um. Schnell noch ein Gruppenbild (das wird Sandberg anschließend auf Facebook posten) und eine signierte Ausgabe von Sandbergs zweitem Bestseller «Option B», und weg ist sie.

Sie muss zum Audimax der Fachhochschule. Um 19 Uhr spricht sie hier über «Option B», ihr aktuelles Buch. Dreihundert Studenten sind in den Frankfurter Norden gekommen. Die Nichte ist müde, Sandberg topfit – wie immer. Sie spricht über den Tod oder besser: den Umgang mit ihm. Nach ihrem Frauen-Manifest hat sie eine Trauer-Fibel geschrieben, in der sie den Verlust ihres Mannes verarbeitet, der vor zwei Jahren bei einem Unfall im Urlaub umkam. Wer gedacht hätte, der Schicksalsschlag würde die Managerin umhauen, sah sich getäuscht. Er hat die junge Witwe nur noch berühmter, noch unangreifbarer gemacht. Andere wären in Trauer versunken, Sandberg nicht. Eine Woche nach dem Unglück saß sie wieder am Arbeitsplatz. Das sei besser für die beiden kleinen Kinder, hatte ihr ein befreundeter Psychologe geraten.

Geteiltes Leid ist halbes Leid, weiß der Volksmund. Im digitalen Zeitalter heißt das: Gefühle wie Trauer und Schmerz werden im sozialen Netzwerk verarbeitet. Die Geschichten von Verlust und Leid berühren andere. Alle fühlen sich dann besser. Getröstet. Verbunden. Davon lebt Facebook. Sandberg hat viele Gedanken zum Tod auf Facebook veröffentlicht. Ist das Buch also reines Kalkül einer abgezockten Internet-Milliardärin? Wie ernst meint sie es wirklich mit der Philanthropie? Das Honorar jedenfalls spendet sie ihrer Stiftung, wie meist im Silicon Valley kommt wohl beides zusammen: Geschäftssinn und Gutes tun. Ginge es nur um den Profit, würde Sandberg sich solche Auftritte nicht antun. «Was war der schlimmste Moment?», wird sie gefragt. «Da gab es viele. Einer der schlimmsten war, es den Kindern zu sagen.» An der Stelle bricht ihre Stimme. Was ihr Mann ihr bedeutet hat? «Alles. Er war mein Partner, der Vater meiner Kinder, er war ...» Sie winkt ab, der Moderator springt ein, bis sie sich wieder gefasst hat.

Als Sandberg später samt Bodyguards im Minibus entschwindet, ist es dunkel draußen. Die getönten Scheiben schützen sie vor weiteren Blicken in die wunde Seele. Am nächsten Morgen wird sie wieder fit sein. Für Dieter Zetsche und das Thema «Zukunft der Arbeit», ihr letzter Termin in Deutschland. Nach einem Frauenbrunch mit Managerinnen sitzt sie pünktlich um 12.45 Uhr auf der Bühne in der Frankfurter Festhalle, natürlich wieder vor vollem Haus. Mercedes hat eingeladen, zur «me convention», einer Messe innerhalb der Automesse, mit der sich die Erfinder des Automobils als jung und hip verkaufen. Konzernchef Zetsche trägt Jeans und offenes Hemd, Sandberg ein grünes Kleid, grüne Lederjacke und High Heels ohne Strümpfe. Wir kennen die Debatte schon, wieder geht es um Mobilität, Sharing und Verantwortung. Wieder läuft Sandberg zur Hochform auf. Sie fordert gleiches Gehalt für Frauen, Coding-Kurse für Mädchen. Männer sollen bügeln, fordert sie einmal mehr. Wieder zündet die Pointe mit dem Sex. Der Saal lacht. Dieter und Sheryl, wie sie hier genannt werden, liefern eine Eins-a-Show ab. Ganz ohne Auto, ohne tosende Motoren und ohne PS-Geschwätz. Nach dem Auftritt fliegt Sandberg mit ihrer Nichte zurück nach Kalifornien. Deutschland sei ein wichtiger Markt für Facebook, ein sehr wichtiger, hatte sie gesagt. Sheryl Sandberg hat in drei Tagen alles dafür gegeben.

SIMONE BAGEL-TRAH UND
NATHALIE VON SIEMENS

Ausgerechnet in der mutmaßlich konservativsten Ecke der deutschen Wirtschaft, den Familienunternehmen, geben überraschend viele Frauen den Ton vor. Sogar der reichste Mensch überhaupt im Land ist, ausweislich der einschlägigen Reichenrankings, eine Frau: Marie-Elisabeth Schaeffler-Thumann aus Herzogenaurach, genannt die Kugellagerkönigin, hat, früh verwitwet, aus der geerbten eher mittelständischen Firma einen globalen Champion der Automobilindustrie gemacht. Natürlich mit der Hilfe von angestellten Managern, aber immerhin: Sie hat das Husarenstück mit der Übernahme des vielfach größeren Conti-Konzerns seinerzeit abgesegnet und mitgetragen. Die damit verbundenen Schmerzen sind heute vergessen. Frau Schaeffler, inzwischen in zweiter Ehe mit dem Ex-BDI-Präsidenten Jürgen Thumann verbandelt, steht ganz oben auf den Milliardärslisten im Land. Dort finden sich regelmäßig auch Friede Springer und Liz Mohn von Springer respektive Bertelsmann, beide ebenfalls Witwen mit Konzern als Anhang, die politischen Einfluss wie Vermögen im Sinne ihrer Männer mehren, und das seit Jahren.

Neu ist, dass Unternehmerfamilien junge Frauen dem männlichen Nachwuchs vorziehen: Nicola Leibinger-Kammüller, Stolz des Maschinenbaus, haben wir schon besucht. Nathalie von Siemens und Simone Bagel-Trah sind die nächsten, auf die ein Blick lohnt: Beide sind sie junge Gesichter für sehr altes Geld, beide stehen sie für die Zukunft von Clans, die seit Generationen unbestritten zur Elite im Land zählen. Beide machen sie ihre Sache gut. Die eine, Simone Bagel-Trah, ist inzwischen schon sichtbarer im gesellschaftlichen Leben. Die andere, Nathalie von Siemens, zeigt sich noch schüchtern, was öffentliche Auftritte betrifft.

Die Siemens-Nachfahrin treffen wir in der Hauptstadt, wo der ruhmreiche Teil ihrer Familiengeschichte begann: in Berlin, am Kupfergraben, damals wie heute Sitz der Physikalischen Gesellschaft. Die Kanzlerin wohnt nicht weit von jenem Haus, in dem Werner Siemens (damals noch ohne adliges «von») dem Mechaniker Johann Georg Halske vorgestellt wurde: Am 12. Oktober 1847 gründeten die beiden in einem Hinterhof ihre Werkstatt, aus der ein Weltkonzern wurde. «Eine Garagengeschichte», sagt Nathalie von Siemens, die Ururenkelin. Ein Heldenepos, wie es sich heute vorzugsweise in Kalifornien abspielt: technische Pioniertat plus rasche Globalisierung plus soziale Verantwortung. Nichts anderes hat Werner von Siemens im 19. Jahrhundert getan. «Er ist ein Vorbild dafür, was man mit eigener Hände Kraft erreichen kann», lobt Nathalie von Siemens, Mitte vierzig, Aufsichtsrätin im Siemens-Konzern, Vorsitzende der Siemens-Stiftung, Geschäftsführerin der Siemens Vermögensverwaltung – und auch sonst nicht untätig. Diverse weitere Mandate, kommerzielle wie wohltätige, stehen zu Buche. «Ich bin ziemlich ausgelastet», sagt die promovierte Philosophin, die zwischen Berlin und München pendelt.

Aufgewachsen ist sie in Bayern, studiert hat sie in München, Berlin, Paris. Ihre Doktorarbeit behandelt Aristoteles und dessen Begriff der Freundschaft. Im Siemens-Konzern durchläuft sie, beginnend mit dem Trainee-Programm, zunächst diverse Stationen. Mit wem es die Kollegen zu tun hatten, war nie ein Geheimnis. Nathalie von Siemens tritt von Beginn an unter richtigem Namen auf, anders etwa als die BMW-Erbin Susanne Klatten, geborene Quandt, die für ein Praktikum in ihrem Autokonzern einst ein Pseudonym wählte. Dabei ist Siemens heute in erster Linie ein Markenname, sodass es sich gelegentlich schwierig gestaltet, wenn Nathalie von Siemens in einem Restaurant einen Tisch bestellt: «Auf welchen Namen?», fragt der Wirt. «Siemens», sagt sie, ihr Gegenüber ist irritiert: «Nein, nicht die Firma, den Namen wollte ich wissen.» Mehr als ein-hundertfünfzig Siemens-Nachfahren sind heute noch Gesell-schafter des Konzerns. Da sie ihre Anteile in einen Topf packen, sind sie mit sechs Prozent der wichtigste Eigner, in etwa gleich-auf mit der Fondsgesellschaft BlackRock, dem größten Investor der Welt. In früheren Generationen stellte der Clan den Kon-zernchef, heute ist nur noch ein Mandat im Aufsichtsrat für die Familie reserviert: Darauf sitzt seit Januar 2015 Nathalie von Siemens (neben Nicola Leibinger-Kammüller übrigens).

«Wir haben eine emotionale Bindung an das Unternehmen», sagt sie, die Familie sei Hort der Stabilität für den sich perma-nent häutenden Konzern. Einfluss übt man im Stillen aus, da sind die Regeln strikt. Als ein Siemens-Spross in den neunziger Jahren den Vorstand für die mickrige Rendite mit rüden Wor-ten abwatscht – «dafür sperrt kein Milchmann den Laden auf», waren seine Worte –, erschüttert das die Firma. Seither wurde von der Familie nichts mehr zur Strategie des Konzerns gehört. Bunte Geschichten verbieten sich sowieso, Fotos von Nathalie von Siemens mit ihrem Partner, einem Filmproduzenten, sind rar. Wenn, dann meldet sie sich als Propagandistin für den technischen Fortschritt zu Wort: «Technik ist immer ein Teil der Lösung, ich glaube an die Kraft unternehmerischen Tuns.» Den Zusammenhang zwischen der Zahl an Forschern und dem Wohlstand eines Landes hält Nathalie von Siemens für bewie-sen, ebenso die wohltuende Wirkung für den Zusammenhalt in der Gesellschaft. Wenn sie, der Spross aus einer uralten Elite-sippe, gefragt wird, wie heute Aufstieg möglich ist, dann heißt die Antwort der studierten Philosophin: durch ein Studium in den technischen Fächern. «57 Prozent der Naturwissenschaft-ler kommen aus Nicht-Akademiker-Familien.»

Es muss ja nicht gleich aus jedem ein Werner von Siemens werden. Oder ein Fritz Henkel. So heißt der Vorfahr der nächs-ten Alpha-Frau, die wir besuchen: Simone Bagel-Trah, ausgebildete Naturwissenschaftlerin und Oberhaupt des vermögendsten Clans im Land. Dazu die erste und einzige Frau, die an der Spitze eines Aufsichtsrates einen Dax-Konzern, nämlich Henkel, kontrolliert: Das ist eine Sensation.

Wenn sie wollte, dann wäre Simone Bagel-Trah die Attraktion für jede Talkshow, für jedes frauenbewegte Podium. Sie will nicht, so viel sei vorausgeschickt. Wird sie gefragt, wie das so ist mit Kindern und Karriere, Frauen und Macht – und wie das alles zusammen geht? Dann antwortet sie knapp: «Es geht.» Die Ururenkelin des Persil-Erfinders Fritz Henkel jedenfalls hat die Dinge im Griff. Gewiss, sie würde gerne das ein oder andere Buch schneller lesen, das auf dem Nachttisch neben ihrem Bett liegt. Mit den beiden Kindern, inzwischen Teenager, hätte die promovierte Mikrobiologin gerne ein paar Stunden mehr verbracht. Auch die Gespräche mit ihrem Gatten, dem Headhunter Christoph Trah, hätte sie gerne ausführlicher, zumal abends am Küchentisch jede Menge Köpfe und Konzerne durchzuhecheln sind. Männliche Köpfe zumeist. So ist nun mal die Lage in den Chefetagen. Simone Bagel-Trah hat sich daran gewöhnt: «Ich war meist jünger als die anderen und fast immer die einzige Frau.»

Sie wünschte sich, es wäre anders, auch im Konzern ihrer Familie, bei Henkel, sitzt erst eine Frau im Vorstand. Die interne Frauenquote gilt es zu steigern, das ist ihre Vorgabe. Arbeit und Familie müssen besser vereinbar werden. «Frauen, die arbeiten wollen, sollen die Möglichkeit dazu haben», sagt Simone Bagel-Trah. Sie selbst wollte immer arbeiten. Vor der Geburt des ersten Kindes hatte sie ein halbes Jahr Pause nach der Schwangerschaft eingeplant. Als die avisierte Vertretung abgesprungen war, ging es auch so, ohne Auszeit. Damals leitete sie eine kleine Biotech-Firma, die sie im Jahr 2000 mit ihrem Doktorvater an der Universität Bonn gegründet hatte. Heute verbringt sie ihre Tage zumeist woanders, am altehrwürdigen

Stammsitz von Henkel in Düsseldorf, wo sie die fünfte Generation repräsentiert. Auf den Patron alten Schlages, Albrecht Woeste, einen raumgreifend auftretenden Mann des Jahrgangs 1935, folgte im Jahr 2006 Simone Bagel-Trah, Jahrgang 1969; eine zierliche Frau, langes blondes Haar. «Ein krasser Wechsel», urteilt sie damals selbst über den Stilbruch in der Industriellensippe, für deren Historie der Zeitraffer genügen muss: Der Lehrersohn Fritz Henkel (1848 bis 1930) gründet 1876 eine kleine Chemiefirma. Aus «Henkels Bleich-Soda» wird später das Waschmittel «Persil» – die erste große Marke, 1907 erstmals verkauft, in vielfach überarbeiteter Form bis heute im Einsatz. 1980 tritt mit Konrad Henkel der letzte Vorstandschef aus der Familie ab. 1985 geht Henkel an die Börse. Das Sagen behält aber weiterhin der Clan. Die drei Stämme, benannt nach den Kindern des Gründers – Fritz junior, Hugo und Emmy –, kontrollieren 52 Prozent des Dax-Unternehmens, heute ein Konzern mit mehr als fünfzigtausend Angestellten und einem Sack klangvoller Marken: Putzmittel und Shampoos, Kosmetik, Kleister, Kleber.

Fünfzehn Kilo Henkel-Materialien stecken in jedem Auto. Ohne Henkels Klebstoff würden Babywindeln nicht wasserdicht schließen, ohne ihn würde jeder iPod auseinanderfallen. Noch immer halten die Henkels in Düsseldorf die wichtigste Produktionsstätte, noch immer riecht es dort an manchen Tagen nach Waschmittel, je nachdem, aus welcher Richtung der Wind über die Schlote weht. Im Übrigen ist das Unternehmen ein wahrhafter Global Player: In 125 Ländern ist die Firma präsent. 80 Prozent des Geldes verdient sie im Ausland, 80 Prozent der Beschäftigten arbeiten außerhalb Deutschlands. Trotzdem spielen sie die regionale Karte, geben sich in Düsseldorf erdverbunden, am besten zu sehen jedes Jahr an einem Sonntag im August, wenn die Henkels zum «Preis der Diana» auf die Trabrennbahn laden. Tausende streunen dann über das Volksfest auf dem Gelände, setzen ein paar Euro auf Sieg oder Platz und gewinnen meist nichts. Ein paar Schritte weg von der öffentlichen Tribüne, in einem weißen Zelt, hält derweil die mächtigste Frau der Firma Henkel Hof, unangestrengt charmant wie stets. Ihre oberste Pflicht an diesem Tag ist es, dem schnellsten Traber Medaille und Sieger-Kranz umzuhängen. Die Reden überlässt Simone Bagel-Trah anderen: ihrem Vorstandschef, dem Rennleiter, dem Düsseldorfer Oberbürgermeister. Die NRW-Politik ist selbstverständlich jedes Jahr vertreten. Christian Lindner zeigte sich auch in den düstersten Tagen der FDP, schließlich trifft er hier frontal auf seine Kernzielgruppe: Reichlich Mitglieder der mit den Henkels befreundeten Industriellenfamilien (wie etwa der Oetkers) sind da, die Damen mit den anlassgemäßen ausschweifenden Hüten. Simone Bagel-Trah begrüßt hier, redet dort, die Kinder rennen durch das Zelt. Alles unaufgeregt, beinahe familiär.

Im historischen Konferenzraum im Backsteinbau auf dem Werksgelände hängen die Vorfahren in Öl; der Gründer Fritz Henkel an der einen Wand, die Söhne gegenüber: Fritz junior und Hugo. Nur die Schwester fehlt, offenbar waren Mädchen es damals nicht wert, gemalt zu werden. Immerhin erbte Tochter Emmy 20 Prozent an dem Unternehmen (die Brüder jeweils 40). «Für die damalige Zeit war das eine sehr fortschrittliche Regelung», sagt Bagel-Trah, die neben dem Konzern auch die Verwandtschaft zusammenhalten muss. Als Vermittlerin, Trösterin, Organisatorin, in emotionalen, finanziellen und sogar ganz banalen Angelegenheiten. Das Family-Office kümmert sich um fast alles, prüft, ob die Henkel-Erben ihr Vermögen sinnvoll verwalten, ob sie ausreichend versichert sind. Geraten sie irgendwo auf der Welt in Not, werden sie über eine Vierundzwanzig-Stunden-Hotline betreut. Etwa achtzig Nachfahren besitzen heute Anteile an Henkel. Zusammen halten sie 52 Prozent der Aktien. Bringen die Gesellschafter ihre Kinder und Partner zu Familientreffen mit, sitzen da rund einhundertfünfzig Leute. Im Unternehmen arbeitet kein Einziger von ihnen. So hat es der Familienrat vor Jahrzehnten beschlossen. «Ein Praktikum ist das höchste der Gefühle.» Wie die Haniels in Duisburg trennen die Henkels strikt zwischen Management und Eignern. Das Talent und nicht der Stammbaum soll entscheiden, wer den Laden führt. Zudem bewahrt es den Clan davor, im Krisenfall über den Schuldigen zu richten – im Zweifel muss nur der oberste Angestellte gehen, kein Onkel, keine Tante. Wer sich als Manager darauf einlässt, weiß, was ihn erwartet: eine kurze Leine und in der Regel weniger Gehalt. «Wer anderes sucht, darf nicht in einem Familienunternehmen anheuern», sagt Bagel-Trah.

Nun hat sich herumgesprochen, dass Familien nicht immer die edleren Unternehmer sind: Sie streiten wie alle anderen, oft noch erbitterter als gewöhnliche Firmen. Familien sind nicht immer die Guten. Sie sind nicht weniger gerissen als andere Investoren, nicht weniger wagemutig und so wenig vor Niederlagen gefeit wie jeder andere auch.

Das bestärkt Henkels Clan-Chefin in ihrer konservativen Linie: «Lieber kleine Bissen, als sich zu verschlucken.» Keine größere Schmach ist für sie vorstellbar, als die Firma eines fernen Tages ramponiert an die nächste Generation zu übergeben oder gar das Erbe zu verspielen. «Ich möchte nicht nachts wach liegen, weil eine Aktion von mir das Unternehmen gefährdet», sagt Bagel-Trah. Und dann fügt sie den Satz an, den jeder Henkel von Kindheitstagen an eingetrichtert bekommt: «Firma geht vor Familie.» Pause. «Das hört sich abgeschmackt an, ist aber so.»

Mit elf Jahren hat Simone Bagel-Trah zum ersten Mal die Schwelle zur Konzernzentrale überschritten. Mit achtzehn darf sie zum ersten Mal zum Gesellschaftertreffen. «Mein Vater hat mir zugeflüstert, wer da gerade redet und was das alles zu bedeuten hat.» Rasch findet sie Spaß an den Zahlen, lernt

Bilanzen lesen. An der Hochschule stürzt sie sich trotzdem, neigungsgemäß, auf die Naturwissenschaften. Schließlich hat sie schon als Kind Wetterstationen gebastelt, «aus Tannenzapfen, einem Marmeladenglas und Holzstäbchen». Noch im Hörsaal entschließt sie sich, eine eigene Firma zu gründen, angespornt durch die vielen Unternehmer in der Familie. Großmutter Ilse, eine geborene Henkel, hat einen hugenottischen Druckunternehmer geheiratet – daher der französisch auszusprechende Name Bagel.

Warum aber wurde ausgerechnet die junge Biologin zur Clanchefin? Und damit zu einer der mächtigsten Frauen in der deutschen Wirtschaft? Ein Zufall ist das nicht. Die familieninterne Auslese beanspruchte mehrere Jahre. So lange liefen eine Handvoll Kandidaten gegeneinander. Charakter wie Kompetenzen wurden geprüft, aber auch, ob der oder die Neue den jeweils anderen Zweigen des Clans vermittelbar ist. Denn am Ende müssen die drei Stämme einstimmig entscheiden, so will es ein ungeschriebenes Gesetz. Angeblich hinterließ der Wettbewerb bei den Unterlegenen keine Blessuren. So zumindest stellt es Simone Bagel-Trah dar. Geschichte wird immer von den Siegern geschrieben.

DIE FRONTFRAU DER GENERATION Y

Wer nicht darauf bauen darf, über familiäre Bande an die Spitze eines Unternehmens oder an die Schaltstellen der Macht zu kommen, muss sich anders behelfen: Am besten mit Studium und einer ersten Station in einer Beratungsgesellschaft, so empfehlen es Headhunter. Drei smarte, ehrgeizige Frauen haben diesen Weg gewählt, haben sich ihre ersten Sporen als Beraterin verdient, allesamt bei Topadressen: bei Boston Consulting, bei Accenture, bei McKinsey.

Zwei davon haben dann umgesattelt auf eine klassische Karriere im Großkonzern: Janina Kugel, Jahrgang 1970, hat es zum Personal-Vorstand von Siemens gebracht, Claudia Nemat, Jahrgang 1968, ist im Vorstand der Deutschen Telekom für Technologie und Innovation zuständig. Beide sind sie Stars der Unternehmenswelt, beide könnten wir eines Tages als Vorstandschef in einem Dax-Konzern erleben, entsprechende Wetten laufen.

Nur die Dritte im Bunde schlägt aus der Art: Saskia Bruysten, Jahrgang 1980 und damit eine halbe Generation jünger, hat den Hebel umgelegt: «Lieber cool als CEO» ist der Slogan ihrer Altersklasse, die Prioritäten des Führungsnachwuchses ändern sich und damit die Ansprüche an das eigene Leben. Man will die Welt retten, irgendwie. Dabei sind die Lebensläufe dieser drei Frauen in ihrer Zielstrebigkeit durchaus vergleichbar.

Claudia Nemat, Tochter eines Atomphysikers in Diensten von Siemens, folgt dem Vater und studiert Physik an der Uni Köln. Zuerst hat sie eine Karriere am Lehrstuhl im Sinn, landet dann aber bei McKinsey, «aus Zufall», wie man im Nachhinein so schön sagt. Siebzehn Jahre treibt sie dort ihre Karriere voran, wird erst Partner, dann Director und macht sich zudem außerhalb der Firma einen Namen. Unter anderem schreibt sie Studien, wonach Diversity-Anstrengungen direkt auf den Profit eines Unternehmens einzahlen: mehr Frauen gleich mehr Erfolg. Eine eingängige und durchaus zeitgeistgemäße These. 2011 heuert sie als Vorstand der Deutschen Telekom an, führt dort nach dem Motto «hart, aber herzlich». Wenn es zu hart wird, entspannt sie mit Power-Yoga. Eine Powerfrau durch und durch eben.

Janina Kugel, als Kind in Stuttgart als «Negerlein» gehänselt, studiert Volkswirtschaftslehre in Mainz und Verona. Von der Beratungsfirma Accenture wechselt sie zu Siemens, glücklicherweise in die Nähe zum heutigen Konzernchef Joe Kaeser. Stufe für Stufe folgt sie ihm auf dem Weg nach oben, bis sie als

Personalvorstand an die 400 000 Menschen führt. Diese Aufgabe erledigt sie mit solch mehrsprachiger Lässigkeit, dass man glatt vergessen könnte, was für ein altbackener und bürokratischer Laden dieser Siemens-Konzern doch ist. Und Vorsicht: Genau dies ist ihre Absicht! Die Frau ist nicht nur charmant und schlau, sie hat auch Biss.

Nichts anderes lässt sich über Saskia Bruysten sagen, die freilich ausgeschert ist, um die Welt zu retten – durchaus mit den Mitteln des modernen Managements. Auch sie wird früh ein ehrenwertes Mitglied der Businessclass: ehrgeizig, hervorragend ausgebildet, vielsprachig. Eine Beraterin, die irgendwann die Nase voll hat vom Beraten. Nur zieht sie sich nicht auf die sprichwörtliche einsame Berghütte zurück, sondern entscheidet, ihre Talente für einen anderen Zweck einzusetzen. Studiert hat Bruysten an der European Business School im Rheingau, später in Argentinien und Amerika. Als das Examen naht, zu Beginn des Jahrtausends, gelten ihr zwei Berufe als erstrebenswert: Investmentbankerin oder Beraterin. Nicht die Aussicht auf ein hohes Gehalt treibt sie dorthin, sondern der Wille, es den anderen zu zeigen, sich mit den Besten zu messen.

Zur Boston Consulting Group, ihrem ersten Arbeitgeber, kommt sie nur, weil der im Ruf steht, das schärfste Auswahlverfahren zu haben. Den Test besteht sie, also muss sie, die zierliche Blondine mit Anfang zwanzig, den anderen nur noch beweisen, dass sie auch den Job kann. «Wirklich interessiert hat mich der Job eigentlich nie», sagt sie heute. Zunächst ist München ihr Standort, dann New York. Die Konsumgüterindustrie ist ihr Revier: spannende Projekte, spannende Leute, eine tolle Wohnung. Trotzdem fehlt ihr etwas. Nach fünf Jahren in New York gabelt sich ihr Weg: Werde ich Partner und bleibe auf der Berater-Spur? Oder kommt als Nächstes etwas anderes? Als die Zweifel wachsen, fragt sie sich: Warum ist es relevant, ob die Firma jetzt noch einen Schuh, einen Lippenstift oder vielleicht doch eine Waschmaschine verkauft? «Darauf wusste ich keine Antwort.»

Saskia Bruysten nimmt sich eine Auszeit, reist um die Welt, absolviert an der London School of Economics ihren Master und überlegt, an welchem Platz sie sich fortan nützlich machen könnte. Ein Einstieg in die Politik steht zur Debatte. Oder irgendwas mit grüner Energie. Jedenfalls etwas, das mehr bringt als Geld und Karriere. «Etwas mit einer breiteren Relevanz», wie sie sagt. Und wer behauptet, dass Weltverbesserer im permanenten Kampf gegen die bösen Konzerne und Kapitalisten stehen müssen? Wäre es nicht klüger, diese zu Komplizen zu machen, um die Probleme der Menschheit zu lösen? So ticken Leute wie Bill Gates, so denkt auch Saskia Bruysten: «Der Kapitalismus kann eine tolle Rolle zum Wohle der Menschheit spielen», sagt die junge Frau. Da sie ahnt, dass die Wirtschaft nicht von allein alles Übel aus der Welt schafft, braucht es Impulse. Die setzt Bruysten mit Geld. Womit auch sonst? «Yunus Social Business» heißt ihre Firma, Namensgeber und Mitinhaber ist ihr Idol, der Nobelpreisträger Muhammad Yunus, der von Bangladesch aus mit der Idee für Mikrokredite Weltruhm erlangte. Bruysten ist «Co-Gründer und CEO». Die Idee des Gespanns: Wir lösen die Probleme der Gesellschaft mit dem Handwerkszeug des Managers. Nichts geht über Effizienz. Auch im Einsatz gegen Hunger, Kriege, Umweltzerstörung.

Saskia Bruysten – kanadische Mutter, deutscher Vater, holländischer Ehemann, aktueller Erstwohnsitz Berlin – ist daher so etwas wie ein Finanzinvestor für die Guten, ein «Venture-Capitalist» auf der Suche nach Start-ups, deren Idee Rendite abwirft und darüber hinaus hilft, gesellschaftliche Probleme zu lösen. Im Silicon Valley, dem Zentrum dieses Gewerbes, schauen die Investoren: Wo ist das nächste große Ding? Bruysten besteht auf einem Mehrwert: «Die Menschheit hat dringendere Probleme als die nächste Foto-Sharing-App für Teenager.»

Ihre Lieblinge sind Pioniere wie jener Mann in Uganda, der Hightech-Apparate auf Schuldächer packt, die das Wasser filtern: Der Gründer wird damit womöglich reich, die Kinder haben sauberes Trinkwasser, und Saskia Bruysten bekommt irgendwann das geborgte Geld zurück. Win-Win-Win, das ist ihr Ziel. In sieben Weltregionen ist ihre 2011 gegründete Firma aktiv, vor allem in Schwellenländern. Drei Dutzend Jungunternehmer, in ihrem Slang «Social Businesses», hat Bruysten direkt finanziert, jeweils mit bis zu einer halben Million Euro Startkapital. Nicht alles Geld sieht sie wieder, die Flop-Quote von gewöhnlichen Start-ups liegt bei 80 Prozent. «Wir schlagen uns besser», sagt Bruysten. Das ist ihr wichtig. Schließlich mache sie «Social Business, keine Charity». Und das ist ein himmelweiter Unterschied. Als «Early-Stage-Investor» verteilt sie keine Almosen, das Geschäft muss sich rechnen, «break-even gehen». Ja, das Business-Vokabular hat die Frau drauf: Manager, die sich «auf die Key Messages fokussieren», sind ihr Metier, der «Social Return» ist wichtig, «Skalierbarkeit» und «Disruption» ebenso. Das Schöne daran: Saskia Bruysten hat, wenn sie so redet, diese leichte Ironie im Blick. Sie hat ihre Lektion gelernt auf den Business Schools der Welt, hat als Unternehmensberaterin den täglichen Powerpoint-Irrsinn überstanden. Mit dem Geburtsjahrgang 1980 zählt Bruysten gerade so zur sogenannten «Generation Y», für die mehr im Beruf zählt als die nächste Beförderung. Eine erfüllende Tätigkeit ist wichtig, auch die Familie – die Liebe zum Arbeitgeber weniger. Fairness, flache Hierarchien, flexible Arbeitszeiten: Das sind die entscheidenden Kategorien, Bonus und Dienstwagen – angeblich jedenfalls – zweitrangig. Die Statussymbole sind laut Umfragen andere, und sei es selbstgemachte Marmelade. Vor allem zählt der Coolness-Faktor. «Das ist das Lebensgefühl unserer Generation», bestätigt Saskia Bruysten. «Ich kenne so viele Leute, die auf der Suche nach dem Sinn sind.»

Ihr Herz geht auf, wenn sie von dem Honigbauern aus Afrika erzählt, ihrem Vorzeige-Entrepreneur. In einem Flüchtlingslager hatte der Mann die Idee mit dem Honig, heute hat er 1800 Imker als Zulieferer, kleine Farmer, die er selbst angelernt hat. Das Geschäft floriert, macht Bauern wie Kunden satt, das Bienenwachs wird nach Europa exportiert. Schon wieder Win-Win-Win. Lässt die Weltverbesserin Bruysten es deswegen heute lockerer angehen als die Beraterin früher, arbeitet sie weniger? Von wegen. «Ich komme in jedem Fall auf mehr Stunden, nur bei einem höheren Freiheitsgrad», sagt sie. Ihr Konzept der Work-Life-Balance ist ein anderes als das Streben nach kürzeren Bürozeiten: «Es geht nicht darum, Arbeit zugunsten der Freizeit zu kürzen, sondern die Grenze zwischen Arbeit und Leben aufzuheben.»

Ihre Kreise haben sich gar nicht so geändert, sie bewegt sich auch heute in der Elite, nur halt anders. Ihre Geldgeber sind «philanthropische Investoren»: vermögende Familien, Stiftungen, Einzelspender. Multinationale Konzerne wie Adidas, BASF, Danone helfen mit gemeinsamen Projekten. Promis wie Richard Branson, der Virgin-Visionär, und der Clan-Chef des Otto-Versands leihen ihr im Beirat Kompetenz und ihre guten Namen. Saskia Bruysten selbst ist inzwischen gefragte Vortragsreisende, besucht die UN-Vollversammlung in New York, ist Stammgast auf dem Weltwirtschaftsforum in Davos, wo sie dann auch Janina Kugel oder Claudia Nemat über den Weg läuft.

Die jungen Leute, die für ihre Firma arbeiten, haben alle erstklassige Abschlüsse, alle haben sich gegen eine klassische Laufbahn entschieden. Die mögen nicht zu Siemens oder zur Telekom. «Eine normale Konzernkarriere reizt nicht, das zieht nicht mehr», sagt Bruysten. Junge, hippe Firmen dagegen haben Zulauf wie wahnsinnig. Wollen andere Unternehmen sich den Nachschub an High Potentials sichern, müssen sie reagieren. Also wollen alle jung und hip sein. Auch Janina Kugel hat bei Siemens schicke Lounges statt Einzelbüros eingerichtet, auch Traditionskonzerne schlagen einen höheren Ton an, wenn sie in bunten Broschüren ihre Unternehmensziele formulieren: Die Steigerung des Börsenwerts ist nicht genug. Ein bisschen grün oder sozial sollte es schon sein. Trifft man heutzutage einen Chef von Coca-Cola, Nestlé oder Unilever, dann ist die Wahrscheinlichkeit groß, dass er als Erstes davon redet, wie er die Welt nachhaltiger und schöner macht. Am Ende geht es trotzdem um Brause oder Tütensuppe.

Wie wahrhaftig oder unerträglich diese neue Manager-Moral daherkommt, ist eine Frage der Tagesform. Unternehmer wie Saskia Bruysten profitieren jeden Tag davon. Die Welt irgendwann hoffentlich auch.

UND WAS MACHEN DIE HAUSFRAUEN DER ELITE?

Früher führte für Frauen ein Sonderweg in die Elite: die Heirat mit dem Träger eines akademischen Titels. «Frau Doktor» und die «Frau Professor» gehörten automatisch mit dazu. Das bedeutete nicht, dass die Frau selbst Hand an die Kranken legte, promoviert war oder sich gar habilitiert hatte. Titel, Amt, Status des Mannes verschafften ihr den Eintritt zur Oberschicht. Sie blieb zu Hause und kümmerte sich um Haushalt und Kinder, derweil er forschte, die Menschheit mit technischen Errungenschaften beglückte, Unternehmen zu Weltruhm führte, Grundsatzurteile fällte oder die Demokratie vorantrieb. Sie hielt ihm den Rücken frei und konnte dafür sein Geld ausgeben. So war der Deal.

Dieses Modell ist durch die Emanzipation erschüttert worden, aber nicht beseitigt. Heute arbeiten in der Regel beide, mal mehr, mal weniger, und die klassische Hausfrau hat einen schweren Stand gegenüber der allseits geforderten und gefeierten «Karrierefrau». Doch noch ist die traditionelle Ehe nicht ausgestorben; gerade dort, wo die Eliten unterwegs sind, lebt sie weiter. Sie Hausfrau, er Superstar: «Bodensee-Ehe» nennt Psychiater Christian Dogs, Leiter der Max-Grundig-Klinik in Baden-Baden, dieses Phänomen. Zu finden ist es nicht nur am Bodensee, sondern überall dort, wo außergewöhnlicher Wohlstand zu Hause ist – in den See-Gemeinden im Münchner Süden sowie an den Hügeln des Vordertaunus. Städtchen wie Starnberg und Rottach-Egern oder Kronberg und Königstein zählen zu den reichsten Kommunen Deutschlands; nirgendwo konzentrieren sich so viele Einkommensmillionäre und alteingesessene Industriellenfamilien, nirgendwo finden sich so viele Vorstandsvillen.

Im Vordertaunus haben wir uns umgesehen, in den Frauen- und Charity-Kreisen, in den Golf- und Literaturclubs. Gehören diese Frauen zur Elite?, war die Frage der Recherche im Feld. Und: Wie sehen sie sich selbst? Frauen wie jene schmale Endvierzigerin, die in Amerika Kunst studiert und in London für den berühmten Werber Charles Saatchi gearbeitet hat, bis sie drei Kinder bekam. Jetzt organisiert sie ein international anerkanntes Musik-Festival – ohne jedes Entgelt. Sie sei «wie so viele Frauen hier» in der «überaus glücklichen Lage, nicht arbeiten zu müssen», bekennt sie. Nur die drei Kinder – inzwischen erwachsen – verstehen nicht, dass Mama sich keinen «richtigen Job» sucht. Sie stellt sich die Frage nie, Geld ist nicht das Problem in diesen Kreisen. Die Männer haben sich hochgearbeitet, verdienen prächtig als Berater, Anwälte und Private-Equity-Investoren in ihren Büros mit Taunus-Blick oder drunten in den Bankentürmen in Frankfurt.

Dass es beide Ehepartner nach oben schaffen, beide an den Schaltstellen der Macht landen, bleibt die Ausnahme – das Ehepaar Achleitner, beide Multi-Aufsichtsräte, haben wir schon porträtiert; auch das Ehepaar Blessing (er Ex-Commerzbank-Chef, jetzt UBS, sie JP Morgan) demonstriert, dass das unter gewissen Voraussetzungen funktionieren kann.

In den allermeisten Fällen aber gelingt nur einem die Top-Karriere. Häufig setzt sich – zumindest bislang – der Mann durch, während die Frau, selbst gut ausgebildet und ehrgeizig, irgendwo auf halber Strecke stecken bleibt. Die Kinder kommen zur Welt, es gibt so viel zu tun. Sie kümmert sich erst mal um alles, friert die eigenen Berufspläne ein. Und plötzlich verdient der Partner so viel, dass es für eine ganze Familie und noch viel mehr reicht, für Haushilfe und Gärtner sowieso. Der Wiedereinstieg der Frau in den Beruf wäre mühsam, erkauft mit hohem Personalaufwand für die Kinderbetreuung und mit Stellen auf einem finanziellen Niveau, das Welten unterhalb des Mannes läge. Wofür das alles also?

Lieber managen diese Frauen fortan den Alltag, unter Zuhilfenahme der eingeübten Management-Techniken, versteht sich: Ohne Powerpoint und Doodle-Listen geht gar nichts. Den Kampf um den beruflichen Aufstieg, um Posten und Gehaltserhöhungen überlassen sie den Männern. Sie genießen die Freiheiten eines privilegierten Lebens. Morgens fahren sie in ihren schwarzen SUVs an den Kindergärten und Schulen vor, setzen die Kinder ab und brausen weiter; Richtung Tennisplatz, Fitnessclub oder Reitstall, zum Shoppen, Frühstück oder zum Ehrenamt. Anschließend sammeln sie die Kinder wieder ein und verteilen sie auf die verschiedenen Hobbys: Klavier, Geige, Ballett, Golf, Tennis oder Fußball. Zwischendurch trifft man sich daheim im Wohnzimmer, liest gemeinsam Habermas oder die Römerbriefe, diskutiert mit Gastrednern über die Pubertät, den digitalen Wandel oder das eigene Selbstwertgefühl und achtet dabei auf «eine gewisse Homogenität» der teilnehmenden Frauen, wie eine der Damen bei einer Tasse Tee im

Edelitaliener erzählt. Das Leben ist durchaus angenehm, zumindest solange die Ehe hält und die Einsamkeit nicht zu groß wird, wenn der Gatte um die Welt tourt, um das große Rad zu drehen.

Trotzdem ringen diese Frauen ihr Leben lang um Anerkennung. Man identifiziert sich über Position (und damit Gehalt) des Mannes, würde das aber nie zugeben. Nichts wäre demütigender, als sich das einzugestehen. Psychotherapeut Dogs kennt die seelischen Nöte dieser Frauen, weil die Gesellschaft nun mal auf Arbeit getrimmt ist. Aber Leistung und Erfolg des Mannes alleine zählt nicht mehr. Auch die Leistung der Frauen will dargeboten werden: Das Gedeihen der Kinder (oft drei an der Zahl, gerne mehr) ist ein Trumpf, deren schulischer Erfolg ein Statussymbol: «Eine übersprungene Klasse zählt so viel wie ein Porsche», sagt eine Mutter.

Wohltätige Ämter sind ein weiteres Feld, sich zu profilieren, und die Möglichkeit, Gutes zu tun: So gesehen waren die Flüchtlinge hier besonders hoch willkommen. Es waren diese Frauen, welche vielfach ehrenamtliche Hilfe für die ankommenden Syrer und Afrikaner geleistet haben – und sich selbst ihren Wert für die Gesellschaft bewiesen haben.

Wahr ist: Ohne Helfer wie sie könnten die gemeinnützigen Vereine nicht überleben. Man hilft im Kinderhospital, im Altenheim, in der Schulkantine, unterstützt ausländische Kinder bei den Hausaufgaben und golft für gute Zwecke. Auch in der Wohltätigkeitsszene sind Karriere und Statusgewinn möglich: Wer kann auf seiner Charity-Gala mit den prominenteren Gästen aufwarten? Wer hat die edleren Spender, die dickeren Schecks?

Wenn nur dieser elende innere Druck nicht wäre, dazu die unterschwelligen Anfeindungen aus dem Umfeld: Haben sie nichts Besseres zu tun? Wofür die erstklassige Ausbildung? Warum fährt eine junge Kinderärztin, die früher am Uniklinikum arbeitete, nun jeden Morgen zum Reitstall, um ihren Apfelschimmel zu bewegen? Nur weil sie drei Kinder hat?

Aber diese Oberschicht-Frauen haben sich dafür entschieden, haben ihre Prioritäten anders gesetzt, als Feministinnen es propagieren. Vielleicht haben sie sich auch nur gefügt in ihre Rolle, weil es anders nicht geht. «Zwei Fulltime-Jobs, das lässt sich nicht vereinbaren», sagt eine ehemalige McKinsey-Beraterin in Kronberg. «Da geht zu viel verloren an Familienleben.» Und alles, was sie jetzt, nach der Kinderpause, erreichen könne, sei sowieso ein Witz verglichen mit der geradlinigen Laufbahn ihres Mannes. Die quirlige Frau war fünf Jahre lang bei McKinsey, ihr Leben war im Viertelstunden-Rhythmus getaktet. Sie hat gut verdient, hatte Verantwortung. Und sie hat es genossen – bis zum ersten Kind. Nach der Geburt, vor sechzehn Jahren, stieg sie aus. Ihr Mann stieg weiter auf, als Investmentbanker. Die Familie lebt auf einem traumhaften Anwesen, monetäre Sorgen haben sich erledigt, die Frage des Geldverdienens hat sich für Frau Doktor (die selbst promoviert und nicht den Titel ihres Mannes nötig hat) nie wieder gestellt. Nun verwaltet sie ihre Termine präzise auf dem iPhone. Im Prinzip ist sie eingespannt wie früher, bis in die «Tagesrandstunden hinein», wie sie sagt – nur jetzt eben für lauter gute Zwecke. Überall mischt sie mit. «Ich bin so gestrickt, ich kann nicht anders.» Für den Förderverein bereitet sie den nächsten Basar vor, der Elternbeirat tagt, ebenso der Kirchenvorstand. Die Tochter muss sie beim Ballett abholen und danach die Kommunionskinder unterrichten. «Das könnten andere sicher besser als ich», kokettiert sie. Aber bevor es jemand macht, der es schlechter kann, tut sie es lieber selbst. Schließlich geht es um ihre Kinder.

Die Förderung des Nachwuchses genießt höchste Priorität unter den Elitefrauen im Taunus. Da lassen sich die Mütter nur ungern reinreden von Lehrern oder anderen dahergelaufenen Experten. Die Wahl der richtigen Schule ist von kaum zu überbietender Tragweite: Schickt man die Kinder auf eine staatliche Schule am Ort, damit sie in einem «normalen Umfeld» aufwachsen? Karrt man sie zu einer Privatschule in der Nähe, oder soll es doch ein Internat sein? Wenn alles nicht hilft, gründen die Frauen ihre Montessori-Schule eben selber.

«Taunus-Mamis» nennt man diese Frauen unten in Frankfurt spöttisch. Mütter, die ihre Kinder händchenhaltend zum Abitur führen und nebenher golfen und in Charity machen. «Diese Kritik bekommen wir oft zu hören», sagt die Gattin eines Top-Bankers. «Es stimmt ja auch, soziales Engagement tut keiner von uns weh: Wir verzichten auf nichts.» Aber die Kritik tut weh. Sie trifft das Innerste dieser Frauen, deren Lebensmodell von der Gesellschaft heute permanent angezweifelt wird. Anders als früher, als der Titel des Mannes für beide reichte.

11

NEUE SITTEN IN DER ELITE

KULTURWANDEL IN DEN CHEFETAGEN

Ein Star der nächsten Elite-Generation ist Chris Boos, ein Riese in schwarzer Lederjacke, schwarzem T-Shirt, schwarzer Jeans mit goldenem Versace-Gürtel. Er ist ein Pionier der Künstlichen Intelligenz (KI), weltweit gefragt als Redner und Visionär, der vor allem als forscher Streiter für mehr klassische Bildung an den Schulen von sich reden macht.

Ihm hat früher niemand eine Karriere zugetraut. Denn Boos, Jahrgang 1972, ist Albino, hat helle Haut, weiße Haare, kaum sichtbare Wimpern – und nicht mal mehr 10 Prozent seiner Sehkraft. Immer war er der Außenseiter, der Behinderte. «Als Kind wurde ich gehänselt und verprügelt», berichtet Boos. Vor seiner Einschulung rieten die Lehrer seinen Eltern, den Jungen auf eine Sonderschule zu schicken: «Ihr Sohn wird später Papiertüten falten, finden Sie sich damit ab.» Ein Leben in der Behindertenwerkstatt, mehr sei für ihn nicht drin. Das war ein Irrtum.

Ausgerechnet er, der fast Blinde, ist dem Großteil der

Menschheit heute kognitiv voraus und bringt Maschinen das Denken bei. Mit zwanzig Jahren hat er sein Informatikstudium abgebrochen, um Arago zu gründen, eine Computerfirma in Frankfurt am Main, in der ganz eigene Gesetze herrschen. Am Empfang weist ein großes Schild den Besucher darauf hin, dass er nun eine «asshole-free company» betritt. Die Mitarbeiter kommen, wann sie wollen (und bleiben dafür, solange sie müssen, bisweilen auch bis Mitternacht). Die meisten trudeln am späten Vormittag ein. Ganz entspannt, ganz locker, in Jeans und verbeulten Sneakers. Ob sie vorher beim Yoga waren, geschlafen oder daheim gearbeitet haben, ist dem Chef egal. Er gibt nur die Ziele vor, die die Firma erreichen soll. Wie und wo seine Leute die Lösungen dafür ersinnen, interessiert ihn nicht. Ein Studium braucht hier niemand, nur die Leistung und der innere Antrieb zählen. Viele Mitarbeiter sind Autodidakten, wie Boos selbst.

Mit zehn Jahren hat Boos seinen ersten Computer geschenkt gekommen, mit siebzehn hat er das Internet für sich entdeckt (er war der 78. Nutzer in ganz Deutschland), hat seine ersten Programme geschrieben und nach Amerika verkauft. Heute will er den europäischen Industriekonzernen dabei helfen, gegen die Konkurrenz aus dem Silicon Valley zu bestehen. «Die ersten selbstfahrenden Autos müssen in Deutschland fahren», lautet seine Mission. Boos will mitmischen, fernab der Behindertenwerkstatt. Seine Programme helfen, die Wirtschaft am Laufen zu halten, weil sie stupide Routineprozesse in der EDV besser überwachen als Menschen. Computer werden nie müde, müssen nie schlafen, langweilen sich nie, lassen sich nicht ablenken.

Auf dem Gebiet der Routinearbeiten kann der Mensch der Maschine künftig nicht das Wasser reichen. Schlaue Computer werden deshalb diese Jobs in vielen Branchen übernehmen. Das macht Chris Boos jedoch – im Gegensatz zu vielen anderen – überhaupt keine Angst. Viele Manager und Politiker wollen heute von ihm, dem Experten auf dem Gebiet der Künstlichen Intelligenz, wissen: Was hat der Mensch den schlauen Maschinen noch entgegenzusetzen? Muss jeder Manager oder besser noch jedes Schulkind künftig Programmierkurse besuchen? Zieht gar eine neue Elite auf – die künstliche Elite, die den Menschen entmachtet, wie es Tesla-Gründer Elon Musk befürchtet?

Boos winkt ab. Der Mensch habe, so wiederholt er auf jeder Bühne, die er irgendwo auf der Welt betritt, den Computern zwei Dinge voraus: Empathie und Kreativität. «Zu beidem ist eine Maschine nicht fähig.» Deshalb fordert Boos statt Programmierkursen mehr Allgemeinbildung für die nächste Generation. Das ganze alte Zeug: Literatur, Geschichte, Philosophie, Musik, Kunst, Mathe und Naturwissenschaften. Wenn die Schulen das nicht leisten, so müssen die Eltern übernehmen und die Zukunft ihrer Kinder selbst in die Hand nehmen. «Ohne meine Eltern würde ich heute wirklich Papiertüten falten.» In Zukunft werde, so Boos weiter, die Elite aus kreativen Denkern mit breiter Allgemeinbildung bestehen, nicht aus Programmierern. Auch intelligente Maschinen können diesen nicht das Wasser reichen, egal, wie schlau sie werden. «Wir sind weit davon entfernt, dass die Computer die Weltherrschaft übernehmen.»

Die Machtergreifung durch schlaue Maschinen bleibt also vorerst Stoff für gruselige Science-Fiction-Filme. Menschen wie Chris Boos jedoch, die im schwarzen Leder-Outfit in die Chefetagen der traditionellen Großkonzerne geladen werden und in den Ministerien der Bundesregierung ein und aus gehen, verändern die Wirtschaft. Sie sind Teil einer neuen Elite mit neuen Sitten. Auch der Airbus-Vorstand Dirk Hoke ist einer von ihnen: Zwanzig Jahre steile Siemens-Karriere hat er hinter sich, das World Economic Forum führt ihn als Young Global Leader.

Von dem Mann, heute schon für mehrere tausend Leute verantwortlich, wird noch viel erwartet. Für seine Mitarbeiter aber ist er nur «der Dirk». Jede oder jeder von ihnen kann ihn auf dem Handy anrufen, die Nummer steht im Intranet. «Ich bin kein Fan davon, alle Ideen der Mitarbeiter erst die jeweiligen Hierarchiestufen durchlaufen zu lassen und dann wieder zurück», sagt der Vorstand des deutsch-französischen Luftfahrtkonzerns. «Jeder kann mit jedem reden.» Wohlgemerkt: Hoke wirbelt nicht in irgendeinem Hinterhof herum, in einem buckligen Start-up. Nein, der junge Mann, ein gebürtiger Halbchinese, ist oben angekommen in einem halbstaatlichen, zudem noch halbfranzösischen Konzern, der bis vor kurzem auf Etikette setzte wie sonst kaum ein anderer. Frankreichs Wirtschaftselite hat es gerne etwas förmlicher.

Um den Laden aufzumischen, gerade deswegen haben sie Hoke geholt. Und der hat als Erstes die sozialen Medien zum Alltagswerkzeug erklärt. Bevor er auch nur einen Tag offiziell gearbeitet hat, hatte er über LinkedIn bereits eintausendfünfhundert Freunde unter seinen Untergebenen, heute halten mehr als viertausend auf diesem Weg mit ihm Kontakt. Die Frage, ob es eine gute Idee ist, wenn der Chef mit seinen Angestellten auf Facebook befreundet ist, kontert er mit einem kecken «Klar, warum denn nicht?».

Der Jung-Vorstand kommuniziert mit den noch jüngeren Leuten per Slack, Yammer und wie diese «Tools» alle heißen. «Die E-Mail ist nicht mehr zeitgemäß», sagt Hoke. Auch den Kontakt zu seinen Kindern hält er über Instagram und WhatsApp – notgedrungen. «Sie antworten auf keine Einzige meiner E-Mails.» Nun mag der Wandel in Bezug auf die Jugend angebracht sein, aber für einen staatlichen Konzern? Es ist noch keine zehn Jahre her, da liefen auf manchen Chefetagen livrierte Diener umher, die mit weißen Handschuhen Kaffee servierten; die Deutsche Bank war in dieser Sicht besonders traditionsbewusst. Heute sitzen selbst die Chefs von Großkonzernen in Großraumbüros, allenfalls durch Glaswände von ihren Leuten getrennt, sofern die jeweilige Branche nach einem besonderen Ausweis der Coolness verlangt.

Wie genau und wann das alles angefangen hat mit den neumodischen Zeiten, ist nicht mehr genau zu eruieren, es spielt aber auch keine Rolle. Sicher ist: Es muss mit Kalifornien zu tun haben. Seit auch die behäbigsten Traditionskonzerne ihre Delegationen ins Silicon Valley schicken, um sich ein Bild vom dortigen Gründerspirit zu machen, ändern sich hierzulande die Sitten. Was die Pilgerreisen konkret fürs Geschäft bringen, muss sich erst erweisen, beseelt sind die Manager davon allemal.

Ob es der Konzentration dienlich ist, wenn Hunderte von Menschen in einer riesigen Halle arbeiten, ist da egal. Zunächst einmal zählt, dass Facebook, Apple und Google ihre hippen Headquarters so konzipiert haben. Mark Zuckerberg und Sheryl Sandberg hocken sich bei Facebook irgendwo zwischen die Belegschaft an ihre Schreibtische. Wenn sie Ruhe für ein Meeting oder Telefonat brauchen, buchen sie sich, wie alle anderen auch, einen kleinen Glaskasten, für jeden Mitarbeiter einsehbar. So liebt es die junge Generation, obwohl sie von den wichtigen Deals, die die Chefs aushandeln, trotzdem nichts mitbekommen. Netflix-Chef Reed Hastings brüstet sich gerne damit, dass er überhaupt keinen Schreibtisch hat, geschweige denn ein Büro. So etwas wie eine Chefetage existiert in seinem Unternehmen nicht. Wäre ja auch reine Verschwendung, weil er meist irgendwo auf der Welt unterwegs ist. An den drei oder vier Tagen im Monat, die er in Kalifornien weilt, hockt er sich mit seinem Laptop einfach irgendwohin. «Meist in die Kantine», behauptet er. Da hat er das Ohr nah an der Belegschaft, hört ihre Ideen und Sorgen. «Mein Büro ist mein Smartphone.»

Bei Adobe haben sie auf allen Stockwerken die Wände herausgerissen – auf den langen, dunklen Fluren mit den tristen

Einzelbüros links und rechts, ein Relikt aus den achtziger Jahren, fühlte sich kein Mensch mehr wohl. Jetzt dringt von überall Licht durch die bodentiefen Fensterfronten, unten auf den Grünflächen laden Basketballfelder dazu ein, in der Mittagspause ein paar Körbe zu werfen. In den «open spaces» gibt es Sitzecken mit bunten Sitzsäcken, locker verstreut stehen hier und da ein paar Stühle und niedrige Tische, aus der offenen Küche duftet es nach italienischem Kaffee. Frisches Obst, Müsli und Kekse darf sich jeder nehmen. Deutschlands Büroplaner bauen das Modell eifrig nach, mehr als gläserne Trennwände sind hier ebenfalls nicht erlaubt. Schallschutzexperten verdrehen die Augen, aber egal, Hauptsache, ein Hauch vom «Spirit» des Silicon Valley kommt auch hierzulande in den Konzernen an.

Nach dem Einzelbüro hat auch die Krawatte ausgedient. Deutschlands Chefs – selbst die Bosch-Oberen, Ausbund an schwäbischer Seriosität – haben sie abgeschafft. Siemens-Chef Joe Kaeser verbannt sie meist in den Schrank, und für Daimler-Boss Dieter Zetsche muss ein besonderer Feiertag im Kalender stehen, damit er den Binder hervorholt. Selbst zu Empfängen in der Hauptstadt packt er die Krawatte nur auf ausdrückliche Anweisung seines protokollarischen Dienstes ein. Ansonsten gilt: Doktor Z., Stilikone der Wirtschaftselite, tritt in Jeans, Sneakers und offenem Hemd auf, darüber das enggeschnittene dunkelblaue Sakko. Sehr modisch und kein Vergleich zur Generation seiner Vorgänger.

Manche mögen das bedauern, die ersten Mutigen, zumeist im konservativeren Finanzdistrikt, rufen schon zur Gegenrevolution auf. Im Moment stehen die Chancen dafür jedoch schlecht. Denn ist der Schlips erst einmal weg, so der weitverbreitete Glaube, dann zieht die Coolness ein, dann lässt sich der ganze «fancy shit» (so Joe Kaeser), an dem sie in den coolen Start-ups basteln, auch in den Großkonzernen erfinden. Wer unter diesen Umständen nicht daherkommen will wie ein Mann von gestern, der krempelt die Ärmel hoch und lässt das Hemd oben offen.

Gewiss, auch den neuen Look haben die deutschen Topmanager sich von den Internet-Pionieren im Silicon Valley abgeguckt. Im Start-up-Wunderland trägt kein Mensch Schlips, schon aus Prinzip. Wer aus der sprichwörtlichen Garage oder wenigstens einem Hinterhof kommt, geht auch als gemachter Mann noch mit Badelatschen und T-Shirt (Facebook-Gründer Mark Zuckerberg) oder Jeans und Pulli (wie Apple-Legende Steve Jobs sein ganzes Leben) zur Konferenz. Allein zu hochoffiziellen Anlässen wird ein weißes Hemd bemüht. So treten die neuen Milliardäre an gegen die alte Ökonomie und demonstrieren auch modisch, wem die Zukunft gehört.

Dabei hat die Krawatte über Jahrhunderte Kriege und Revolutionen überdauert. Dreihundertfünfzig Jahre lang hat sie den Hals bedeutender Männer geschmückt, war Sinnbild für Herkunft, Ambitionen und Gesinnung des Trägers und seiner Zeit. Mehrfach wurde sie bekämpft und totgesagt, stets kam sie zurück.

Zunächst ergänzte die Krawatte die pompösen Roben des europäischen Hochadels, Honoré de Balzac erhob sie um 1830 gar zum Symbol der besseren Gesellschaft überhaupt: «La cravate, c'est l'homme.» Auch die modebegeisterten Dandys vergötterten sie. Später wurde sie unverzichtbar für den globalen «Business-Look». Mit Anzug, Hemd und Krawatte setzten sich vor einhundert Jahren die Büroarbeiter gezielt von den Blaumännern in der Fabrik ab. Damit war auf den ersten Blick klar, wer sich die Hände bei der Arbeit schmutzig machen muss. In den sechziger Jahren war die Krawatte Pflicht für jedermann, sogar für Studenten. Die «Beatles» revolutionierten mit dem Schlips die Musik, und selbst die Achtundsechziger-Revoluzzer stiegen anfangs mit Anzug und Krawatte auf die Barrikaden, erst später wurde Letztere für sie zum Inbegriff des verhassten Establishments. Zur Abgrenzung trug man dann Pulli, Jeans und Cordhose.

Dagegen signalisiert die junge Elite aus dem Silicon Valley mit ihrem legeren Auftritt den Bankern, Juristen und Investoren heute vor allem: «Du bist nichts Besonderes, nur weil du Anzug und Krawatte trägst.» Und wer auf dem Adidas-Campus in Herzogenaurach mit Krawatte erscheint, zeigt von weitem: Achtung, die Banker und Finanzmenschen sind da. Ein Volk, mit dem die nachwachsende Manager-Generation – die Adidas-Belegschaft ist im Schnitt dreißig Jahre jung – eher wenig zu tun haben will.

Wer die Welt aus den Angeln zu heben versucht, muss anpacken, braucht Mut und Kraft – aber keine Krawatte. Wer «Disruption» nicht kapiert, so heißt einer der Manager-Kalauer, wird selbst disruptet, also von einem der forschen Angreifer zerlegt. Verbissen müht sich die Old Economy, Tritt zu fassen im Digitalen, und ahmt den neuen, aus San Francisco importierten Stil nach. Der Verzicht auf den Schlips ist da nur ein Anfang. Auch dicke Männer mit Zigarren existieren höchstens noch als Karikatur für Manager.

Selbst Carl Ferdinand Oetker, der Milliardär aus dem Pizza- und Pudding-Clan, empfängt in seinem Düsseldorfer Stadtbüro ohne Schlips. «Krawatte ist keine Pflicht mehr, so wie es früher insgesamt autoritärer zuging», sagt Oetker, der 1972 geborene Ururenkel des Gründers, dem heute ein Achtel des Familienkonzerns gehört. Die hohen Räume hier atmen noch den gediegenen Geist der Vorfahren, die Kunst an den Wänden ist edel, das Holz des Sekretärs nicht minder. Drunten in der Tiefgarage aber steht keine S-Klasse von Daimler, sondern ein Smart. Mit Elektromotor. Ohne Chauffeur. Er wolle «ökologisch vorangehen», sagt er. Dies sei Teil seiner Mission als Angehöriger der Elite. Daher der Smart, ein Elektroauto der ersten Generation, das maximal einhundertzehn Kilometer schafft – «im Sommer, ohne Licht und ohne Klimaanlage», wie Oetker kommentiert, im Winter müssen achtzig Kilometer reichen. «Energieeffizienz und Klimawandel sind mir eine Herzensangelegenheit.» Seine Heizung zu Hause ist das Fortschrittlichste, was sich der ökologisch bewegte Mensch denken kann. Wenigstens ist der Mann kein Vegetarier, um nicht auch noch dieses Klischee zu bedienen. Rank und schlank ist er trotzdem, wie es sich gehört für die Führungskraft von heute.

Denn der Manager, der etwas auf sich hält, hat die Laufschuhe stets im Gepäck, Sport ist Pflicht. «Heute pflegt man Körper und Geist, achtet auf seine Gesundheit und ist auch durchaus stolz darauf», berichtet Christine Stimpel, Partnerin bei Heidrick & Struggles, eine der führenden Personalberaterinnen im Land. Seit Jahren besetzt Stimpel Chefposten in der Industrie und beobachtet dabei, wie sich das Personal in Gestalt und Habitus ändert: «Manager heute räumen dem Privatleben eine höhere Bedeutung ein als früher. Die wollen Zeit für ihre Hobbys, ihren Sport, ihre Freunde haben. Sie wollen nicht nur eine Familie haben, sie wollen ihre Kinder auch aufwachsen sehen und halten sich dafür oft das Wochenende und auch unter der Woche Zeit frei. Das war vor fünfzehn bis zwanzig Jahren noch anders. Da war die Arbeit oberste und einzige Priorität.»

Kasper Rorsted, der Adidas-Chef, ist der Prototyp dieser neuen Haltung. Ihn haben wir in Herzogenaurach besucht, frühmorgens beim Sport im firmeneigenen Fitnessstudio. Den Muskelkater hinterher haben wir exklusiv: Der Mann ist so was von durchtrainiert.

DAS NEUE ROLLENMODELL DES ADIDAS-CHEFS

Muss jemand Tag und Nacht Leistung bringen, um zur Elite zu zählen? Muss ein Manager wirklich achtzig Stunden pro Woche arbeiten? Nein, sagt Adidas-Chef Kasper Rorsted. Beruf und Privatleben wird bei ihm strikt getrennt. Und um sieben Uhr ist Feierabend.

Keine Frage: Der Mann, Däne von Geburt, ist ein Mann fester Glaubenssätze. Der FC Bayern München ist der beste Fußballclub der Welt, lautet einer. Freundschaft unter Managern kann es nicht geben, der nächste. Wer die Nummer eins sein will (wie die Bayern), darf sich nicht mit Sentimentalitäten aufhalten. «Be friendly but not friend», predigt der Adidas-Chef: keine Freundschaften in der Firma! Vorübergehende Verbrüderungen sind erlaubt, mehr nicht. Im Zweifel ist man am nächsten Tag Rivale, Wettbewerber, Konkurrent.

Freundlichkeit, offener Umgang, Respekt – das alles ja, aber bitte keine Freundschaft. In der Firma müsse man mit Beziehungen professionell-sachlich umgehen, rät Rorsted. «Ich treffe immer wieder auf Menschen, die sind phantastisch im Job, aber persönlich nicht mein Typ. Andere sind nett für ein Glas Wein, professionell aber nur Mittelmaß.» Mittelmaß, so viel steht fest, kann Rorsted nur schwer ertragen, auf dem Sportplatz so wenig wie im Geschäft. Schon der zweite Platz ist zum Heulen (auch das lehrt ihn sein FC Bayern). Auch wenn es Adidas, Mitarbeitern wie Aktionären, auf dem zweiten Rang hinter Weltmarktführer Nike an wenig mangelt, ein Kasper Rorsted kann sich damit nicht abfinden.

Als er 2008 bei seiner vorherigen Station, Henkel, angetreten ist, kündigte er an, nicht alles anders, aber alles besser zu machen – sich selbst inklusive. Wenn er etwas hinterlassen wolle, dann ein deutlich besseres Team, tönte er zum Einstand. Manchen hat das irritiert. Der auf Effizienz getrimmte Däne hat seinen Kurs in der Folge strikt eingehalten, er hat Karrieren gefördert, aber auch jäh beendet: «Ich habe Personalentscheidungen getroffen, die für Einzelpersonen hart sind, aber für das Gesamte wichtig.»

Nach denselben Prinzipien führt Rorsted, 1962 geboren, der noch schneller englisch als deutsch spricht, heute den Konzern mit den drei Streifen. Den Tag beginnt er – morgens kurz nach fünf – mit Sport. Wenn er in der Zentrale in Herzogenaurach zu tun hat, geht er dazu ins firmeneigene Sportstudio. Mit den zigarrerauchenden Industriebaronen früherer Zeiten hat er so rein gar nichts gemein, vor seiner Wohnung fährt keine schwere Limousine vor, er kommt mit dem Rad. Rustikales Chefgehabe kann er nicht ab, so wenig wie all die Wichtigtuer mit ihren cc-Mails und die Manager, die sich mit ihrer schier unermüdlichen Arbeitswut brüsten: «Wer nicht abschaltet, fängt an, falsche Entscheidungen zu treffen, geht als Chef in Details rein, in denen er nichts zu suchen hat.» Auch ein Topmanager brauche einen gewissen Abstand: «Kein Fußballprofi kann sieben Spiele die Woche bestreiten.»

Der Adidas-Chef verkörpert eine neue, nüchterne Generation von Managern – der er zum Rollenmodell wurde, als Kontrast zu den älteren Vorstandsvorsitzenden, die «keinen Feierabend kennen, vierundzwanzig Stunden, sieben Tage die Woche erreichbar sind», wie ein pensionierter Konzernlenker erzählt.

Kasper Rorsted verordnet sich konsequent Ruhepausen, schaltet am Wochenende auch mal das Handy aus. Wie ein Hochleistungssportler sein Trainingspensum austariert, so plant er seine Termine, «auf zwölf bis achtzehn Monate hinaus». Akribisch geschieht dies, um nicht zu sagen pedantisch. «Da bin ich sehr pingelig», gibt er zu. So weiß der Manager schon heute, auf welcher Piste er an welchem Tag Ski fahren wird – in diesem Winter, aber auch schon im nächsten. Selbst die Frage, wann er die Kinder zu Bett bringt, regelt der Terminplan Monate im Voraus: «In meinem Kalender steht jeden Tag, wann ich das Büro verlasse: spätestens um 19 Uhr, wenn ich keine Abendveranstaltung habe.»

Ist das alles Koketterie, eine PR-Masche zur Selbststilisierung oder Ernst? Bitterer Ernst, sagen die Untergebenen. Es muss viel passieren, dass der Chef vom Terminplan abweicht, der Mann ist diszipliniert. «Alles, was relevant für die Firma ist, das tue ich. Den ganzen Rest nicht», sagt Rorsted. Die spontane Einladung zum Ballett schlägt er ebenso aus wie die auf den Golfplatz: «Ich kann keine Familie mit vier Kindern haben, hundertsechzig Tage im Jahr unterwegs sein und dann am Samstag Kontakte auf dem Golfplatz pflegen – das tue ich nicht.»

Diese innere Distanz empfiehlt Rorsted jedem Kollegen in Politik und Wirtschaft. «Je höher die Position, desto größer erscheinen auf den ersten Blick die Dinge, die man tut», erklärt er – aber eben nur auf den ersten Blick. Ein Schritt zurück erhöht die Klarheit, das Maß für die wirklich einschneidenden Sachen. Und das war für ihn kein Milliardendeal, sondern der Abschied aus der Heimat. «Der größte Schritt für mich persönlich war es, 1991 Dänemark zu verlassen und nach Deutschland zu gehen: Da war die Überwindung am größten.»

Siebzehn Jahre hat er in München gelebt, hat dort für amerikanische Computerfirmen gearbeitet, seine vier Kinder sind dort geboren, seine Frau – ebenfalls Dänin, ebenfalls Betriebswirtin – hat sogar Bairisch gelernt. «Diese Zeit hat uns geprägt.» Heute fühlt Rorsted, mit Wohnsitz am Starnberger See, sich mehr als Deutscher denn als Däne: «Ich kann mir nicht vorstellen wegzugehen, nicht mal eines Tages im Ruhestand.» Von seinem Vater, einem angesehenen Ökonomie-Professor in Dänemark, hat er das Lebensmotto übernommen: «Wenn etwas wirklich wichtig ist, musst du es auch angehen. Wenn du dich nicht intensiv kümmerst, dann ist es auch nicht wichtig.»

Wirklich wichtig ist Rorsted die Familie, das hat er spätestens beim ersten und einzigen Knick in seiner Laufbahn verinnerlicht, als er am Telefon von seinem Rauswurf bei der amerikanischen Computerfirma Hewlett Packard erfuhr: «Ich war enttäuscht, es hat mich geärgert, persönlich habe ich es aber nicht genommen.» Denn wie lautet Rorsteds Maxime: keine Gefühle im Geschäftsleben. «Streit in der Familie, so etwas nehme ich mir zu Herzen. Im Beruf halte ich Abstand, lasse keine Entscheidung an mich heran.» Das mag man technokratisch und kalt nennen – oder aber gesund.

12

WO LEBT DIE ELITE?

Der Kalender des Elite-Jetsets folgt festen Regeln: Ende Januar Davos, Weltwirtschaftsgipfel in den Bergen. Wer die Muße und das Kleingeld hat, gönnt sich im Frühjahr die Kunstauktionen in New York oder die Tech-Konferenz «South by Southwest» in Austin, Texas. Im Mai bieten sich das Filmfestival in Cannes und der Grand Prix in Monaco als Ausflugsziele an, es folgen Art Basel und Tennis in Wimbledon – und so weiter, und so fort.

Neu aufgenommen ins Programm wurde das «Burning-Man»-Festival in der Black-Rock-Wüste in Nevada, für alle hartgesottenen Camper innerhalb der Wirtschaftselite. Gerade mal zwanzig Leute feierten 1986 zum ersten Mal die Sommersonnenwende, indem sie am Strand bei San Francisco eine überlebensgroße Holzfigur verbrannten, angeblich aus Liebeskummer. Heute zieht die einwöchige Veranstaltung an die siebzigtausend Besucher in die Wüste, weder extreme Hitze noch Kälte schrecken sie ab, auch nicht die fürchterlichen Sand- und

Staubstürme, die ohne Schutzbrille kaum zu ertragen sind. Burning Man ist vielleicht das Woodstock des 21. Jahrhunderts – irgendetwas zwischen Musik- und Kunst-Performance, von Drogen und Alkohol durchtränktes Happening und skurrilste Party der Welt. Die Besucher heißen «citizens», wohnen in Wohnmobilen oder Zelten, essen Nudeldosen und suchen das Glück der Weltverbesserer. Geld zum Bezahlen ist verpönt, man tauscht oder verschenkt Dinge. Autos sind verboten, nur befahrbare Kunstobjekte gehen in Ordnung, Fahrräder auch. Es gibt kein fließendes Wasser, keinen Strom, angeblich auch keinen Handyempfang, aber Ärzte und Ranger, die für Ordnung sorgen. Höhepunkt des Wüstenzaubers ist mittlerweile das Verbrennen einer über zwanzig Meter hohen Kunstfigur aus Holz. Und am Ende muss die Wüste so sauber sein wie zuvor, Müll darf keiner zurückbleiben. Dafür ist jeder Besucher ein neuer Mensch.

So in etwa lauten die Mythen, die sich um Burning Man ranken. Von Kommerz will niemand etwas wissen, er spielt aber – wie bei jedem Festival – eine wichtige Rolle. Vor allem, seit die Tech-Milliardäre aus dem Silicon Valley das Hide-away für sich entdeckt haben. Die Veranstalter wollen nicht öffentlich damit prahlen, aber es ist dem Geschäft zuträglich, dass die Google-Gründer Larry Page und Sergey Brin mehrfach in der Wüste gesehen worden sein sollen und dass von Tesla-Chef Elon Musk zwei Zitate überliefert sind: «Burning Man lässt sich nicht beschreiben, das muss man erlebt haben», hat er einmal gesagt. Und: «Wer nie dabei war, kann das Silicon Valley nicht verstehen.» Burning Man ist eines der ganz wenigen Ereignisse, bei denen man zufällig neben Facebook-Gründer Mark Zuckerberg oder Amazon-Erfinder Jeff Bezos sitzen könnte. Nur ist mit der Tech-Elite auch der Luxus in die Wüste gekommen. Angeblich zahlen die Jungmillionäre ein halbes Vermögen, um in einer klimatisierten Jurte unterzukommen und sich mit Sushi,

Hummer und WLAN verwöhnen zu lassen. Für Google-Mitarbeiter gibt es – wie im Silicon Valley – einen Shuttlebus, und Zuckerberg wurde per Helikopter eingeflogen, so bestätigen die Veranstalter, damit er «das Geschenk des Schenkens am eigenen Leib erfahren und zu einem noch besseren Menschen werden kann». Der Milliardär durfte den «citizens» einen Tag lang gegrillten Käse servieren. Danach war er wieder weg.

Wenn die deutsche Elite nicht gerade zum internationalen Get-together in die Berge oder die Wüste, nach New York oder Austin reist, trifft sie sich auf Sylt, der schicken Nordseeinsel, die seit Jahrzehnten als Promi-Treff von sich reden macht, in den letzten Jahren aber vor allem wegen seiner «Sylter Verhältnisse» für Schlagzeilen gesorgt hat. Immer weniger Menschen, die keine Millionen auf dem Konto liegen haben, können sich ein Leben dort leisten. Darunter leidet das Inseltreiben jenseits des Jetset-Zirkus – Vereine darben, Kindergärten und Grundschulen schließen, Handwerker, Polizisten und das Service-Personal ziehen wegen der verrückten Immobilienpreise aufs Festland. Die Hebammenstation hat dichtgemacht, zwei Drittel der Eigentumsobjekte auf Sylt gehören mittlerweile Ortsfremden, Mietwohnungen sind rar und unbezahlbar. Die Insel verliert ihre Einwohner.

Die Gäste stört das wenig. Wenn sie im Sommer oder über ein Wochenende einfliegen, tanzt auf der Insel der Bär, vor den Kneipen und Edel-Restaurants bilden sich lange Schlangen. Wer in Deutschlands berühmtester Strandbar, der Sansibar, nicht lange im Voraus reserviert hat, findet abends schwerlich einen Platz mit Blick über die Dünen. «Und zwar egal, wie berühmt oder reich sie sind», behauptet Wirt Herbert Seckler. «Ich behandle alle Gäste gleich.» Doch in den Wintermonaten liegt die Insel wie ausgestorben da, viele Besitzer lassen ihre Reetdach-Villen lieber leer stehen, als dass sie sie vermieten. Kaum eine Feriendestination hat so viele «kalte Betten» wie Sylt.

Die Elite zieht weiter. Im Winter jodelt sie in Kitzbühel. Und so kommt es, dass ein Schneider, der Prader Franz, sich rühmen kann für intimste Einblicke ins deutsche Topmanagement: Bei ihm stehen sie, wenn nicht nackt, so doch in Unterhose. Ob Heino oder die Herren Industrieführer: Franz Prader hatte sie alle. Seit einem halben Jahrhundert nimmt der Schneider Maß bei seinen Prominenten. Romy Schneider war die erste Leinwandschönheit unter seiner Kundschaft, es folgten Schauspieler wie Robert Redford und Sean Connery.

Irgendwann blieben die Hollywood-Stars dem Ski-Ort jedoch wieder fern. Zum Glück für Prader rückten die Deutschen nach, Männer wie der Daimler-Boss Jürgen Schrempp, der Mann, der damals mit Chrysler die «Hochzeit im Himmel» vollziehen wollte und den Mercedes-Stern darüber fast zerbrochen hätte. Dafür hat Deutschlands Investmentbanker Nummer eins, Alexander Dibelius, dort gleich zweimal geheiratet, zuletzt im Jahr 2015 die Schauspielerin Laila Maria Witt, inszeniert als zweitägiges gesellschaftliches Ereignis, zu dem Banker aus New York und Zürich, London und Frankfurt einflogen.

Kitzbühel avancierte so zum Treffpunkt für den skibegeisterten Teil der deutschen Elite, für Unternehmer und Stars jeder Güte. Hier mischen sich B-Promis mit Konzernlenkern, zu Geld gekommene Hasardeure des fast vergessenen Neuen Marktes treffen auf alten Industrieadel, Spitzensportler auf Spitzenverdiener, Bauunternehmer auf Wurstfabrikaten. In der eigenen Wahrnehmung misst sich Kitzbühel in den Alpen nur mit St. Moritz. Man sei etwas weniger mondän als die Schweizer Konkurrenz, räumen die Einheimischen ein. «Dafür jünger, schriller, lauter.»

Der ehemalige McKinsey-Europa-Chef Herbert Henzler, ein versierter Strippenzieher, war einer der Ersten, die den Ort für sich entdeckt haben. Als Student hat er auf den Gipfeln rundum als Skilehrer sein Geld verdient, in der Kapelle unweit des

Friedhofs hat er geheiratet. In seiner Nachbarschaft wohnen heute die Quandts (BMW), die Haffas (Ex-EM.TV) und Werner Baldessarini (Ex-Hugo-Boss). Der Designer und Modeunternehmer ist ein hübsches Beispiel dafür, wie Prominenz immer noch mehr Prominenz anzieht. Seit etlichen Jahren richtet er Mitte Januar ein Schnee-Polo-Turnier aus. Die dort versammelte VIP-Schar reitet, friert, feiert.

Im Grunde genommen ballt sich die zugezogene Geld-Elite in Kitzbühel auf zwei Hügeln, dem Lebenberg und der Bichlalm, den beiden Eins-a-Lagen: Sonnenhang mit unverbautem Blick auf die Achttausend-Einwohner-Stadt und auf den gegenüberliegenden Hahnenkamm, wo sie jedes Jahr die Streif-Abfahrt hinunterjagen: Einhunderttausend Zuschauer strömen zum spektakulärsten Skirennen der Welt. Die Zahl der Übernachtungen summiert sich über das ganze Jahr auf ein Vielfaches. Dem Ansturm der Germanen setzt sich der Ort nur halbherzig zur Wehr, mit Bestimmungen zum «Hauptwohnsitz», was schwerlich zu kontrollieren ist. Abgeschreckt hat es die wenigsten, schließlich finden sich genügend pfiffige Anwälte, die wasserdichte Konstruktionen zur Hand haben. Da schmerzen eher die Immobilienpreise. Bei Villen in schöneren Lagen sind schnell zweistellige Millionenbeträge fällig, berichtet ein Makler. Denn die Grundstückspreise sind immens. Gut, wenn die Vermögensbildung einigermaßen solide ist, was für die Kugellager-Königin Maria-Elisabeth Schaeffler außer Zweifel steht. Die Bankiers ihres Vertrauens hat sie auch in den Alpen um sich: Der bereits erwähnte Ex-Goldman-Sachs-Chef Alexander Dibelius hat hier was Eigenes, auch Ex-Commerzbank-Chef Martin Blessing (heute bei der UBS), Rolf-E. Breuer (Deutsche Bank) sowieso.

Die Kitzbüheler Hochsaison ist Weihnachten, das man hier dank der zweihundert Schneekanonen garantiert weiß feiern kann. Auch sonst müssen die an eng getaktete Terminpläne gewöhnten Manager keine Überraschungen fürchten, das Leben in Kitzbühel verläuft nach strikten Ritualen: Jeder Insider weiß, wann man sich an welchem Weiher zum Eisstockschießen trifft, an welcher Bar zu welcher Zeit welcher Drink eingenommen wird. «Man ist permanent im Netzwerk drin, das ist eine irre Kommunikation», tönt der Manager aus einer Telekom-Bude.

Zum Beispiel zu Neujahr: Wie üblich trifft sich die alte Garde am frühen Abend, um bei Deutsch-Banker Breuer anzustoßen, danach geht's weiter zur Geburtstagsfeier der Wössners (ehemals Bertelsmann). Und wenn gar nichts hilft, schaut man in der «Tenne» vorbei, einem Hotel im Zentrum, seit 1969 in deutscher Hand: Damals kaufte es die Unternehmerfamilie Volkhard, Inhaber des «Bayerischen Hofs» in München. Auch das ehemalige Grandhotel am Ort, 1903 erbaut, gehört mittlerweile einem deutschen Immobilienunternehmen: Hier trainiert McKinsey heute seinen Nachwuchs.

Zu den ersten Bajuwaren, die vom Norden her schon im 6. Jahrhundert in die Kitzbüheler Alpen vordrangen, gehörte die Sippe der «Chizzos», die dem Ort den Namen gab. Bis in die Mitte des 17. Jahrhunderts lebte Kitzbühel vom Silber- und Kupferbergbau. Vor etwa hundert Jahren wagten sich dann die Ersten auf Skiern hinab ins Tal: Das war der Startschuss für den Tourismus und damit für eine neue Welle von Einwanderern aus Bayern. «Kitzbühel war schon immer der heimliche Vorort Münchens», sagt Innegrit Volkhardt, Chefin des «Bayerischen Hofs» und der «Tenne»: Es kommen extrem viele Münchner, vom höheren bis zum höchsten Management, ob Allianz, BMW oder Siemens. «Man fährt in den Urlaub, und trotzdem sind alle wieder da», beschreibt die Hotelmanagerin die Motive der gehobenen Münchner Gesellschaft. Zudem dauert die Autofahrt nur eine gute Stunde, zumindest mit geländegängigen Fahrzeugen, wie sie dort bevorzugt zum Einsatz kommen: Porsche Cayenne, BMW X5, Mercedes M-Klasse, phasenweise auch überdurchschnittlich viele Audi Q7. Wenn die geballt durch den Ort kurven, dann ist das ein sicheres Zeichen: Der Weltcup-Zirkus ist in der Stadt, und Audi stellt dafür seinen Shuttle-Express zur Verfügung. «Ein Premium-Event», sagen sie in Ingolstadt. Die VW-Tochter fliegt alljährlich Show-Promis zu einer Gala-Night ein, der gesamte Vorstand drängelt sich auf dem Zielhang im VIP-Zelt. Die mutigen unter den angereisten Managern messen sich bei einem Charity-Rennen. Es soll Konzernchefs geben, die eigens dafür trainieren.

EIN AUSFLUG ZU DEN MILLIARDÄREN AM TEGERNSEE

Wir wissen viel über die Armen, ihre Nöte und Gebräuche sind gut erforscht, nicht aber die Verhältnisse der Reichen. Die statistischen Angaben zu ihnen sind rar. Der Superreiche ist für empirische Sozialforscher ein unbekanntes Wesen – er tritt einfach zu selten auf. Obendrein ist er in der Regel scheu. An die Milliardäre kommen Wissenschaftler nicht ran, wie die Hellsichtigeren unter ihnen einräumen: Reichtumsforschung sei Voodoo-Ökonomie, sagt Markus Grabka vom Deutschen Institut für Wirtschaftsforschung. Niemand hat exakte Zahlen über das Vermögen in Deutschland, nicht das Statistische Bundesamt, nicht die Bundesbank, nicht mal der Finanzminister. Die Vermögenssteuer ist de facto abgeschafft, für Kapitalerträge, Zinsen wie Dividenden, greift die pauschale Abgeltungssteuer, weswegen auch die Statistik keine brauchbaren Rückschlüsse liefert. Höchste Zeit also für einen Ausflug ins Feld, genauer gesagt an den Tegernsee, Refugium der deutschen Oberschicht: Wo ballt sich mehr Wohlstand als hier?

Milliardäre, mit und ohne bayerische Tracht, gehören hier zum Straßenbild, dazwischen ‹Eingeborene› wie Christoph von Preysing, der Fischer vom See. Morgens um vier, wenn die brave Welt noch in den Federn liegt, rudert er hinaus. Mit fünfzehn hat er die Schule abgebrochen, hat eine Lehre als Fischer angetreten. Heute, mit Anfang dreißig, ist er Herr über die Fische im Tegernsee. Seine Fischerei, gestartet von null, gibt mittlerweile vierzehn jungen Leuten Arbeit. Was die mit ihm im Morgengrauen in ihre Holzschiffe ziehen, verkaufen sie später am Tag direkt vor Ort: Saiblinge und Renken vorzugsweise, dazu importierte Ware, gerne Hummer, Langusten, Kaviar. Auf engstem Raum reicht Preysing frischen Fisch über die schmale Kühltheke, dazu Wein und schärfere Alkoholika. Der Mann ist Fischer, Caterer, Gastwirt in einer Person. Nirgendwo in der Republik wird pro Quadratmeter mehr Champagner konsumiert als in seiner Fischerei. Und der Hausherr, so etwas wie der Stenz vom See, immer mittendrin. «Wir sind Dienstleister für die zig Milliardäre am See, gehören aber nicht dazu», sagt er. «Das muss man sich immer wieder klarmachen, auch wenn man ein freundschaftliches Verhältnis zu diesen Leuten entwickelt: Wir spielen nicht in deren Liga.»

Wir sind also gewarnt: Es tut sich eine eigene Welt auf hier im Tegernseer Tal, fünfzig Kilometer südöstlich von München. Für den peniblen Statistiker mag es kompliziert sein, die Grenzen zwischen Mittel- und Oberschicht zu ziehen, am Tegernsee ist das jedoch nicht nötig. Denn wer sich hier eine Immobilie leistet, darf sich vermögend fühlen. Ein vorzeigbares Haus kostet gut und gern zwei Millionen Euro. Zu Recht: Der Markt lügt selten, und auch am Tegernsee spiegeln die Preise exakt die Begehrlichkeiten. Selbst die Zugezogenen aus dem gottlosen Norden, die Industriellen aus dem Sauerland und Ostwestfalen, loben den bayerischen Herrgott, wie der alles so herrlich hingestellt habe: die Berge, den See, den weiß-blauen Himmel. Sagenhaft. «Wir leben hier im Paradies», sagt ein Juwelier, dem hier im Tal nie langweilig wird. Der Bedarf ist da.

Reiche treffen hier auf Schöne, Zementkönige auf Immobilienentwickler, Topmanager auf noch besser bezahlte Fußballstars. Arbeitslose gibt es hier kaum, Kriminalität auch nicht, und der Anteil der Biobauern ist höher als sonst irgendwo in der Republik. Die Wahrscheinlichkeit, von Einbrechern ausgeraubt zu werden, ist in Nordrhein-Westfalen fünfzehnmal höher, brüstet sich die örtliche Polizei – dabei zieht Geld Gauner an, möchte man meinen. Nicht am Tegernsee, denn die Kriminaler sind wachsam, die Nachbarschaft auch.

Steuerberater und Makler wechseln sich hier ab, Landwirte und Metzger nur noch selten. Dafür hat der Tegernsee den berühmtesten Metzgersohn der Republik zu bieten: Uli Hoeneß, Präsident des FC Bayern. Seit der verurteilte Steuerhinterzieher aus dem Gefängnis zurück in Amt und Freiheit ist, schaut er wieder von seinem Hügel in Bad Wiessee runter auf das Wasser, an dessen Ufern sich deutsche Wirtschaftsgeschichte zugetragen hat. Die Flicks, die Krupps und die Grundigs verkehrten hier nach dem Krieg, rasch wetteiferte das Tal mit Baden-Baden darum, wer mehr Millionäre vorzuweisen hat im Land.

Schon Ludwig Erhard, der Vater des Wirtschaftswunders, hatte seinen Bungalow auf dem Ackerberg an der Nordspitze. Unweit davon besaß auch die Deutsche Bank ein eigenes Anwesen. Dort tagt die Konzernspitze bis heute, nun allerdings in fremden Betten, nur ein paar Kilometer entfernt von der konzerneigenen BMW-Herberge, wo die Autovorstände sich regelmäßig über ihre Strategie beugen. CSU-Herrscher Franz Josef Strauß residierte einst am südlichen Ende des Sees, ebenso Alexander Schalck-Golodkowski, der Devisenschieber der DDR. Händler-Clans wie die Familien Schickedanz (Quelle-Versand) und Nanz (Supermärkte) sind bis heute präsent, auch wenn ihre Läden längst untergegangen sind oder verkauft wurden.

Die Hierarchie ist klar: Entweder man wohnt hoch oben an den Hängen, oder es muss ein Seegrundstück sein. Der soziale Aufstieg vollzieht sich Meter für Meter in Richtung Strand.

Manche Leute arbeiten sich Straße für Straße nach vorne, berichten Makler. Wer entlang des Ufers von Rottach-Egern nach Bad Wiessee radelt, passiert die Erfinder der Modemarken Hugo Boss und Strenesse. Die Großaktionäre von Metro und Media-Saturn wohnen Gartenzaun an Gartenzaun.

Man zeigt seinen Reichtum dezent, «nicht wie in Sylt oder Kitzbühel» oder drüben am Starnberger See, wo eh nur die hausen, die es nicht an den Tegernsee geschafft haben – auf diesen Spruch einigt man sich hier schnell.

Diskret und wohltemperiert wollen sie es haben. Schließlich kommt man zum Entspannen her, zum Heiraten, wie Daimler-Chef Dieter Zetsche, oder zum Golfen, wie der ehemalige CDU-Hoffnungsträger Friedrich Merz, inzwischen in Diensten des weltgrößten Vermögensverwalters BlackRock, der sich am Ostufer niedergelassen hat und sich nun, nebst anderem, an der örtlichen Braukunst erfreut: «Das Tegernseer Hell ist das beste Bier im Land.» Verkauft werden die Flaschen mit der weiß-blauen Raute inzwischen in der ganzen Republik, selbst in unwirtlichen Gegenden im Norden. Gebraut werden sie im Auftrag des Herzogs auf dem Klostergelände im Ort Tegernsee. Über ein Jahrtausend prägten die dort angesiedelten Benediktiner die Region.

Anfang des 19. Jahrhunderts, nach der Säkularisation im Jahr 1803, verlegte dann König Max von Bayern seine Sommerresidenz an den Tegernsee. Das brachte Schwung in den Tourismus. Schon 1848 mokierte sich der Münchner Schriftsteller Ludwig Steub über den Auftrieb: «Am Tegernsee ringen fremde Prinzen, Wiener Equipagen und Pariser Toiletten wetteifernd um die Aufmerksamkeit eines auserlesenen Publikums.» Auf den Adel folgten Künstler wie Ludwig Thoma, auf den die Tegernseer noch immer stolz sind, auch wenn er einst als Schreiber im Lokalblatt böse gegen die Juden hetzte.

Der See kann nichts dafür, dass auch die Nazis ihn liebten.

Zahlreiche NS-Größen zog er an, weswegen ihm bis heute der Schmähtitel «Lago di Bonzo» nachhängt. SS-Reichsführer Heinrich Himmler hatte hier ein Haus, Reichskanzleichef Martin Bormann auch. Der blutige Sturz des SA-Stabschefs Ernst Röhm spielte sich im «Hotel Lederer» in Bad Wiessee ab. Adolf Hitler persönlich kam aus Berlin eingeflogen, um Röhm, einen Freund junger bayerischer Burschen, aus dem Bett zu werfen. Röhms Zimmer war Jahrzehnte später noch Attraktion für Touristen, bis das Hotel schließlich in die Pleite schlitterte. Heute hofft Bad Wiessee darauf, dass die Strüngmann-Brüder, am Tegernsee aufgewachsen und mit ihrer Pillenfirma Hexal zu Milliarden gekommen, die Hotellerie aufmöbeln. Die Pläne sind gemacht und harren nun des Baus.

Dabei hat sich schon einiges getan im Gastgewerbe seit den seligen Tagen, als im inzwischen vor sich hin dösenden «Hotel Bachmair am See» Frank Sinatra und Tina Turner aufkreuzten, Udo Jürgens und Harald Juhnke. Gunter Sachs war in diesen fernen Zeiten der Zeremonienmeister. Doch der Jetset zog irgendwann weiter. Der Kurbetrieb verlotterte, Geschäfte sperrten zu, das Tal zehrte von der Vergangenheit, groovte sich ein im Rhythmus eines Seniorenreservats vor Jodelkulisse. Rollatoren-Charme legte sich über den See. «Anfang der neunziger Jahre hat das Tal eher geschwächelt, heute blüht es mehr denn je», berichtet Hannelore Santen, die Inhaberin des Willy-Bogner-Shops in Rottach-Egern, einer wichtigen Anlaufstelle für die bessere Gesellschaft. Wenn sie mit ihrer Klientel die neue Kollektion willkommen heißt, geht das nicht ohne Sternekoch und einen Barkeeper von Rang.

Die Dinge laufen etwas anders auf diesem begnadeten Flecken Erde. Eine tiefe Zufriedenheit liegt in der Luft. Wer es hierhergeschafft hat, muss nichts mehr beweisen. Das verleiht Gelassenheit. Doch die Kunden im Tal sind anspruchsvoll, man könnte auch sagen: anstrengend. Man macht es dem Bürgermeister, den Lehrern und sonstigen Dienstleistern nicht leicht. Denn wer Premium bestellt, will premium behandelt werden. Immer. Selbst Flüchtlinge tragen hier Designerklamotten, abgelegte Markenware, pfleglich aufbewahrt in den Kellern des hilfsbereiten Bürgertums.

«Wir konkurrieren mit den Geschäften in Mailand, London oder Paris», sagt Hannelore Santen, die Modehändlerin, die vor vier Jahrzehnten aus Nordrhein-Westfalen hierhergezogen war, seit vierundzwanzig Jahren ihren Laden führt und sich immer noch jeden Tag am Anblick der Natur freut. «Der liebe Gott muss einen schwachen Moment gehabt haben, als er das Tal erschaffen hat», schwärmt sie auf ihrer Terrasse, vor sich die Latte macchiato, dahinter der Blick auf See und Alpengipfel, eine kaum zu ertragende Pracht an diesem sonnigen Frühjahrstag. «Alle, die wir hier leben dürfen, sind dafür dankbar. Fast jeder trägt gerne Tracht, jeder lebt bewusst, achtet auf Sport, Yoga und Ernährung.» Das mache den speziellen Charme des Sees aus, es ist der Charme der Oberschicht. Nur: Ist das nicht alles ein bisschen zu homogen? Wer genau gehört hier dazu? Reicht die erste Million als Eintrittskarte oder muss es mehr sein?

Dass die vielbeschworene Schere zwischen Arm und Reich weiterwachse, hören wir immer wieder. Befeuert wurde diese Debatte von dem französischen Ökonomen Thomas Piketty, der mit seinem Bestseller «Das Kapital im 21. Jahrhundert» die Gleichung aufstellte, dass die Gewinne permanent schneller steigen als die Löhne, die Ungleichheit somit wächst. Die These wurde mehrfach widerlegt, das Gefühl aber bleibt.

Der unglückliche Martin Schulz hat versucht, darauf den SPD-Wahlkampf 2017 zu bauen. Andrea Nahles sprach von einem «Trend zur Refeudalisierung», von einer «Oligarchie der Reichen», die ihr «Vermögen leistungslos erwerben» gar. Wie man weiß, hat das Thema bei den Wählern nicht recht verfangen, am Tegernsee schon gar nicht.

FDP-Chef Christian Lindner, während des Wahlkampfs regelmäßig zu Besuch bei seiner Zielgruppe vor Ort, hat dort als Verteidiger der Leistungsträger und Besserverdiener ein leichtes Spiel. Er sieht dabei leibhaftig vor sich, was im Armuts- und Reichtumsbericht der Bundesregierung über die Wohlhabenden zusammengetragen wurde: Die Hochvermögenden, zu denen die Tegernsee-Bewohner fast ausnahmslos gehören dürften, zeichnen sich durch ein verfügbares Geldvermögen von mindestens einer Million Euro aus. Mangels repräsentativer Daten zu dieser Gruppe behilft sich der amtlich bestellte Reichtumsforscher Wolfgang Lauterbach, Soziologieprofessor aus Potsdam, mit einer Umfrage unter hundertdreißig Millionären, die sich mit anderen Erkenntnissen deckt: Mit hoher Wahrscheinlichkeit sind Reiche männlich, über fünfzig Jahre alt und haben eine akademische Ausbildung. Sie sind oft schon in jungen Jahren unternehmerisch tätig, stehen auf eigenen Beinen, haben eigene, wagemutige Ideen. «Reiche sind deutlich risikobereiter, vor allem beruflich, sie sind mobiler und offener für Neues», lautet eine Erkenntnis von Lauterbach. Auch bei der Herkunft gibt es eine klare Tendenz. Reiche kommen eher aus West- als aus Ostdeutschland, aus naheliegenden historischen Gründen. Wahr ist: In einer freiheitlichen Gesellschaft hat nicht jeder gleich viel (oder gleich wenig). Wahr ist ferner: Das Vermögen in Deutschland ist ungleicher verteilt als das laufende Einkommen und auch etwas ungleicher als im Schnitt der OECD-Länder.

Die oberen 10 Prozent der Deutschen besitzen laut Bundesbank knapp 60 Prozent des Gesamtvermögens, seit der Wiedervereinigung ist der Gini-Koeffizient als Maß für die Ungleichheit tendenziell gestiegen, allerdings hat die Ungleichheit zwischen 2010 und 2014 nicht zugenommen. Außerdem werden die Deutschen insgesamt im Durchschnitt wohlhabender. «Es ist absurd, aus der Existenz einer hochvermögenden Schicht in

Deutschland ein Gerechtigkeitsproblem abzuleiten», sagt der Ökonom Hans-Werner Sinn, lange Jahre Präsident des ifo Instituts in München.

Trotzdem ist es natürlich richtig, dass der Wohlstand sich an manchen Flecken ballt, nicht nur am Tegernsee, auch in Hamburg, München, Frankfurt am Main und den jeweiligen Nobelvororten. «Aber es gibt keine Parallelgesellschaften», betont Lauterbach. So sind sie am Tegernsee stolz darauf, dass schon der Herzog im Gasthaus inmitten seiner Jäger speiste, so wie heute der Fabrikant aus Gelsenkirchen im Bräustüberl neben polnischen Bauarbeitern.

Wenn die Tegernseer vom reichsten Anrainer reden, sprechen sie, fast liebevoll, von «unserem Oligarchen». Gemeint ist Alischer Usmanow, ein gebürtiger Usbeke, glatzköpfig und von rundlicher Gestalt, vor allem aber: sagenhaft reich. Er sei einer der wohlhabendsten Menschen der Welt, hieß es im Ort, als er vor ein paar Jahren sein Anwesen in Rottach-Egern bezog. «Forbes», das amerikanische Wirtschaftsmagazin, bezeugte ein Vermögen von 18 Milliarden Dollar, verdient hat der Mann das zunächst als Gazprom-Direktor und danach als Konzernherr in der Metallindustrie. Heute gehören Usmanow außerdem Zeitungen und Internetportale. In den FC Arsenal London hat er sich mit etlichen Millionen eingekauft, in den Taxi-Schreck Uber auch. Am See bewohnt er sporadisch seine geschützte Villa (mit angeschlossenem Bunker) unweit des Fünf-Sterne-Hotels «Überfahrt».

Jede Ankunft des Oligarchen dort ist ein Fest für die örtliche Wirtschaft: Der Mann reist mit leichtem Gepäck, die Schränke seiner Wohnsitze sind schließlich voll. An Kaschmir und Kaviar soll es nicht mangeln. Das Personal weiß, wo die Ware zu ordern ist. Kaviar übrigens lohnt sich einzuführen, notfalls gar zu schmuggeln. «Viertausend Euro kostet das Kilo bei uns, in Russland sind es nur vierhundert Euro. Deswegen bringen ihn die Russen lieber selbst mit», verrät Oberfischer Christoph von Preysing. Wie viele der sagenumrankten Russen am Tegernsee tatsächlich zugegen sind, ist schwer zu eruieren. Die Makler, um den Ruf des Tals und ihr eigenes Geschäft besorgt, sagen: Es gibt hier so gut wie keine. Diejenigen, die das Böse hinter jeder heruntergelassenen Jalousie vermuten, sagen: Es sind zu viele.

Der prominenteste Bürger der ehemaligen Sowjetunion hat den See jedenfalls vor kurzem wieder verlassen. Familie Gorbatschow verkleinert sich, so ist aus zuverlässiger Quelle zu hören, die Tochter habe sich eine Wohnung in Rottach-Egern zugelegt, da ihr Vater, der ehemalige Staatschef und Friedensnobelpreisträger Michail Gorbatschow, krankheitsbedingt nicht mehr reisen könne. Das «Hubertus Schlössl», vor nicht mal zehn Jahren von den Gorbatschows aufwendig renoviert, wurde wieder verkauft, von der beauftragten Immobilienfirma gepriesen als «eine Preziose», mit «2600 Quadratmetern Park und 700 Quadratmetern Wohnfläche», verteilt auf Haupt- und Nebenhaus. Acht Schlafzimmer sowie fünf Bäder stehen zu Buche, veranschlagter Kaufpreis: sieben Millionen Euro. Und dafür bietet es nicht mal einen richtigen Seeblick. «Das muss man mögen», sagt ein Einheimischer, die Augenbrauen hochgezogen.

Weil die Natur hier im Tal das Angebot an Baugrund begrenzt, explodieren die Preise. Falls es Schnäppchen geben sollte, finden die sich nicht in den Auslagen der zahllosen Makler. «Davon erfährt man beim Friseur oder im Gasthaus», räumt eine Frau mit Milliardärshintergrund ein und berichtet von der Wohnung, die sie sich voriges Jahr angelacht hat: zehn Jahre alt, kein halbes Jahr von den Vorbesitzern bewohnt. Wertzuwachs in zwölf Monaten: 200 000 Euro. «Ist das nichts?»

Angeblich, so hat sie gehört, steht schon der nächste Star

vom FC Bayern in der Schlange der Interessenten für ein Seegrundstück. Das Gerücht genügt, um die Makler jubeln zu lassen: Der See wird jung, wenn nicht nur Leute mit abgeschlos-
sener Vermögensbildung hierherziehen, sondern Promis in
vollem Saft: Nachschub für die Elite.

Nationaltorhüter Manuel Neuer hat am steilen Hang gebaut,
was ein Politikum war im Ort. Dem Image half er damit ebenso
wie Philipp Lahm mit seinem Haus ein paar Kilometer weiter.
So etwas spricht sich herum und macht den See sexy. Alle wollen sie raus ins Tegernseer Tal, gerade die kaufkräftigen Jungen. Am Wochenende dummerweise alle auf einmal. Zu den
einschlägigen Festen wird das feierwütige Volk mit Bussen aus
München angekarrt, die Tagestouristen aus der Landeshauptstadt kommen so zuverlässig wie der Alpenföhn.

«Isarpreißn» nennt sie der Comedian Harry G, bürgerlich
Markus Stoll, dessen Großvater schon am Tegernsee gelebt
hat. Die in Horden einfallenden Münchner sind eines seiner
liebsten Feindbilder: «Ein sehr unsympathisches Völkchen, in
ihrem Einheitslook und den nach hinten geschleckten Haaren.» Porsche an Porsche staut man sich zum «ach so urigen
Waldfest, wo dann ein Tegernseer auf zweihundert Isarpreißn
trifft», ätzt Harry G über die «SUV-Amseln in ihren Moncler-
Jacken, die während der Woche in München im Safari-Jeep zu
Biomarkt und Yoga-Studio fahren». Das bayerische Lästermaul,
ein studierter Betriebswirt, der mit YouTube-Filmchen zum
Star avancierte, kennt sich aus im Chichi-Milieu. Die Finanz-
und Start-up-Elite ist sein Revier für die Jagd nach Pointen.

Auf die Heimat aber, auf den geliebten See, lässt er nichts
kommen. «Der echte Seebewohner ist anders», sagt Harry G
mit vollem Ernst. Großzügig zählt er dazu auch die des Bayerischen nicht mächtigen Einwohner, ob nun zugereister Fabrikant oder Fußballer: «Die verhalten sich alle extrem angepasst,
ziehen alle ihre Trachtenjacken an und sind voll integriert.»

Sein durch und durch parteiisches Urteil: «Der Tegernsee ist heute cool.» Natur ist cool. Berge sind cool. Selbst Dirndl ist cool. So schaffte das Tal sein Comeback.

Auch Michael Käfer, den Münchner Feinkosthändler und Edelgastronom, lockte es zurück an den Tegernsee, wo er in seiner Jugend viel Zeit verbracht hat. Als seine Zwillinge geboren wurden, hat er sich vor Jahren ein Wochenendhaus in Rottach-Egern gekauft – und erstaunt bemerkt, wie viele junge Familien wieder hier leben: «Früher hatte der Bürgermeister Probleme, die Schule offenzuhalten, jetzt ist alles voll mit Kindern. Der Spielplätze sind voll, die Vereine sind voll.» Und wenn es gutgeht, dann ist auch sein Biergarten voll, auf einer Anhöhe mit phantastischer Aussicht auf den See.

Dieser Luxus will verdient werden. Im Fall von Michael Käfer gestaltet sich das besonders mühsam, denn er steht unter ständiger Beobachtung der Naturschützer, seit er sich mit seinem Lokal hergewagt hat, gerade so, als wäre er als Promi-Vorkoster der natürliche Feind der Öko-Fraktion. Käfer hat das «Gut Kaltenbrunn» renoviert, ein frühgotisches Kloster, in dem die Bau- und Braufamilie Schörghuber (Paulaner) eigentlich ein Hotel errichten wollte. Das gab einen Aufruhr! Der Ort sei ins «Fadenkreuz der Spekulation» geraten, wütete es in Briefen empörter Anwohner. Wiesen wurden zum Kulturgut erklärt, der Landtag und die Justiz eingeschaltet. Das Vorhaben scheiterte schließlich am örtlichen Protest, an Denkmalschützern und einem Urteil des Verfassungsgerichts.

Michael Käfer übernahm das ehemalige Kloster von den Schörghubers, verzichtete auf Betten und konzentriert sich seither auf die Restauration. Ruhe hat er deswegen noch lange nicht. Misstrauischen Blicks wird verfolgt, ob der Löwenzahn blüht oder – schlimmer noch – ob er es mit den Parkplätzen übertreibt. «Wir haben ein Einzugsgebiet von einhunderttausend Menschen», erläutert Käfer. Seine Gäste kommen aus Bad

Tölz, Miesbach, München. Und alle müssen sie ihr Auto abstellen. Das ist ein Problem. Sein Parkplatz wurde damit zum Symbol für den Kampf am Tegernsee. Aus dem nächsten Großprojekt, das den Zorn der Naturschützer schon auf sich gezogen hatte, ehe es richtig losging, ist Käfer 2017 deshalb ausgestiegen. In den Hügeln überm See sollte ein touristisches Almdorf entstehen, so die Idee, die ein Immobilienmensch ausgeheckt hatte: zwölf einzelne Almen mit je zwei Wohneinheiten. Käfers Bewirtschaftungspläne waren schon weit gediehen, er warb bereits für das Projekt, das von den Gegnern als «Heidi-Land» verhöhnt wird. Jetzt hat er es abgehakt, man konnte sich nicht einigen über die Modalitäten. Sollen andere ihr Glück damit versuchen.

Goldgräber gibt es genug am Tegernsee, solange die Immobilienpreise weiter anziehen. Die Zahlen dafür sind keine Maklerpropaganda, wie so oft, sondern verbürgt, da sie aus tatsächlichen Verkäufen stammen, die vom Oberen Gutachterausschuss im Landratsamt ausgewertet werden: Die Rendite mit Wohnungen oder Häusern am Tegernsee schlägt demnach alles, was die Bank an Geldanlagen sonst so zu bieten hat. Von 10 bis 12 Prozent Wertzuwachs (pro Jahr!) kündet die Statistik: «In höherwertigen Lagen im Tegernseer Tal liegt der Anstieg bei bis zu 15 Prozent jährlich.»

Alexander Sego, ein sechzig Jahre alter Deutsch-Amerikaner, als Manager weit herumgekommen in der Welt, hat so das Geschäft seines Lebens gemacht, «die mit Abstand beste Investition», wie er sagt: Vor zwölf Jahren hat er sich ein Hotel, das «Luitpold», direkt am Ufer im Ort Tegernsee gekauft, «zu einem unglaublich günstigen Preis»: Das Haus mit achtzehn Zimmern, 1838 erbaut, war total heruntergekommen, sodass Sego es von Grund auf renovieren musste. Heute ist es zu achtzig Prozent ausgelastet, die Gäste reichen vom Vorstandschef bis zum Heiratsschwindler. Bezahlt hat Sego damals den Gegenwert eines

Reihenhauses in der Provinz, jetzt könnte er Palastpreise dafür verlangen: «Unter zehn Millionen gebe ich das Haus nicht mehr her.» Nun, da der Wert sich vervielfacht hat, tauchen bei ihm regelmäßig mehr oder weniger vertrauenerweckende Leute auf und fragen, was er für das Hotel wolle. Er erklärt es dann jedes Mal für unverkäuflich und freut sich reuelos an seinem Vermögen: «Mir ist der Neid der anderen tausendmal lieber, als selbst auf jemanden neidisch sein zu müssen», sagt er trotzig. Nehmt das, ihr Umverteiler!

Und weil Sego keinen mehrgeschossigen Bunker in die Landschaft gestellt hat, sondern ein hübsch und bescheiden wirkendes Hotel, hat der Unternehmer im Treppenhaus eine Urkunde der strengen «Schutzgemeinschaft Tegernseer Tal» hängen, die gegen alles anrennt, was ihrer Ansicht nach die Ökologie aus dem Gleichgewicht bringt. Dazu braucht es nicht viel, was wiederum erklärt, warum die Bürgerinitiative das Volk am See spaltet wie sonst kaum etwas. Als das «einzige Korrektiv gegen CSU-Filz und Profitmafia» rühmt sie die «taz», als nervtötende Querulanten schmäht sie das örtliche Bürgertum, wobei die Frontlinien unübersichtlich verlaufen: Einheimische, die Geschäfte machen wollen, gegen Einheimische, die ihre Ruhe wollen. Zugereiste gegen noch mehr Zugereiste. Und Tradition gegen Moderne, irgendwie.

Die Vorsitzende Angela Brogsitter-Finck, die 1959 aus Rüdesheim nach Bayern kam, ist jedenfalls im permanenten Alarmmodus unterwegs. «Investoren fallen wie die Hyänen im Tal ein», warnt sie. «Wenn es in diesem Stile weitergeht, ist unter einem Großteil unseres schönen Tegernseer Tals irgendwann eine riesige unterirdische Tiefgarage. Wo früher ein Haus stand, sind es heute drei oder vier, das nennt sich dann Residenzen, Chalets, Ensemble.» Ihr werde angst und bange, wenn sie all die Immobilienfirmen sehe. Achtzig bis neunzig davon gebe es im Tal, schätzt sie, mehr als Schulen jedenfalls. «Einheimische können sich die Luxuswohnungen nicht leisten, der dörfliche Zusammenhalt schwindet.»

Der Fluch des Paradieses ist ja gerade, dass so viele dorthin wollen. Es wird also eng am Tegernsee. Wenn die Bürgermeister dort etwas umtreibt, dann die Furcht vor dem, was man «Sylter Verhältnisse» nennt: Angestellte, Handwerker, Hebammen und Putzkräfte müssen von außerhalb einpendeln, weil die Miete sonst ihren Monatslohn frisst. Allzu weit sind sie davon am Tegernsee nicht mehr entfernt. Es sei schwierig, Mitarbeiter zu finden, berichten Gastronomen wie Promi-Wirt Michael Käfer und Fischermeister Christoph von Preysing. «Von dreißig Mitschülern aus meiner Klasse wohnen gerade noch sechs hier», so Letzterer. Es gebe schlicht zu wenige Jobs, die so bezahlt werden, dass sich vom Lohn am See leben lässt. Bezahlbarer Wohnraum ist knapp, gleichzeitig stehen viele Häuser die meiste Zeit leer.

Es gehört zu den Gepflogenheiten in der Gegend, dass die Bevölkerung nicht vollzählig ist, weil viele der Villenbesitzer wenig Gelegenheit finden, ihr Eigentum zu nutzen. Die Zweitwohnsitze werden zum Problem, klagen die Lokalpolitiker, wenn – wie in Rottach-Egern – schon offiziell mehr als zwanzig Prozent der Wohnungen die meiste Zeit vor sich hin schlummern. «Es ist eine Bedrohung für das Dorfleben, wenn die Leute nur zu Feiertagen einfliegen», sagt der zuständige Landrat in Miesbach.

Die Lokalpolitiker versuchen gegenzusteuern, indem sie Sondersteuern auf Nebenwohnungen erfinden. Maximal 7200 Euro im Jahr verlangen sie von jedem, der sich mit seinem Hauptwohnsitz nicht zum Tegernsee bekennt. Das füllt die Kassen der Gemeinden. «Die Millionäre schreckt es nicht ernsthaft ab», sagt Landrat Wolfgang Rzehak, ein Grüner der pfleglichen Sorte. «Wir wollen ja auch nicht verbieten, dass diese Leute zu uns kommen.» Der Wahlsieg des Mannes war eine Sensation im CSU-Kernland, ein Schock für die Staatspartei und ein Symbol dafür, dass Bayern in den wohlhabendsten Ecken ergrünt: «Der Zahnarzt wählt CSU, seine Frau grün», erklärt Rzehak die Lage.

Zu seinem Sieg hätte es trotzdem nicht gereicht, wäre da nicht auch noch ein handfester Skandal gewesen. Der Vorgänger von der CSU hatte sich von der örtlichen Sparkasse mit 100 000 Euro zur Feier des sechzigsten Geburtstages aushelfen lassen. «Ohne den Skandal wäre ich nicht Landrat geworden», gibt der Grünen-Politiker zu, der als Exot startete und heute nicht weiter auffällt, da er sich auch nicht viel anders benimmt als ein waschechter Christsozialer. Früher saß er an der Kasse im Eishockey-Club, Mitglied im Trachtenverein ist er bis heute, auch die Gebirgsschützen dürfen auf ihn zählen. Das nennt sich dann wohl wertkonservativ, das Modell Kretschmann übertragen auf Oberbayern. Klassenkämpfer haben am See nichts verloren, so viel hat sich herumgesprochen. Und die Sache mit dem angeblichen Neofeudalismus der reichen Erben erledigt sich bisweilen von allein, ohne dass die Politik eingreift, wie Christoph von Preysing beobachtet: «Manche sind nur zwei, drei Jahre hier, dann ist das Erbe verprasst, und sie müssen zurück nach Bottrop.» Das Leben kann grausam sein.

13

WER DARF REIN IN DIE ELITE?

WAS DIE HERKUNFT
DER WIRTSCHAFTSBOSSE VERRÄT

Der Chef des wertvollsten Deutschen Konzerns, SAP, ist Sohn eines amerikanischen Elektrikers. Der Vater des stolzesten Industriekonzerns, Siemens, war Fabrikarbeiter im Bayerischen Wald. Und der Mann, dessen Position früher als «Ruhrbaron» beschrieben wurde, stammt von einem Bauernhof auf der Schwäbischen Alb, der so winzig war, dass er nicht zum Überleben reichte. Der Vater des Vorstandschefs von ThyssenKrupp verdingte sich nebenbei als Hilfsarbeiter in der örtlichen Brauerei, die Mutter trug bis ins hohe Alter frühmorgens Zeitungen aus.

Irgendetwas scheint also nicht zu stimmen an der weitverbreiteten Annahme, Deutschlands Manager-Elite sei eine Kaste abgehobener Sprösslinge der Oberschicht. Sicher ist: Bill McDermott (SAP), Joe Kaeser (Siemens), Heinrich Hiesinger (ThyssenKrupp) sind anerkannte Manager. Nur: Inwiefern sind sie repräsentativ? Ist ein Aufstieg in die Elite ohne weiteres möglich?

Für die Politik fällt die Antwort leichter: Herkunft und formale Bildung geben hier weniger den Ausschlag. Im Berliner Spitzenpersonal wimmelt es von Kleine-Leute-Kindern, Studienabbrechern, zeitweisen Taxifahrern. Das protestantische Pfarrhaus von Angela Merkel zählte in der DDR ganz sicher nicht zur Nomenklatura, ihr Vorgänger Gerhard Schröder kam von ganz unten: Vater kleinkrimineller Jahrmarktarbeiter, gefallen im Krieg, Mutter alleinerziehende Putzfrau. Dieser Aufsteigermythos hat Schröder, Jurist auf dem zweiten Bildungsweg, bis ins Kanzleramt getragen. Auch wenn er zum Essen wohl nicht wirklich den «Kleister aus den Fensterscheiben kratzen» musste, wie er später oft erzählt hat, üppig ging es wahrlich nicht zu in seiner Kindheit.

An die Macht beförderte ihn keine Eliteschule, kein Doktortitel, erst recht kein großbürgerlicher Habitus. Machtinstinkt, freches Mundwerk, Chuzpe, wenn's sein muss, auch rotzige Ruppigkeit gegen Freund und Feind, das war es, was ihm half auf dem Weg von den Jusos an die Spitze der Sozialdemokraten und des Staates, genauso wie es für Angela Merkels Aufstieg im Nahkampf gegen die Männer in der Union andere Fähigkeiten brauchte als die, die sie in ihrem Physikstudium erworben haben dürfte.

In der Wirtschaft sei das alles anders, geregelter, formeller. Hier bestimmten nicht Parteifunktionäre oder gar das unberechenbare Volk über Karrieren, sodass auch Außenseiter sich ab und zu durchsetzen. Nein, Karriere in Unternehmen machten nur Kinder aus der Oberschicht, so das gängige Vorurteil. Die Elite ist ein geschlossener Kreis, heißt es, Zutritt für Außenstehende verboten: Privatschule, Master of Business Administration und dann mit Papas Kontakten schnurstracks in den Vorstand. Derweil strample sich die Mittelschicht vergebens ab, gefangen in einer Gesellschaft, die so undurchlässig sei wie eine Wand aus Beton.

Meritokratie? Aufstieg durch Leistung? Von wegen, nichts als leere Versprechen. Befeuert wird dieses Gefühl der Ungerechtigkeit von Leuten wie dem Soziologieprofessor Michael Hartmann, einem aus Funk und Fernsehen bekannten Eliteforscher. «Es ist ein Trugschluss, dass vorrangig die individuelle Leistung über die Karriere entscheidet.» Mit dieser Botschaft zieht der mittlerweile emeritierte Professor aus Darmstadt durch die Lande: «Von einer sozialen Öffnung der Eliten kann keine Rede sein.» Wer etwas werde, bestimme maßgeblich die Herkunft: «Die Unternehmen rekrutieren ihre Führung überwiegend aus den oberen knapp fünf Prozent der Gesellschaft.»

Haben die anfangs genannten Emporkömmlinge sich also in die Chefetagen verirrt? Recherchen bei den dreißig größten Konzernen im Land widersprechen sowohl dem Klischee als auch der These des Soziologen Hartmann: Nur die absolute Minderheit hat einen familiären Hintergrund mit Vorstandschauffeur. Selbst in der Finanzindustrie, einer besonders konservativen Branche, wird die Spitze keineswegs ausschließlich von Oberschichtskindern dominiert. Der ehemalige Chef der Deutschen Bank Jürgen Fitschen stammt aus einem Bauern- und Gasthof nahe Buxtehude. Der Vater seines Nachfolgers John Cryan verdiente sein Geld als Jazzmusiker, der Vater von Aufsichtsratschef Paul Achleitner war zwar auch schon in einer Bank beschäftigt, in Oberösterreich damals, aber beileibe nicht als Chef, sondern so tief in der Hierarchie, dass unter ihm niemand mehr kam. Die Mutter von Commerzbank-Chef Martin Zielke wiederum hat in einem Zeitungshaus in Nordhessen Lochstreifen gelocht, was dem Sohn immerhin einen lässigen Ferienjob zum Kehren und Fegen eingetragen hat. Bei den oberen fünf Prozent der Gesellschaft sieht es ganz sicher anders aus.

Auch auf dem ersten Lohnzettel von Allianz-Chef Oliver Bäte, damals McKinsey-Berater, stand ein Vielfaches von dem, was sein Vater verdient hatte. Nach einer Banklehre musste sich Bäte alles Weitere selbst verdienen: «Ich bin immer kombiniert arbeiten und studieren gegangen. Ich hatte leider nicht das Vergnügen, ein tolles Stipendium zu kriegen oder reiche Eltern zu haben, sondern ich habe immer tagsüber gearbeitet und bin abends zur Schule gegangen.»

«Bildung, Bildung, Bildung», antworten die Topmanager auf die Frage, wie sie es aus gewöhnlichen Verhältnissen nach oben geschafft haben. Aus diesem Grund ist die Riege der Dax-Vorstände heute längst nicht mehr so homogen wie vermutet. Das bestätigen Headhunter wie Christine Stimpel, Deutschland-Chefin von Heidrick & Struggles: «Es hilft, wer zu Hause bestimmte Werte mitbekommt – das ist aber keine Frage des Geldes.» Hilfsarbeitersöhne, Journalistentöchter, natürlich auch reichlich Juristennachwuchs, sie alle sitzen auf Chefsesseln. «Der Mythos von der alles entscheidenden Herkunft ist so überholt wie der Glaube, die besten Geschäfte würden auf dem Golfplatz gemacht», sagt Personalberater Heiner Thorborg.

Gewiss, Nikolaus von Bomhard, der brillante Exchef der Münchener Rück, entstammt altem Adel, und Martin Blessing, ehemals Commerzbank-Chef, heute UBS-Vorstand in Zürich, kommt aus einer Bankerdynastie: Sein Großvater war der Präsident der Bundesbank, sein Vater Vorstand der Deutschen Bank. Als Beweis für die Undurchlässigkeit der Wirtschaftselite taugen sie jedoch so wenig wie Johannes Teyssen (E.ON) und Harald Krüger (BMW), der erste Sohn eines Richters, der zweite Sohn eines promovierten Physikers.

Wenn Soziologen anhand der offiziellen Lebensläufe der Vorstände die Oberschichtskinder auszuzählen versuchen, ist das Ergebnis schon deshalb verfälscht, weil mancher Aufsteiger Hemmungen hat, seine kleinbürgerliche Herkunft zu offenbaren. Typisch dafür ist der tadellos smarte Konzernchef, der auf keinen Fall möchte, dass darüber geschrieben wird, wie ärmlich es daheim in der Obstwiesen-Wirtschaft seiner Kindheit zugegangen ist.

Und dann ist da noch die Frage, wer überhaupt zur Oberschicht zählt. Jeder Lehrer, da Akademiker, jeder Handwerksmeister, sofern er einen eigenen Betrieb hat? Schwer abzugrenzen. So vermerkt der Lebenslauf des ehemaligen BASF-Chefs Kurt Bock: «Vater Hotelier» – das klingt nach dem Hilton, in Wahrheit handelt sich bei dem Arbeitgeber seines Vaters aber um ein Hotelchen, einen Familienbetrieb in Ostwestfalen. Lehrreich war die Kindheit trotzdem, berichtet Bock: «Es hilft für die unternehmerische Karriere, wenn man zu Hause früh anpackt.» So oder so ähnlich reden sie alle, die Aufsteiger, die heute Zehntausende Angestellte befehligen.

Der Bayer-Chef Werner Baumann lernte in der elterlichen Bäckerei beispielsweise, was es heißt, früh aufzustehen, und wie deprimierend es sein kann, von einem übermächtigen Konkurrenten niedergedrückt zu werden. Ex-Telekom-Chef René Obermann, heute in Diensten von Finanzinvestoren, ist bei den Großeltern aufgewachsen, in «sehr einfachen Verhältnissen», wie er erzählt. Obermann trat eine Lehre als Industriekaufmann an, brach sogar sein Studium ab. Oder Multi-Aufsichtsrat Herbert Hainer, ehemals Adidas-Chef: ein Metzgersohn aus Dingolfing, der über die Fachhochschule Landshut in die Liga der Global Player vorstieß.

Im Fall von Siemens deuten schon die Geburtsorte mancher Vorstände tief in der Provinz darauf hin, dass sie wohl kaum dem engsten Zirkel der Hochfinanz entsprungen sind. Nichts gegen die Fachhochschule Regensburg, wo Joe Kaeser – ursprünglich Josef Käser – studiert hat: Aber Harvard ist von Regensburg mindestens so weit entfernt wie sein Heimatdorf im Bayerischen Wald von der Wall Street. Seinem Vorvorgänger Klaus Kleinfeld, Arbeiterkind aus Bremen, ward es ebenso nicht an der Wiege gesungen, dass er einmal Chef von Siemens und Alcoa werden könnte und ihm saudische Scheichs dann 500 Milliarden Dollar in die Hand drücken würden, um eine gigantische Stadt in der Wüste aufzubauen.

Eliteforscher Hartmann lässt sich durch solche Karrieren traditionsgemäß nicht irritieren. «Ausreißer» nennt er die prominenten Fälle, kaum der Rede wert: «In den zweihundert größten Unternehmen kommen etwa 78 Prozent der Chefs aus bürgerlichen oder noch häufiger aus großbürgerlichen Familien.»

Wo oben ist, da ist der Forscher großzügig: Alle höheren Beamten zählt er zur besseren Gesellschaft, alle leitenden Angestellten, alle Unternehmer, auch den Handwerksmeister, sofern er mehr als zwanzig Beschäftigte hat, alle freiberuflichen Akademiker sowieso. Der Dorfschullehrer geht damit ebenso als Elite durch wie der Feld-und-Wiesen-Anwalt. Mit dieser Einschätzung unterschlägt Hartmann jedoch, dass der Anteil der Akademiker in der Bevölkerung steigt. Und wenn es mehr Akademikerkinder gibt, werden auch mehr davon in der Führung von Unternehmen vertreten sein. Genau das war das Ziel der deutschen Bildungsoffensive. Deswegen muss selbst Soziologieprofessorin Jutta Allmendinger, von Haus aus eher links gestrickt, zugeben: So ungerecht geht es im Land nicht zu. In einer Studie «Entscheidungsträger in Deutschland» räumt Allmendinger ein, dass «überraschend viele» heutige Oberschichtler «trotz ihrer Herkunft aus bildungsfernen Haushalten über einen sehr viel höheren formalen Bildungsstand verfügen als ihre Eltern; sie gelangten als Bildungsaufsteiger in Führungspositionen». So soll es sein: Leistung soll sich lohnen.

Und wie hält es die Start-up-Industrie? Ein Blick nach Berlin liefert ein sehr buntes Bild. Da gibt es die Samwer-Brüder, die aus einer wohlhabenden Anwaltsfamilie stammen, etliche andere Gründer aber kommen aus Lehrerhaushalten oder vom Bauernhof. Alle sind extrem ehrgeizig und «hungrig», alle wollen etwas schaffen. Was zudem auffällt: Die Gründer sind sehr international, von Indern, die über Harvard in Berlin landen, von Österreichern, Schweden und Estländern bis zum georgischen «Wunderkind» trifft man in der Szene Menschen aus aller Welt an. Tamaz Georgadze ist so ein Kosmopolit. 1978 in Georgien geboren, das damals noch zur Sowjetunion gehörte, war er Teil der dortigen Mittelschicht. Als Überflieger überspringt er jede zweite Klasse, legt mit zwölf Jahren das Abitur ab, hat mit fünfzehn ein Wirtschaftsstudium absolviert. Großmeister im Schach wollte er werden, wie sein Onkel. Stattdessen brachte ihn ein Stipendium nach Gießen. Dort studierte er Jura und promovierte gleichzeitig. Nach zehn Jahren bei McKinsey hat er mit dreiunddreißig genug von dem Job – «nach ein paar Jahren als Berater flacht die Lernkurve ab», kommentiert er schelmisch – und gründet die Finanzplattform «WeltSparen». Das Zinsportal ist heute Marktführer in Deutschland, Ende 2017 steigt der Silicon-Valley-Gigant PayPal bei Georgadze ein, um im deutschen Bankengeschäft Fuß zu fassen.

«Wir sollten stolz darauf sein, wie durchlässig die deutsche Wirtschaft ist, nach oben wie nach unten», sagt deshalb der in Zürich residierende Headhunter Christoph Zeiss, der davon lebt, Banken und Industriekonzerne mit neuen Chefs zu versorgen. Aufstiegshungrige Mittelschichtskinder hätten hierzulande deutlich bessere Chancen als etwa in Großbritannien oder Frankreich, sagt er.

Voreingenommen nennt der Frankfurter Wirtschaftshistoriker Werner Plumpe deshalb die Schlüsse von Soziologen wie Michael Hartmann: «Unternehmer geben ein extrem heterogenes Bild ab, auch ein Friedrich Flick war Sohn eines Landwirtes.» Wenn eine Gesetzmäßigkeit festzustellen sei, dann diese: «In dynamischen Zeiten, wie dem Kaiserreich oder dem Wirtschaftswunder der Nachkriegszeit, ist die soziale Mobilität besonders hoch.»

Wer diese Aufstiegschancen dennoch leugnet, begründet dies zumeist mit den Mechanismen der Rekrutierung. Im Zweifel setzen sich demnach die geheimen Codes des Bürgertums durch: einmal oben, immer oben. «Wer in den Vorstand will, muss vor allem eines besitzen: habituelle Ähnlichkeit mit den Personen, die dort schon sitzen», so Hartmann. Damit unterschätzt er die Anpassungsleistung der Aufsteiger und verkennt die in den Unternehmen herrschenden Sitten. Gefragt sind dort auch: Gerissenheit, Rücksichtslosigkeit, Durchschlagskraft. «Großbürgerlicher Habitus und feingeistige Erziehung sind manchmal sogar hinderlich für die Karriere», sagt Plumpe. Nun wird niemand bestreiten, dass auch in unserer Gesellschaft die Startbedingungen von Menschen unterschiedlich sind, dass manches Talent vergeudet wird, weil niemand seine oder ihre Fähigkeiten erkennt. Wer aber die gröbsten Hürden genommen hat – Abitur, Studium, erster Job –, der dürfe die Herkunft heutzutage nicht mehr als Ausrede für unerfüllte Karriereträume anführen, sagt Dieter Rickert, der in München lebende Altmeister unter den Headhuntern: «Wer Hirn im Kopf hat und einen Arsch in der Hose, der wird auch was.»

DIE BILDUNGSKARRIEREN DER TOPMANAGER

Fest steht, dass der Weg an die Spitze nicht zwingend über ein Studium der Betriebswirtschaftslehre führt. Das beweist eine Studie der Beratungsgesellschaft Oliver Wyman. Die Analyse von fast zweihundert Bildungskarrieren – so viele Vorstände weisen die dreißig Dax-Konzerne insgesamt auf – hat folgendes Bild ergeben: 58 Prozent der Topmanager haben kein Erststudium der Wirtschaftswissenschaften abgeschlossen.

Knapp jeder Vierte darf sich Ingenieur nennen, in der Automobilindustrie ist sogar mehr als jeder zweite Vorstand ein

«Dipl.-Ing.», frei nach dem Ausspruch von Ferdinand Piëch, Automanager des Jahrhunderts, bevor er im Zorn alle Bindungen zum VW-Konzern kappte. Von Piëch also stammt das Wort, dass Ingenieure die besseren Manager seien: Sie haben Ahnung von Technik, und das bisschen Wissen um die Zahlen lernen sie schnell. Andersrum sei es schwieriger.

Auch in der Telekom- und Energiebranche tummeln sich viele Ingenieure – immerhin noch jeder fünfte Vorstand hat ein entsprechendes Studium hinter sich gebracht. Von den Managern ohne ökonomischen Abschluss haben die wenigsten das Gefühl, dass ihnen das nötige Rüstzeug fehlt, um ein Unternehmen zu führen: Nur 21 Prozent von ihnen sattelte auf das Erststudium noch ein Aufbaustudium in Wirtschaft drauf.

Frank Appel, durchaus erfolgreicher Chef der Deutschen Post und seit Februar 2008 im Amt, hat zum Beispiel Chemie studiert und wurde in Neurobiologie promoviert – eine gute Grundlage, um sich in verschiedene Themen schnell hineinzufuchsen, wie er heute sagt. Das ökonomische Rüstzeug habe er sich bei McKinsey geholt, «durch Learning by Doing».

Im Großen und Ganzen werden die Bildungswege gleichförmiger und damit vermutlich auch das Denken: Betriebswirte, Ingenieure, Naturwissenschaftler, Juristen machen zusammengenommen die überwältigende Mehrheit unter den Managern aus. Nur drei von knapp zweihundert Vorständen haben Sprachen studiert, je zwei haben sich für Politik oder Pädagogik eingeschrieben. Je einer hat Philosophie, Geschichte oder Journalismus studiert. Und dann gibt es tatsächlich noch eine Handvoll Nichtakademiker: Sechs haben als höchsten Ausbildungsgrad eine abgeschlossene Berufsausbildung; einer ist Meister, die fünf anderen haben eine kaufmännische Lehre absolviert. Vermutlich wird der Anteil solcher Karrieren weiter zurückgehen und letztlich gegen null tendieren. Denn wer heute ohne Studium dasteht, hat Mühe, den Einstieg zu finden.

Auf der anderen Seite verlieren auch die Herren Doktoren an Boden: Nur noch jeder dritte Vorstand wurde rechtmäßig promoviert. Je jünger die Manager, desto weniger Doktoren: Den Titel braucht es offenbar nicht mehr, um zur Elite zu gehören.

Die Klasse der Topleute wird also heute mehr denn je durchgerüttelt. Wer oben steht, kann morgen schon vergessen sein. Die Gesetze des Marktes wirken unerbittlich. Fragt sich nur: Wie komme ich überhaupt rein in diese Zirkel? Wie erreiche ich die Sphären der Konzernchefs?

Ein Weg dorthin führt über eine Stelle als Assistent des Vorstandsvorsitzenden. Den hat Armin von Falkenhayn beschritten, heute Chef der Bank of America in Frankfurt am Main. Der Investmentbanker, ein smarter, lustiger Kerl um die fünfzig, aufgewachsen auf dem Bauernhof, war der erste Assistent von Josef Ackermann, als der damals aus der Schweiz kommend in den Vorstand der Deutschen Bank eintrat: «In den zweieinhalb Jahren habe ich den täglichen Umgang mit Topmanagern geübt», erzählt Falkenhayn über diese prägende Zeit, die ihm mitgegeben hat, was er heute den eigenen Zuarbeitern empfiehlt: Tempo, Zuverlässigkeit, Präzision in Wort und Schrift.

Angefangen hat er nach dem Abitur als Lehrling in der Deutschen Bank, der er später während seines BWL-Studiums, gefördert mit einem Stipendium der Studienstiftung des deutschen Volkes, mit einer 30-Prozent-Stelle erhalten blieb. Aus Ackermanns Vorzimmer ging es sodann stetig bergauf, von Frankfurt nach London und zurück, bis schließlich unter dem neuen Chef Anshu Jain und den damit verbundenen Rochaden «die Konstellation nicht mehr passte»: Falkenhayn, zu diesem Zeitpunkt Co-Chef des Investmentbankings, verließ nach fünfundzwanzig Jahren den Konzern, nahm sich eine Auszeit, verbrachte viele Stunden an der frischen Luft, im eigenen Garten und als Helfer im fremden Weinberg. Er gönnte sich Zeit mit den beiden Töchtern und übernahm Feuerwehreinsätze in deren Grundschule. «Wenn ein Lehrer krank war, bin ich eingesprungen.» Außerdem hielt er Vorlesungen an der Universität, bejubelte in der Eishockeyhalle die Siege der Adler Mannheim und litt mit dem Hamburger SV an dessen Elend in der Fußball-Bundesliga. Kurz und gut, die einjährige Pause ist ihm gut bekommen.

Danach hat er, immer schon ein Moralist, ernsthaft überlegt, ob er wirklich zurückwill ins Bankgeschäft; schließlich hat er dort manche Schweinerei gesehen. Ein Wechsel in die Industrie oder in die Selbständigkeit stand zur Option, Aussteigerträume in der einsamen Almhütte hegte Falkenhayn dagegen nie. Am Ende heuerte er wieder als Banker an, ist nun wieder mittendrin im Spiel mit Milliardenübernahmen und Börsengängen. «Es läuft», berichtet er im Chefbüro auf der 35. Etage seines Bankenturms.

War die Assistentenstelle hilfreich für seinen Weg an die Spitze? Wahrscheinlich. Ist sie eine Garantie dafür, dass man so weit kommt wie er? Ganz sicher nicht. Etwa die Hälfte der ehemaligen Vorstandsassistenten verschwindet irgendwo in den Hierarchiestufen, schätzt Falkenhayn.

Es muss mehr zusammenkommen. Drei Tipps hält Headhunterin Christine Stimpel für High Potentials bereit:

«Suchen Sie sich etwas, was Sie aus der Masse heraushebt.»

«Soziales Engagement zählt mehr als ein Doktortitel. Der Doktortitel verliert deutlich an Bedeutung.»

«Ein Auslandssemester ist wichtig, aber es muss nicht gleich ein MBA in Harvard sein.»

Wer zweifelt, welcher Weg nach dem Hochschulabschluss der richtige ist, dem rät Stimpel, es unbedingt bei McKinsey zu versuchen. Dabei wird die Frau nicht von der Beraterfirma bezahlt, sie sieht nur an den Lebensläufen ihrer hochdotierten Klientel, wie sehr diese Marke immer noch zieht: «McKinsey ist nach wie vor die beste Kaderschmiede in Deutschland.»

Nun wird in sämtlichen Talkshows behauptet, dass das etablierte Großbürgertum die lukrativen Posten unter sich auskungelt, dass die Elite sich abschottet gegen bildungshungrige Aufsteiger aus weniger privilegierten Schichten. Gegen diese Mär wehrt sich Headhunterin Stimpel mit Vehemenz. Jungbanker Daniel Klier, der Young Global Leader aus Davos, dessen Vater sein Geld im Schweiße seines Angesichts als Kellner in der Gastronomie verdient hat, spricht sich ebenfalls dagegen aus. Eine andere Geschichte erzählt auch das Beispiel von Thomas Fritz, der sich mittlerweile hauptberuflich dem Kampf um die Talente widmet: Fritz ist Anfang vierzig, Personalchef von McKinsey in Deutschland und ebenfalls der Erste in seiner Familie, der studiert hat. In Deutschland sei die Elite wesentlich durchlässiger als in den meisten anderen Ländern, berichten all diese Leute.

Es brauche auch keinen teuren Master of Business Administration für die große Karriere, bestätigt Siemens-Personalvorstand Janina Kugel, die dem Traditionskonzern gerade mit Charme und Esprit sein Image als Hort maulfauler Ingenieure austreibt. Sie hat in Mainz und Verona studiert, wo gemeinhin nicht die edelsten Hochschulen verortet werden. «Schlaue Köpfe finden sich überall», sagt Kugel, und sie beteuert, überall nach ihnen zu suchen.

So hält man es auch bei McKinsey: «Lieber hervorragende Leistungen an einer kleinen Universität als Mittelmaß an einer Topadresse», sagt Recruiting-Chef Fritz. Am allerbesten natürlich ist der hervorragende Abschluss an einer hervorragenden Hochschule. So viel Ehrgeiz muss sein.

Bei aller Offenheit fällt doch auf, dass gewisse Orte in den Lebensläufen der Nachwuchselite häufiger auftauchen als andere. Die Berater von Oliver Wyman haben sie durchgeackert und fanden heraus: Die RWTH Aachen schießt mit elf hausgemachten Dax-Vorständen den Vogel ab. Es folgen die LMU München und die Universität zu Köln mit je zehn Treffern, dahinter Mannheim, das sich unter Betriebswirten hoher Beliebtheit erfreut, St. Gallen in der Schweiz sowieso. Aufenthalte in Stanford, Harvard und Oxford machen sich in der Vita außerdem immer gut. Die Start-up-Szene wiederum bedient sich, wie geschildert, gerne bei der privaten WHU in Vallendar.

Vor der Finanzkrise konkurrierten Investmentbanken und Beratungsfirmen um die Besten eines Jahrgangs. Das hat sich geändert. Das Bankenviertel hat an Renommee wie an finanzieller Anziehungskraft verloren. Die Boni-Töpfe sind weniger üppig bestückt, die Aussichten der Branche eher mau. An ihre Stelle tritt die Start-up-Szene als attraktiver Arbeitgeber für erfolgshungrige Talente. «Das hat sich eindeutig verschoben», bestätigt Ann-Kristin Achleitner, die als Professorin für Finanzierung den BWL-Nachwuchs an der TU München ausbildet. Die jungen Leute dort träumten in großer Zahl davon, das eigene Unternehmen aufzubauen, so Achleitner. Zu ihrem Mann, Paul Achleitner, dem Aufsichtsratschef der Deutschen Bank, ziehe es viel weniger Talente als früher. «Das Investmentbanking hat in Deutschland stärker an Ruf eingebüßt als überall sonst», sagt sie.

Auch Beratungsfirmen wie McKinsey wetteifern mit der neuen Konkurrenz aus der Gründerszene, berichtet Thomas Fritz. Der Andrang bleibe dennoch gewaltig: «Für rund dreihundert Beraterstellen haben wir etwa zwölftausend Kandidaten.» Kamen früher 90 Prozent der Einsteiger direkt von der Hochschule, so rekrutiert er jetzt mehr und mehr Leute mit Erfahrung: «40 Prozent der Berater haben vorher andernorts gearbeitet.»

14

SCHOTTET DIE ELITE SICH AB?

Ein Buch über Deutschlands Elite wäre unvollständig, käme Werner Wenning darin nicht zu seinem Recht: Der Mann ist die graue Eminenz der deutschen Industrie, ein Recke von Manager, so aufrecht, dass der Begriff Elite in seinem Fall bedenkenlos als Gütesiegel verstanden werden kann.

Der Mann kennt keine Skandale, keine Affären, kein Chichi. Wenning, inzwischen Anfang siebzig, klopft gerne Skat und stemmt – fast noch lieber – Milliardenübernahmen, ein Manager so empathisch wie integer, bodenständig und global erfolgreich. Anzutreffen ist er in Leverkusen. An Spieltagen weilt er im Fußballstadion, ansonsten im Aufsichtsratsgebäude in der Kaiser-Wilhelm-Allee gegenüber der neuen, lichtdurchfluteten Zentrale jenes Konzerns, der sein Leben bestimmt hat und den er seit 2012 als Chef des Aufsichtsrats kontrolliert: die Bayer AG. Werner Wenning, Sohn eines Eisenbahners aus Opladen, hat hier im Jahr 1966 seine Laufbahn begonnen, hat sich – ohne Abitur und ohne Studium – nach der Lehre zum Industriekaufmann hochgearbeitet, bis zum Vorstandsvorsitz der Aspirin-Firma. Darüber hinaus wacht er als Aufsichtsrat über diverse

andere Dax-Konzerne: Deutsche Bank, E.ON, Siemens, Henkel –
phasenweise hatte kein Manager im Land mehr Mandate und
damit mehr Macht. Wenning kann sich leicht erregen über die
populistische Manager-Schelte, die er oft zu hören bekommt,
und will sich «in Sachen Moral von niemandem überholen
lassen». Der Mann steht für Anstand und Geradlinigkeit, außerdem ist er der lebende Beweis dafür, dass in Deutschland
nicht nur Großbürgerkinder eine Chance auf den Chefetagen
haben.

Nur: Ist solch eine Bilderbuchkarriere heute noch möglich?
Wenning meint, den jungen Menschen stünden nach wie vor
alle Wege offen. Auch ohne Abitur, ohne Studium? Wir haben
unsere Zweifel und befragen einen führenden Manager der
nächsten Generation. Johannes Teyssen, Jahrgang 1959, als
E.ON-Chef Deutschlands führender Energieboss und noch
dazu mit Wenning, seinem ehemaligen Aufsichtsratsvorsitzen-
den bei E.ON, bestens vertraut.

Wäre so ein Aufstieg also in unserer Zeit noch denkbar,
wollen wir von ihm wissen. Teyssen zögert. «Na klar, die Wirtschaft kennt keine Schranken», wäre leicht gesagt. Der E.ON-
Chef will es sich aber nicht so einfach machen. «Ganz ehrlich,
das ist eher die Ausnahme als die Regel», räumt er schließlich
ein. «Theoretisch ist die Gesellschaft durchlässig, aber praktisch wäre da einiges zu verbessern. Das gebe ich zu.»

Dann listet er auf, was aus seiner Sicht schiefläuft, was die
Gesellschaft spaltet – von unanständig hohen Managergehäl-
tern bis zu Ungerechtigkeiten an den Schulen. «Die Erfolge der
Kinder sind zu sehr vom Einkommen der Eltern abhängig.» So
schaffen es drei Viertel der Akademikerkinder an die Universität, aber nur ein Viertel der Arbeiterkinder. «Die Zahlen finde
ich immer wieder erschütternd. Wer klug ist, muss eine Chance bekommen, der muss gefördert werden.»

Kein Manager, auch kein Banker, müsse zweistellige Millionenbeträge verdienen, hat Wenning immer gesagt. Die meisten Dax-Konzerne haben mittlerweile die Gehälter der Vorstände gedeckelt, zumindest auf dem Papier bleiben die Chefs von Daimler, VW und anderen Großkonzernen im einstelligen Millionenbereich. Auch der E.ON-Vorstandsvorsitzende Teyssen hält sich an diese Linie: «In keinem Unternehmen, in dem ich etwas zu sagen habe, verdient ein Manager mehr als zehn Millionen.» Wo soll das hinführen, all das viele Geld, mit dem Konzernchefs überschüttet werden? SAP-Boss Bill McDermott, der Spitzenverdiener im Dax, hat 2016 mehr als 14 Millionen Euro ausgezahlt bekommen. Solche Zahlen schüren bei vielen den Hass auf die Eliten. «Ich verdiene so schon viel, kann das Geld auch nicht ausgeben», sagt der E.ON-Chef, der auf viereinhalb Millionen Euro kam. «Meine Sorge ist, dass die Gehälter oben weglaufen.»

Wohlgemerkt: Hier spricht sich der Vorstandsvorsitzende eines Dax-Konzerns für Obergrenzen aus, nicht der linke Betriebsrat. «Ein Villenviertel wie München-Grünwald ist für mich eher abstoßend», fährt Johannes Teyssen fort. «Hohe Mauern, reiche Leute. Und man muss mit dem Auto zum Brötchenholen fahren, das brauche ich alles nicht. Ich will abends in der Kneipe mit allen möglichen Leuten sitzen, der eine reich, der andere arm, der eine für Mainz 05, der andere für den VfL Wolfsburg. Oder noch lieber für den FC Bayern.»

Der E.ON-Chef kennt die Klagen über die abgehobene Managerklasse, die sich abschottet in elitären Traumwelten. Das sei alles schwer übertrieben, sagt er, natürlich. «Dummes Zeug.» So sei es in Deutschland nicht. Gleichwohl sieht er die Gefahr, dass die Gesellschaft auseinanderdriftet, den Leuten die gemeinsamen Themen ausgehen. Irgendwann leben Oben und Unten dann in Parallelwelten, wie er es nach dem Wahlsieg Donald Trumps von Freunden und Kollegen in Amerika gehört hat. Sie hatten dessen Triumph nie im Leben für möglich gehalten – weil sie schlicht keinem einzigen potenziellen Trump-Wähler begegnet waren.

Die Elite lebt dort abgekoppelt vom Rest. Diese Vorstellung erschreckt Teyssen: «Wenn eine Gesellschaft keinen Zusammenhalt hat, dann geht etwas schief. In Deutschland ist das noch nicht passiert. Aber wäre ich Politiker, dann wäre meine Hauptsorge, dass der Zusammenhalt in der Gesellschaft, zwischen Oben und Unten, reißt.» So weit dürfe es nicht kommen, sagt der E.ON-Chef.

Noch kennen wir «Gated Communities», bewachte Villenviertel, wie sie in Amerika gang und gäbe sind, nur in Ansätzen. Bloß in Berlin, Potsdam, München haben einige wenige umzäunte Luxus-Bauprojekte für Aufregung gesorgt. Und doch entmischt sich die Gesellschaft, dazu braucht es weder eine Anordnung noch böse Absicht. Ein simpler Grund sind die Immobilienpreise, die in den Jahren des billigen Geldes förmlich explodiert sind und diese Spaltung von ganz allein beschleunigen. Die Elite sammelt sich in den bevorzugten Wohngegenden der Republik ganz ohne Wächter: Der Preis regelt das als unsichtbare Schranke.

Nicht nur in Eins-a-Lagen wie auf Sylt oder am Tegernsee fürchten die Kommunen, dass die Wohnungen für gewöhnliche Erwerbstätige nicht mehr erschwinglich sind, dass Gasthäuser und Pflegeheime deswegen kein Personal mehr finden. Schon der Bürgermeister im Taunus-Städtchen, seit Jugendtagen in der CDU, klagt, dass die Preise in den vergangenen Jahren so angezogen haben, dass sich seine Schwester den Heimatort nicht mehr leisten kann: Ihr Gehalt als Tierpflegerin reicht dafür nicht. Auch Erzieherinnen und Feuerwehrmänner machen die gleiche Erfahrung, was dem abgehobenen Teil der selbsternannten Premium-Bürgerschaft übrigens ganz genehm ist: «Die Aufgabe sozialer Homogenität ist der Anfang von Kriminalität», urteilt eine ältere Dame in einem Ton, der noch einmal daran denken lässt, warum das Wort «elitär» bisweilen als Schimpfwort gebraucht wird.

Wer sich in der Münchner Innenstadt eine Wohnung leisten will, muss halt eine Million verdienen oder eine Million geerbt haben, sagt – erfrischend offen – ein Bauträger in der bayerischen Hauptstadt: Wenn für das Ein-Zimmer-Apartment eine halbe Million hingelegt wird, selbst im ehemaligen Arbeiterviertel Giesing, dann wäre er schön dumm, solche Bauprojekte auszuschlagen. Und wer sollte ihn daran hindern, die überbordende Kaufkraft abzuschöpfen? So ist der Markt. In Boom-Städten wie München werden selbst ehemalige Glasscherbenviertel (politisch korrekt: soziale Brennpunkte) wie das Hasenbergl für Immobilieninvestoren attraktiv. Krankenschwestern und Polizisten müssten eben schauen, wo sie bleiben, so die Marktlogik. Im Pfälzer Wald oder tief im Osten bleiben Häuser ja erschwinglich, gibt es also ein Problem? Und ob! Das schreibt der britische «Economist», gewiss nicht das Zentralorgan für Neid und Klassenkampf. Das Wirtschaftsblatt sorgt sich, dass die Orte mit den ganz Reichen sich immer stärker abheben von denen mit den ganz Armen, dass gleichzeitig der Wohnort zunehmend über das Schicksal im Leben entscheidet, bezogen auf die Chancen für Beruf und Wohlstand. Das Phänomen sei global zu beobachten, auch im egalitären Deutschland: Nur in Großbritannien ist demnach der Wohlstandsabstand zwischen den reichsten und ärmsten Regionen noch größer als hierzulande.

Ein besonders drastisches Beispiel dafür hat Johannes Teyssen direkt vor der Haustür in Essen, dem Hauptsitz des E.ON-Konzerns. Essen ist eine gespaltene Stadt: Arm und Reich driften auch in anderen deutschen Großstädten auseinander, hier aber ist die Kluft besonders augenfällig, wie das Beispiel von zwei Familien zeigt. Eine lebt im vernachlässigten Norden der Stadt, die andere im südlichen Villenbezirk der Industriellen.

Die Schwestern Giulia und Emma, vier und sechs Jahre alt, schaukeln genauso fröhlich wie Kinder andernorts, ihr Lachen tönt vom Spielplatz über den Kirchplatz bis zu dem beigefarbenen Eckhaus, in dem die Familie lebt, oben im dritten Stock. Noch ist alles in Ordnung im Leben der Mädchen, die ein paar Brocken Italienisch sprechen, wegen der Großeltern. Sie sind zufrieden mit sich und ihrer Welt, kennen nicht die Sorgen ihrer Eltern, die ihren Töchtern gerne alles ermöglichen wollen, vor allem eine sichere, gute Zukunft. «Wir leben für die beiden Mädchen», sagt der Vater, ein gelernter Industriemechaniker. «Seit sie auf der Welt sind, dreht sich unser Leben nur noch um sie.» Trotzdem fragen die Eltern sich, ob es reicht, was sie ihnen in Essen-Altendorf, im Essener Norden, bieten können.

Wer hier lebt, ist arm. Oder besser gesagt: Es leben immer mehr Menschen in dem heruntergekommenen Stadtteil, die arm sind, bedürftig, sozial schwach, von der Gesellschaft abgehängt – wie immer man es nennen will, wenn das Geld nicht reicht. Wer durch Altendorf geht, sieht sie vor den Bierbuden auf der Helenenstraße, Essens Drogen-Umschlagplatz Nummer eins. Sie sitzen in den Dönerbuden, lungern vor dem Supermarkt oder auf den Bänken herum, stumm und teilnahmslos. Es sind die Zurückgebliebenen. Die Polizei hat die Straße als «verrufen» eingestuft – eine Bezeichnung für Gegenden mit besonders hohem Kriminalitätsaufkommen. Fünfundzwanzig dieser besonders üblen Problemregionen gibt es in Nordrhein-Westfalen.

Wer kann, zieht weg aus dem Arbeiterviertel am Rande der Essener Innenstadt, unweit der E.ON-Zentrale. Und es kommt kaum jemand nach. Wohnungen und Geschäftszeilen stehen leer. Schulen werden hier und in den angrenzenden Gebieten geschlossen, Schwimmbäder, Sportplätze, öffentliche Büchereien auch. Wer neu nach Altendorf zieht, entscheidet sich für das Viertel, weil er sich anderswo die Mieten nicht leisten kann: Arbeitslose, Alleinerziehende, Hartz-IV-Empfänger, Illegale und Halbillegale, Kriminelle und Kleinkriminelle.

Kurdisch-libanesische Clans fordern in Essens Norden mit ihrer Randale die Geschäftsleute heraus, mit «Rechtsverletzungen bis hin zu Schwerstkriminalität», wie es in einem Hilferuf heißt, den die Immobilien- und Standortgemeinschaft City Nord zum Jahresende 2017 abgesetzt hat. In dieser «Parallelgesellschaft» herrsche ein Klima der Angst, der Einschüchterung und Respektlosigkeit.

Wer kann, bewegt sich also in den Süden, dahin, wo die prächtige Villa Hügel thront, der einstige Stammsitz der Krupps. «Soziale Entmischung», Segregation, so nennen Soziologen und Städteplaner das Phänomen, das in Essen besonders hervorsticht, aber in vielen Großstädten zugenommen hat. «Die Reichen bleiben unter sich, die Armen ballen sich in Problemvierteln», erklärt der Soziologe Jürgen Friedrichs. Der emeritierte Professor an der Universität Köln hat sich über Jahrzehnte mit der Frage beschäftigt, ob und wie das räumliche Milieu, in dem man aufwächst, sich auf das Schicksal des Einzelnen auswirkt. Dabei ist er zu dem Schluss gekommen: Deutschland ist noch weit entfernt von amerikanischen Verhältnissen. «Aber auch hierzulande fallen die schlechten Wohnviertel immer weiter zurück.»

Das sieht in Essen nicht anders aus als in Köln, Berlin, Hannover und Leipzig. In einer Langzeitstudie hat Friedrichs für mehrere Großstädte verfolgt, in welchen Vierteln Sozialhilfeempfänger leben und wie hoch ihr Anteil an der Gesamtbevölkerung ist. Dabei zeigte sich: Es gibt immer weniger «Mischgebiete», die Zahl der armen Wohnviertel, in denen bald jeder Vierte oder Fünfte Sozialhilfe bezieht, nimmt zu. In den richtig «guten» Vierteln liegt der Anteil von Sozialhilfeempfängern über die Jahre hinweg konstant unter einem

Prozent. «Diese Tendenz hat sich über viele Jahre verstärkt», sagt Friedrichs.

Für Essen heißt das: armer Norden, prächtiger Süden. Hier unten lebt eine sehr privilegierte, kleine Elite, reich wie die München-Grünwald-Bewohner oder das Volk in Hamburg-Blankenese. Um sie herum schart sich die gehobene Mittelschicht. Und zwischen Nord und Süd, zwischen Arm und Reich zieht sich in Essen wie eine Grenzlinie die Stadtautobahn A 40. Die Bewohner der Stadt überschreiten sie selten.

Die Fußball-Knirpse im Norden spielen gegen andere Vereine im Norden, die im Süden gegen die Teams der Nachbarviertel. Die Menschen im Norden kennen kaum den Reiz des grünen Ruhrtals im Süden, waren nie am Baldeneysee, dem Naherholungsidyll der Wohlhabenden, die hier Tennis spielen und segeln. Die im Süden wiederum meiden den Norden, wagen sich gerade mal zu einer Kulturveranstaltung der «Zeche Zollverein» in das fremde Terrain. Essen ist eine Stadt, und doch sind es zwei Welten, deren Bewohner sich nicht begegnen.

Lara aus dem Süden zum Beispiel ist auch vier Jahre alt, genau wie Giulia aus dem Norden. Auch ihre Familie wohnt direkt neben einer Kirche, einem mächtigen roten Klinkerbau in Essen-Werden. Sie besucht einen evangelischen Kindergarten, der direkt gegenüber von ihrem Zuhause ist. Ihre Mutter bringt sie morgens hin und holt sie nachmittags wieder ab. Auch Lara ist ein hübsches Mädchen, blondgelockt und wild – wie Giulia. Auf den ersten Blick unterscheidet sich das Leben der beiden Mädchen kaum: Beide schwimmen und singen gerne, gehen in einen Turnverein. Dazwischen liegen fünf Kilometer Luftlinie, eine Viertelstunde Fahrt mit dem Auto, die über das weitere Schicksal der Mädchen entscheidet. Der Soziologe Friedrichs weiß: «Die Chancen, die unsere Gesellschaft bietet, sind für Kinder aus guten Vierteln viel höher als die von Kindern aus schlechten.» Ein schlechtes Wohnviertel führt häufig zu einer schlechten Schulbildung, das zieht eine schlechte Ausbildung nach sich und steigert die Wahrscheinlichkeit späterer Arbeitslosigkeit.

Giulias Vater, der Mechaniker, ist seit geraumer Zeit ohne feste Arbeit; der Papa von Lara arbeitet als Partner in einer Wirtschaftsprüfungsgesellschaft. Giulias Mutter, eine Bürokauffrau, jobbt im Supermarkt, um die Familie durchzubringen; Laras Mutter, eine gelernte Krankenschwester, kümmert sich um die Kinder, den Haushalt, die Hausaufgaben und achtet darauf, dass ihre Tochter Klavier übt. «Wir sind auf ein zweites Gehalt zum Glück nicht angewiesen», erzählt sie. Das ist Luxus, sie weiß es. Genau wie die Reise auf die Malediven im Sommer. Laras Eltern sind keine Neureichen, keine, die ihr Geld zur Schau tragen. Sie leben nicht sonderlich abgehoben, nur so wie die Menschen um sie herum, die Berater, Lehrer und Psychologen, mit denen sie befreundet sind.

Sie grenzen sich nicht gezielt ab, und doch haben sie nur im Süden nach Häusern geschaut, als sie nach Essen gezogen sind. Eine Wohnung im Norden? Kam nie in Frage. Sie kennen die Viertel dort nicht einmal, kennen niemanden, der da wohnt. Oder doch, ein Mensch fällt ihnen ein: «Die Putzfrau unserer Nachbarn.»

Ansonsten gibt es keine Berührungspunkte. Im Süden, in Essen-Bredeney, leben die Familien der Aldi-Brüder in ihren weitläufigen Villen hinter hohen Hecken. Der Schuhhändler Deichmann war hier genauso zu Hause wie Berthold Beitz, der legendäre Herrscher über den ThyssenKrupp-Konzern. Hier im Süden dominieren Bioläden, Fischgeschäfte und Boutiquen für Kindermode das Straßenbild, dazu eine Käse- und Weinhandlung, eine Chocolateria, Buchläden, Goldschmieden. Ausländer finden sich hier reichlich, ganz so wie im Norden, nur aus einer anderen Schicht: Junge Asiaten mit Geigen- und Cellokästen auf dem Rücken sind hier unterwegs, sie studieren an der renommierten Folkwang-Universität für bildende und darstellende Kunst.

Im Norden dagegen reiht sich Dönerbude an Dönerbude, dazwischen mal ein Sonnenstudio. «Altendorf ist wie ein Stigma», sagt Giulias Mutter. Allein die Postleitzahl wertet die Menschen dieses Stadtteils ab, sei es beim Arzt, bei Behörden oder der Jobsuche. Sie hat schon oft bei der Polizei angerufen wegen der hier vagabundierenden Drogenhändler. «Ich sage denen: Kommen Sie her, schauen Sie sich das an, wie die Dealer vor unserem Haus ihr Zeug verticken.» Wenn die Polizei kommt, rennen die Gangster weg, und die Polizei zieht wieder ab. Sie hat den Beamten angeboten, ihre Wohnung zur Observation zu nutzen, weil sie den Drogenhandel aus ihrem Wohnzimmerfenster im dritten Stock genau beobachten kann. Aber meistens bemühen sich die Beamten erst gar nicht her, wenn sie anruft. Ist ja Essen-Altendorf. Essener Norden.

Ihre Töchter sollen hier raus, sagt Giulias Mutter. Auf eines der Gymnasien weiter südlich, denn im Norden gibt es nur eine riesige Gesamtschule, und die sei so übel wie ihr Ruf. «Die Erfahrung würde ich den Mädchen gerne ersparen», sagt die Mutter. Einmal haben sie schon versucht, Altendorf über die Bildungsschiene zu entkommen. Sie hatten Emma, Giulias ältere Schwester, an einer katholischen Mädchenschule in einer soliden Gegend angemeldet, zwanzig Minuten mit der Trambahn entfernt. Den Aufwand hätten sie in Kauf genommen, auch das Schulgeld. Beim Vorstellungsgespräch saßen sie einer feinen Dame im Schottenrock gegenüber, die fragte: «Sie kommen aus Altendorf: Was wollen Sie hier?» Prompt führte sich Tochter Emma unmöglich auf. «Das Ganze war eine Katastrophe», erinnert sich die Mutter. In der folgenden Nacht konnte sie nicht schlafen, am nächsten Morgen zog sie die Anmeldung zurück. «Sie hätten hier eh keinen Platz bekommen», stellte die Direktorin am Telefon klar. Ein Kind aus dem Norden ist halt ein Kind aus dem Norden.

Es ist nicht richtig und der Gesellschaft als Ganzes abträglich, wenn sich das Versprechen sozialer Mobilität als Lug und Trug erweist, wenn das Schicksal durch den Geburts- und Wohnort vorbestimmt ist. Der Blick nach Amerika zeigt, wohin das führen kann: Ein in San Francisco geborenes Kind hat heute schon doppelt so gute Aussichten unter den oberen 20 Prozent der Bevölkerung zu landen wie ein Kind aus Detroit. Das sollte sich auf Essen und die anderen deutschen Großstädte nicht übertragen lassen.

NACHWORT

Auf unseren Stippvisiten bei der Elite haben wir viele sympathische und sehr inspirierende Leute getroffen. Aufschneider waren freilich auch dabei, Strippenzieher aller Güte, sogar von Grenzgängern ins Kriminelle war zu berichten.

Was sie eint, ist nicht unbedingt ihre unschlagbare, alle anderen überragende Intelligenz, sondern ihre Durchsetzungskraft. Gewiss, ohne Klugheit oder besser noch Cleverness geht es nicht. Doch schlaue Leute finden sich auch anderswo. In manch unbekannter Studier- und Programmierstube mag der durchschnittliche Intelligenzquotient deutlich höher liegen als in den Chefetagen. Der IQ entscheidet nicht, in jedem Fall nicht allein, über die Zugehörigkeit zur Elite, wie wir sie eingangs als Gruppe von Menschen definiert haben, welche über Gestaltungskraft in Politik und Wirtschaft verfügen.

Der Ausleseprozess dafür läuft nach anderen Kriterien und bringt nicht zwangsläufig die Besten und die Edelsten nach oben. Gefordert sind neben Talent und schneller Auffassungsgabe vor allem Ehrgeiz, am besten ein unerschütterlicher innerer Antrieb, die Überzeugung, es besser zu können als alle anderen. Nennen wir es nach Gerhard Schröder das «Rüttel-am-Zaun-ich-will-da-rein-Kanzler-Gen». Der Übergang zu Verblendung und Größenwahn ist fließend. Dies gilt für die Politik wie für die Wirtschaft: Ohne Biss und Ellenbogeneinsatz keine Karriere, allen gegenteiligen Beteuerungen zum Trotz. Man habe «nie an die Spitze» gestrebt, es gehe «nur um die Sache, nie um Posten», diese Lügen – wir haben es bereits in einem der vorangegangenen Kapitel geschrieben – wollen wir nie wieder hören. Zum Eintritt in die Elite gehören eine gewisse Skrupellosigkeit und Härte gegenüber sich und anderen sowie die Bereitschaft, im Notfall auch die am liebsten gewonnenen Vertrauten oder Ideen zu opfern («kill your darlings» heißt das Phänomen). Dafür zahlen die Mitglieder mitunter einen hohen Preis. Deshalb braucht es für ein «Elite-Leben» obendrein das, was sie im Manager-Deutsch «Resilienz» nennen: eine unverwüstliche körperliche, vor allem aber auch physische Konstitution. Das hilft gegen Schlafmangel, Stress und Shitstorms. Pillen sind dafür keine Lösung, Meditation schon eher, und nichts geht über ein intaktes Privatleben. So viel entnehmen wir den Gesprächen mit der Elite.

Wohltuend ist es, wenn diese Menschen mehr treibt als das Streben nach Macht und Geld, wenn sie ein Ideal, ein hehres Ziel verfolgen. Oft ist das auch der Fall, voraussetzen sollten wir es besser nicht. Denn wie gesagt, Elite ist nicht gleichbedeutend mit einer Auswahl der Edelsten. Jeder verfolgt im Verborgenen die eigene Agenda. Niemals wird diese Klasse aus einer homogenen Gruppe tadelloser Vorbilder bestehen, so groß die Sehnsucht danach auch sein mag. Wer Übermenschen an der Spitze von Staat und Unternehmen erwartet, kann nur enttäuscht werden. Spätestens wenn die öffentlich zelebrierte Harmonie im Konzernvorstand der Niedertracht weicht oder wenn in der Partei auf offener Bühne das sprichwörtliche Gemetzel beginnt. Sollen wir dies fortlaufend beklagen oder beweinen? Nein, die Mechanismen der Macht lassen sich nicht ausschalten. Viel ist gewonnen, wenn die Elite sich an Recht und Gesetz hält; beides gilt für sie wie für jedermann. Moralisiererei ist dafür kein Ersatz, zumal diese den flüchtigen Moden des Zeitgeists unterworfen ist. Die Taten einzelner Mitglieder der Elite mögen widerlich sein, für die Gesellschaft gefährlicher ist etwas anderes: Wenn sich verfestigt, was als Tendenz schwer zu leugnen ist, wenn die Elite als Ganzes sich abkoppelt vom Rest, wenn sich Enklaven der Reichen bilden, wenn die Phantasie des persönlichen Vorankommens schwindet, wenn bereits die Postleitzahl des Ortes, in dem ein Kind geboren wird, über dessen späteres Schicksal entscheidet, dann wird es ungesund (und ungemütlich) für eine Gesellschaft.

Die Antwort darauf kann nicht sein, alle Unterschiede umzupflügen oder das Geld so lange umzuverteilen, bis sich alle im Gleichschritt der Armut nähern. «Wir sollten nicht reiche Leute arm machen, sondern arme Leute reich», sagt der bekannte amerikanische Ökonom Arthur Laffer, einst Ratgeber von Präsident Ronald Reagan. «Mir ist es lieber, wir verdoppeln alle Einkommen und erzeugen damit mehr Ungleichheit, als diese zu verkleinern, indem wir alle Einkommen halbieren.» Eine provokante These für europäische Ohren, wenngleich pure Mathematik.

Von einem bestimmten Punkt an aber, so legt es die jüngere Forschung nahe, schadet Ungleichheit dem allgemeinen Wohlstand. Wenn sich eine Unterschicht festsetzt, die jeden Aufstiegswillen verliert, weil ihr alle Chancen genommen sind und sie sich passiv vom Sozialstaat aushalten lässt, wird es bedrohlich. Verblasst das Aufstiegsversprechen einer Gesellschaft, verliert sie die Legitimation: Die Anfälligkeit für Populismus wächst und damit der Brass auf die Elite ebenso wie die Neigung zur Kriminalität.

Lassen wir zum Schluss noch einmal Berthold Leibinger zu Wort kommen, den Thomas Mann lesenden Milliardär aus dem Schwabenland, der seine Abneigung gegen die Parallelwelten von Superreichen mit einer Reise nach Rio de Janeiro begründet. Als er dort seine Niederlassung besucht hat, wurde er in den örtlichen Yacht-Club eingeladen. «Von da sah man auf den Hügeln die Favelas. Schlimm.» Dort das Elend, und davon abgeschirmt auf der anderen Seite der Stadt die bewachten Villen der Reichen samt Privatarmeen zum Schutze ihrer Bewohner. «So könnte ich nicht leben.» Wenn Leibinger dagegen daheim auf der Schwäbischen Alb wandert, muss er nicht um Leib und Leben fürchten. «Wenn ich einen Arbeiter treffe, kann ich mit dem reden, und der redet mit mir.» Oder in den Worten des Harvard-Philosophen Michael Sandel: «Demokratie erfordert keine perfekte Gleichheit, aber sie erfordert, dass die Bürger ein gemeinsames Leben teilen.»

LITERATUR

Allianz (Hrsg.): Global Wealth Report 2017, München 2017.

Allmendinger, Jutta, et al.: Entscheidungsträger in Deutschland. Werte und Einstellungen, Berlin 2013.

Alvaredo, Facundo; Chancel, Lucas; Piketty, Thomas; Saez, Emmanuel; Zucman, Gabriel: World Inequality Report 2018, Paris 2017.

Bohnet, Iris: What Works. Gender Equality by Design, Cambridge (Massachusetts) 2016.

Bude, Heinz: Gesellschaft der Angst, Hamburg 2014.

Bundesregierung (Hrsg.): Lebenslagen in Deutschland. Der Fünfte Armuts- und Reichtumsbericht der Bundesregierung, Berlin 2017.

Doehlemann, Martin: Die Dreißigjährigen. Lebenslust und Lebensfragen, Münster 2006.

Dogs, Christian Peter: Gefühle sind keine Krankheit. Warum wir sie brauchen und wie sie uns zufrieden machen, Berlin 2017.

Frank, Robert: Richistan. Eine Reise durch die Welt der Megareichen, Frankfurt am Main 2009.

Freeland, Chrystia: Die Superreichen. Aufstieg und Herrschaft einer neuen globalen Geldelite, Frankfurt am Main 2013.

Greene, Robert: Power. Die 48 Gesetze der Macht, München 1999.

Hank, Rainer: Lob der Macht, Stuttgart 2017.

Hartmann, Michael: Deutsche Eliten. Die wahre Parallelgesellschaft. In: Aus Politik und Zeitgeschichte 15/2014, S. 3–8.

Kakabadse, Andrew; Kakabadse, Nada; Richardson, Ian: Bilderberg People. Elite Power and Consensus in World Affairs, London 2011.

Keltner, Dacher: Das Machtparadox. Wie wir Einfluss gewinnen – oder verlieren, Frankfurt am Main 2016.

Kenyon-Rouvinez, Denise; Lombard, Thierry; Ricard, Matthieu; Ward, John L.: Why me? Wealth: Creating, Receiving and Passing It On, Georgia 2007.

Lindner, Christian: Schattenjahre. Die Rückkehr des politischen Liberalismus, Stuttgart 2017.

McDermott, Bill: Mein Weg zu SAP. Die Autobiographie, Berlin 2015.

Meck, Georg: The Deutsche. Investmentbanker an der Macht, Frankfurt am Main 2012.

Meck, Georg: Auto Macht Geld, Berlin 2016.

Müller, Jan-Werner: Was ist Populismus? Ein Essay. Berlin 2016.

Nida-Rümelin, Julian: Wozu braucht die Gesellschaft welche Eliten? In: Beiträge zur Hochschulforschung 3/2004, S. 6–21.

Pfeffer, Jeffrey: Why the Assholes are Winning. Money Trumps All. In: Journal of Management Studies 4/2016, S. 663–669.

Piketty, Thomas: Das Kapital im 21. Jahrhundert, München 2014.

Reitmayer, Morten: «Elite» im 20. Jahrhundert. In: Aus Politik und Zeitgeschichte 15/2014, S. 9–15.

Rickens, Christian: Ganz oben. Wie Deutschlands Millionäre wirklich leben, Köln 2011.

Rockefeller, David: Erinnerungen eines Weltbankiers, München 2008.

Sandberg, Sheryl: Lean in. Frauen und der Wille zum Erfolg, Berlin 2013.

Sayer, Andrew: Warum wir uns die Reichen nicht leisten können, München 2017.

Schröder, Gerhard: Klare Worte. Im Gespräch mit Georg Meck über Mut, Macht und unsere Zukunft, Freiburg im Breisgau 2014.

Schulze, Eva; Steffens, Tomas; Meyer, Sibylle: Privilegierte Lebenslagen – gesellschaftliche Eliten – gemeinwohlorientiertes Engagement, Berlin 2004.

Winkler, Heinrich August: Der lange Weg nach Westen. Band 2: Deutsche Geschichte von «Dritten Reich» bis zur Wiedervereinigung, München 2000.

Wisnewski, Gerhard: Drahtzieher der Macht. Die Bilderberger – Verschwörung der Spitzen von Wirtschaft, Politik und Medien, München 2010.

Zitelmann, Rainer: Psychologie der Superreichen. Das verborgene Wissen der Vermögenselite, München 2017.